Mahlert · Die Abschreibung in der entscheidungsorientierten Kostenrechnung

Beiträge zur betriebswirtschaftlichen Forschung
Herausgegeben von
Prof. Dr. Horst Albach, Bonn
Prof. Dr. Herbert Hax, Wien
Prof. Dr. Paul Riebel, Frankfurt
Prof. Dr. Klaus v. Wysocki, München
Band 44

Arno Mahlert

Die Abschreibungen in der entscheidungsorientierten Kostenrechnung

Westdeutscher Verlag 1976

Graphische Konzeption des Reihentitels von
Hanswerner Klein, Opladen

ISBN-13: 978-3-531-11345-6 e-ISBN-13: 978-3-322-87443-6
DOI: 10.1007/978-3-322-87443-6

VORWORT

Die vorliegende Arbeit entstand in den Jahren 1971/74 während meiner Assistententätigkeit am Seminar für Industriebetriebslehre der Universität des Saarlandes in Saarbrücken. Dem Direktor dieses Seminars, meinem verehrten Lehrer Herrn Professor Dr. Wolfgang Kilger danke ich aufs herzlichste für die in jeder Hinsicht großzügige Förderung der Arbeit und für die mir gewährten hervorragenden Arbeitsmöglichkeiten. Ebenfalls von großer Bedeutung für das Gedeihen der Arbeit war der intensive Austausch mit Herrn Ass. Professor Dr. Hans-Josef Brink. Ihm bin ich für seine unermücliche Bereitschaft zur Kritik und Diskussion sowie für zahlreiche Anregungen dankbar. Auch die Unterstützung durch Herrn Professor Dr. Günter Wöhe und Herrn Professor Dr. Günter Franke war für mich wertvolle Hilfe. Für den großen Einsatz beim Schreiben des Manuskriptes danke ich meiner Frau Sabine.
Den Herausgebern der Schriftenreihe "Beiträge zur betriebswirtschaftlichen Forschung", den Herren Professoren Dr. H. Albach, Dr. H. Hax, Dr. P. Riebel und Dr. K. v. Wysocki, danke ich für die Hilfe bei der Veröffentlichung der Arbeit.

Villingen, im Dezember 1975

Arno Mahlert

INHALTSVERZEICHNIS

EINLEITUNG

Als ein Schwerpunkt der betriebswirtschaftlichen Forschung in den letzten Jahren kann zweifellos die Analyse der kurzfristigen betrieblichen Planungsprobleme, insbesondere der Produktions- und Absatzplanung angesehen werden. Gleichzeitig damit mußte konsequenterweise eine intensive Diskussion über die Ausgestaltung der Kostenrechnung als Datenlieferant für die in diesem Bereich anzuwendenden Entscheidungsmodelle einhergehen. Eines der umstrittensten Probleme auf diesem Gebiet ist die Frage, ob in einer solchen entscheidungsorientierten Kostenrechnung auch Abschreibungen, also Kosten für den Einsatz von Potentialfaktoren, anzusetzen sind und wie sie gegebenenfalls bestimmt werden sollen. Hierzu soll die vorliegende Arbeit einen Beitrag leisten. Obwohl die Fülle der kostenrechnerischen Abschreibungsliteratur kaum noch überschaubar ist, fehlt bis heute eine überzeugende Lösung zu diesem Problem, die sich streng an den Erfordernissen der entscheidungsorientierten Kostenrechnung ausrichtet und gleichzeitig für die betriebliche Praxis anwendbar bleibt. Auch die betriebswirtschaftliche Produktions- und Kostentheorie, die ja allgemein die theoretischen Grundlage für die Kostenrechnung erarbeiten will, hat sich bisher nicht genügend unter entscheidungstheoretischen Gesichtspunkten mit dem Potentialfaktorproblem auseinandergesetzt. Deshalb erschien es uns notwendig, den theoretischen Grundlagen für die Bestimmung entscheidungsorientierter Abschreibungen im Rahmen dieser Arbeit breiten Raum zu widmen. Diese Erörterungen dienen nicht nur als Basis für die Beurteilung der herkömmlichen kostenrechnerischen Abschreibungsverfahren unter entscheidungsorientierten Aspekten, sondern bilden auch die Grundlage für den im dritten Teil entwickelten Lösungsvorschlag zum kostenrechnerischen Abschreibungsproblem.

1. Theoretische Grundlagen für die Bestimmung entscheidungsorientierter Abschreibungen in der Kostenrechnung

1.1 Die entscheidungsorientierte Kostenrechnung als Planungsinstrument im zeitlichen Partialmodell

1.1.1 Entscheidungsmodelle und ihre Bedeutung für die betriebliche Planung

Das Führen einer Unternehmung erfordert laufend Entscheidungen über die zur Verfügung stehenden Aktionsparameter. Die Wahrnehmung der Entscheidungsfunktion ist die wichtigste Aufgabe jeder Unternehmensleitung. Da das Unternehmensgeschehen in irgendeiner Form zweckgerichtet verlaufen soll [1], ist eine systematische Vorbereitung der Entscheidungen zur Erfüllung dieser Funktion notwendig. Zwar beruhen manche Entscheidungen notwendigerweise auf der "Initiative" des Entscheidungsträgers, doch auch hier würde man die Auswahl der betreffenden Alternative nur dann einem Zufallsmechanismus überlassen, wenn man keinen Grund zu der Vermutung hat, daß sich ihre Auswirkungen von denen der anderen Handlungsmöglichkeiten unterscheiden. Die Vorbereitung der Entscheidung und die Entscheidung für eine bestimmte Alternative selbst ist Aufgabe der Planung [2]. Beim Aufbau der Planung ist grundsätzlich davon

---

1) Vgl. KOCH, Helmut, Betriebliche Planung, Wiesbaden 1961, S. 15.
2) Zum Begriff der Planung vgl. im einzelnen LE BRETON, Preston P., HENNING, Dale A., Planning Theory, Englewood Cliffs, N. J. 1961, GUTENBERG, Erich, Grundlagen der Betriebswirtschaftslehre, 1. Bd., Die Produktion, 18. Aufl., Berlin-Heidelberg-New York 1971, S. 7 f. und S. 148 ff.; GROCHLA, Erwin, Planung, betriebliche, in: Handwörterbuch der Sozialwissenschaften, Bd. 8, Stuttgart, Tübingen 1964, S. 314-325; HAX, Karl, Planung und Organisation als Instrumente der Unternehmungsführung, ZfhF 1959, S. 605-615; KILGER, Wolfgang, Optimale Produktions- und Absatzplanung, Opladen 1973, S. 15 ff.; KOCH, Helmut, Betriebliche Planung, a. a. O.; ders., Planung, in: Handwörterbuch der Betriebswirtschaft, Band 3, 3. Aufl., Stuttgart 1960, Sp. 4340-4352; KOSIOL, Erich, Planung als Lenkungsinstrument der Unternehmungsleitung, ZfB 1965, S. 389-401; MAG, Wolfgang, Planungsstufen und Informationsteilprozesse, ZfbF 1971, S. 803 ff.; MELLEROWICZ, Konrad, Planung und Plankostenrechnung, Bd. 1, Betriebliche Planung, 2. Aufl., Freiburg i. Br. 1970, S. 13 ff.; WEBER, Helmut, Die Planung in der Unternehmung, Berlin 1963.

auszugehen, daß die Planung als "gedankliche Vorwegnahme zukünftigen Geschehens" [1] notwendigerweise von der Wirklichkeit abstrahieren muß. Deshalb ist es erforderlich, die für das Entscheidungsproblem relevanten Einflußgrößen und Zusammenhänge aus der Totalinterdependenz der betrieblichen Realität herauszulösen und modellmäßig abzubilden. Die Modellanalyse bleibt jedoch für den Entscheidenden ohne unmittelbaren Wert, wenn eine Isomorphie von Modell und Wirklichkeit nicht wenigstens als "partiale Strukturgleichheit" [2] angestrebt und erreicht wird und wenn das Modell nicht von vornherein so konzipiert ist, daß sein Ergebnis auch wieder in die betriebliche Realität übersetzbar ist [3]. Welches die jeweils für das Modell relevanten Zusammenhänge und Einflußfaktoren sind, richtet sich zunächst nach dem Untersuchungszweck [4]. Doch hilft die Erkenntnis, alle Aspekte, welche die Lösung des Problems nicht in irgendeiner Weise beeinflussen, im Modell unberücksichtigt zu lassen, kaum weiter: Die in der Wirklichkeit geltenden Interdependenzen sind in aller Regel so mannigfaltig, schwierig erfaß- und abbildbar, daß das Relevanzkriterium modifiziert werden muß: Relevant für das Modell sind nur solche Einflußfaktoren, deren Einbeziehung in das Modell weniger "kostet", als sie zur Verbesserung der Lösung des Planungsproblems beiträgt. Unberücksichtigt müssen also auch alle Faktoren bleiben, die zwar Einfluß auf die Lösung nehmen, deren Integration in das Modell aber zu aufwendig erscheint bzw. gar nicht möglich ist. Insofern sind die Grundsätze von der Vollständigkeit der Planung und von der Interdependenz der Teilpläne [5]

---

1) HAX, Karl, Planung und Organisation ..., a.a.O., S. 606.
2) BERTHEL, Jürgen, Modelle, allgemein, in: Handwörterbuch des Rechnungswesens, Stuttgart 1970, Sp. 1122-1129.
3) Vgl. hierzu auch ALBACH, Horst, Investitionsentscheidungen im Mehrproduktunternehmen, in: Betriebsführung und Operations Research, hrsg. v. Adolf ANGERMANN, Frankfurt a. M. 1963, S. 24 f.; KOSIOL, Erich, Modellanalyse als Grundlage unternehmerischer Entscheidungen, ZfhF 1961, S. 321, sowie SCHNEIDER, Dieter, Investition und Finanzierung, 2. Aufl., Opladen 1971, S. 32 ff.
4) Vgl. BERTHEL, Jürgen, Modelle ..., a.a.O., Sp. 1123 f.
5) Zu den Grundsätzen der Planung vgl. insbesondere GUTENBERG, Erich, Grundlagen ..., 1. Bd., a.a.O., S. 148 ff. sowie KILGER, Wolfgang, Optimale ..., a.a.O., S. 17 f.

vor allem als theoretische Maximalforderungen anzusehen, die nur im Idealfall erfüllt werden können. Die theoretischen und praktischen Schwierigkeiten der Modellbildung bestehen darin, im konkreten Einzelfall die relevanten Einflußgrößen anzugeben, denn das oben formulierte Relevanzkriterium ist eine rein formale Aussage. Selbst wenn es gelänge, die Kosten für die Einbeziehung bestimmter Größen oder Beziehungen in das Modell ex ante zu ermitteln und zu beziffern (um sie vergleichbar zu machen), zumindest der Versuch einer exakten Quantifizierung des zugehörigen Nutzens im vorhinein muß scheitern, denn hierzu wäre ein Vergleich der Planungsergebnisse mit und ohne Berücksichtigung des betreffenden Faktors notwendig. Dies setzt aber bereits die Lösung des Planungsproblems voraus [1]. Eine befriedigende Lösung zu diesen Fragen hat die Betriebswirtschaftslehre bis heute noch nicht gefunden. Um zu untersuchen, welche Bedeutung der Modellbildung für den Planungsprozeß im einzelnen zukommt, ist es notwendig, nach ihrer Aufbaustruktur zwei Grundtypen von Modellen zu unterscheiden [2]:

Erklärungsmodelle begnügen sich damit, bestimmte Vorgänge in der Wirklichkeit - bzw. die Auswirkungen bestimmter Aktionen in der Wirklichkeit - abzubilden bzw. vorherzusagen oder nachträglich zu erklären [3]. Demgegenüber gehen Entscheidungsmodelle einen Schritt weiter:

---

1) Die hier dargestellte Problematik ist in der betriebswirtschaftlichen Literatur bekannt als Problem des optimalen Komplexionsgrades der Planung und - damit zusammenhängend - als Problem des Informationsoptimums. Vgl. dazu im einzelnen: KERN, Werner, Gestaltungsmöglichkeit und Anwendungsbereich betriebswirtschaftlicher Planungsmodelle, ZfhF 1962, S. 177 ff.; LAUX, Helmut, Flexible Investitionsplanung, Opladen 1971, S. 81 f.; SCHNEIDER, Dieter, Investition ..., a. a. O., S. 40 f.; SCHWEIM, Joachim, Integrierte Unternehmensplanung, Bielefeld 1969, S. 15, Fußnote 9.

2) Vgl. BERTHEL, Jürgen, Modelle ..., a. a. O., Sp. 1124 ff.; HEINEN, Edmund, Der entscheidungsorientierte Ansatz der Betriebswirtschaftslehre, ZfB 1971, S. 432; WÖHE, Günter, Einführung in die Allgemeine Betriebswirtschaftslehre, 11. Aufl., München 1973, S. 29 f.

3) KOSIOLs Unterscheidung in Ermittlungs- und Prognosemodelle übernehmen wir hier nicht, da logisch kein Unterschied besteht zwischen der Vorhersage bestimmter Vorgänge in der Wirklichkeit und ihrer nachträglichen Erklärung, denn nachträglich Erklären bedeutet nichts anderes als nachträglich nachzuweisen, warum die Entwicklung in einer bestimmten Richtung verlaufen mußte und nicht anders. Vgl. KOSIOL, Erich, Zur Problematik der Planung in der Unternehmung, ZfB 1967, S. 93 f.

Aufbauend auf der Analyse des Erklärungsmodells bewerten sie die Handlungsmöglichkeit(en) im Hinblick auf ein bestimmtes Ziel (oder mehrere Ziele) und ermöglichen so die Auswahl einer optimalen Alternative im Rahmen der Modellprämissen [1].

Für die Entscheidungsfindung besitzen Erklärungsmodelle keine unmittelbare Bedeutung, erst ihre Erweiterung zu Entscheidungsmodellen macht sie im betrieblichen Planungsprozeß direkt anwendbar [2]. Die verstärkte Beschäftigung der Betriebswirtschaftslehre mit Fragen der Entscheidungsfindung im letzten Jahrzehnt [3] führte zur Entwicklung immer aussagefähigerer Entscheidungsmodelle für eine Vielzahl von Planungsproblemen [4].

Wie sich die Notwendigkeit der Modellbildung im einzelnen auf die Ausgestaltung der Planung auswirkt, läßt sich am besten zeigen, wenn man näher die einzelnen Stufen untersucht, aus denen der Planungsprozeß all-

---

1) In diesem Sinne unterscheidet z. B. auch WÖHE zwischen Erklärungs- und Entscheidungsmodellen. Vgl. WÖHE, Günter, Einführung ..., a. a. O., S. 29 f. Die Einteilung der Modelltypen nach ihrer Anwendbarkeit auf praktische Probleme führt häufig zur gleichen Begriffsbildung. Vgl. z. B. BERTHEL, Jürgen, Modelle ..., a. a. O., Sp. 1126 - 1128. In diesem Sinne auch KILGER, Wolfgang, Optimale ..., a. a. O., S. 579. Bei dieser Klassifizierung sind mit Entscheidungsmodellen solche Modelle gemeint, aus denen sich die Entscheidung des Planungsproblems unmittelbar ableiten läßt. Erklärungsmodelle in diesem Sinne können durchaus die Variablen bewerten und eine Optimallösung ermitteln, doch besitzen sie wegen ihres zu hohen Abstraktionsgrades oder wegen mangelnder Operabilität oder Lösbarkeit für die praktische Lösung des Planungsproblems kaum Bedeutung. In einem solchen Fall würden wir im Rahmen unserer Einteilung von Entscheidungsmodellen sprechen, die zu wenig realistisch (isomorph) formuliert sind, bzw. von solchen, die nicht operabel oder lösbar sind. Die Einteilung der Modelltypen nach ihrer Anwendbarkeit ist jedoch nicht eindeutig, weil auch bei Entscheidungsmodellen in diesem Sinne die Modellösung nicht immer die tatsächlich zu realisierende Entscheidungsalternative angibt. So entscheidet beispielsweise erst die Produktionsvollzugsplanung darüber, ob die Lösungen von Entscheidungsmodellen zur Produktionsprogrammplanung verwirklicht werden sollen.

2) In diesem Sinne ist auch KOSIOL zu verstehen. Vgl. KOSIOL, Erich, Modellanalyse ..., a. a. O., S. 322. Die "einfachen Ermittlungsmodelle" bei KOSIOL werden dadurch zu Entscheidungsmodellen, daß man die ermittelte Größe (z. B. den Kapitalwert) mit anderen Größen gleicher Art vergleicht, woraus sich dann die Entscheidung ableiten läßt.

3) Vgl. HEINEN, Edmund, Zur Problembezogenheit von Entscheidungsmodellen, Wirtschaftswissenschaftliches Studium 1972, S. 3.

4) Für die Bereiche Produktion und Absatz vgl. z. B. KILGER, Wolfgang, Optimale ..., a. a. O. und die dort angegebene Literatur.

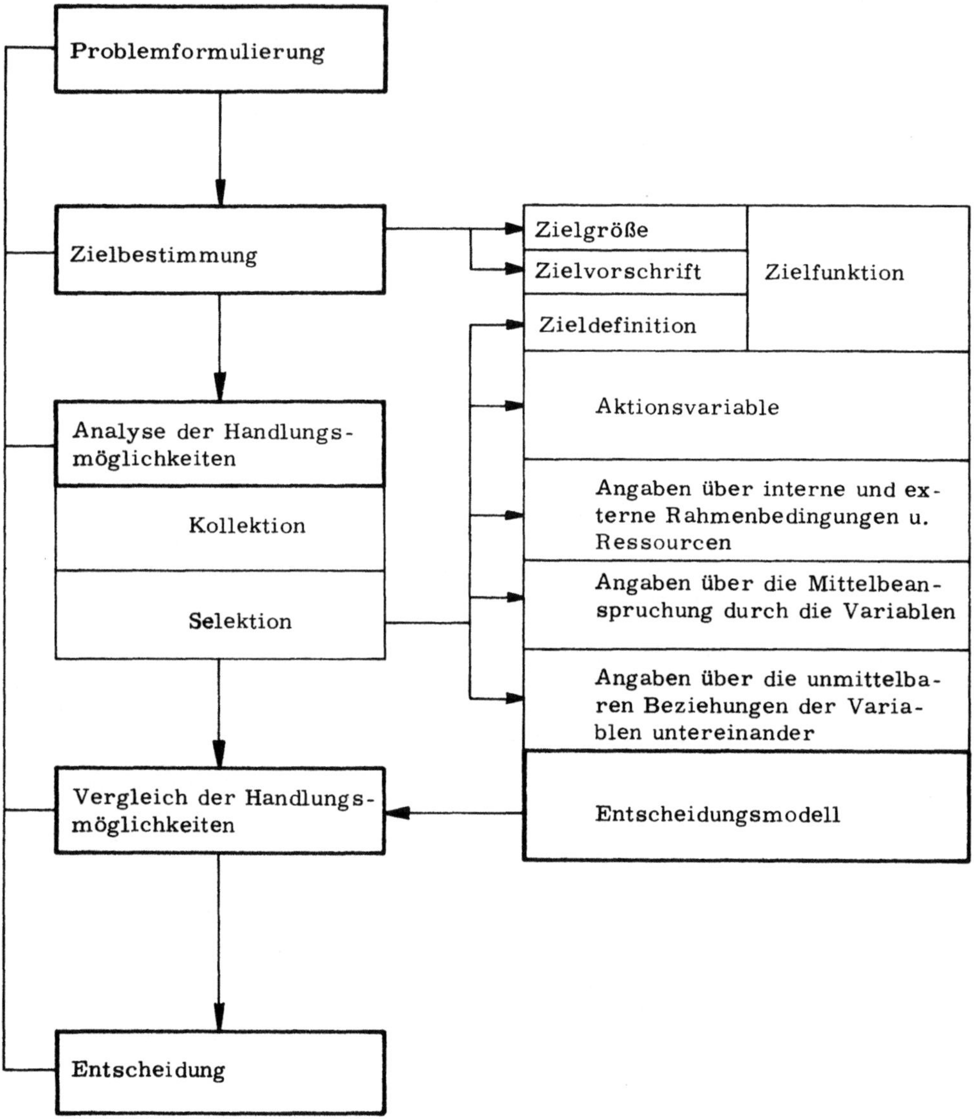

Abb. 1: Die Stellung des Entscheidungsmodells im betrieblichen Planungsprozeß

gemein aufgebaut ist (vgl. zu den folgenden Ausführungen die Abbildung 1) [1]. Notwendige Voraussetzung für alle weiteren Schritte ist die Problemformulierung. Hier geht es darum, das Entscheidungsproblem "oder das Planungsfeld sachlich, zeitlich und räumlich festzulegen" [2]. Die genaue Beschreibung und Abgrenzung des Problems bildet die Grundlage für die spezifische Ausprägung aller folgenden Planungsschritte.

Zunächst gibt sie das Wahlproblem an, auf das sich die Zielbestimmung beziehen soll. In dieser Planungsstufe wird aus den Motiven unternehmerischen Handelns das konkrete Einzelziel für das Entscheidungsproblem abgeleitet [3]. Dabei ist es notwendig, die Vielfalt der Handlungsmotive so weit zu vereinfachen und auf eine Zielgröße zu komprimieren, daß sie sich in Verbindung mit der Zielvorschrift in einer für das Modell operationalen Form in der Zielfunktion berücksichtigen läßt (z.B.: Maximiere den Kapitalwert! [4]). Schwierigkeiten treten hierbei vor allem dann auf, wenn Zielgrößen für kurzfristige oder einperiodige Planungsprobleme so abgegrenzt werden sollen, daß sie mit der übergeordneten langfristigen Zielgröße kongruent sind [5][6]. Die Modellbildung im Sinne einer vereinfachenden Abbildung der Wirklichkeit setzt bereits auf dieser Stufe des Planungsprozesses ein.

Um zu erklären, wie das Ziel zu erreichen ist, erfolgt in der nächsten Stufe die Analyse der Handlungsmöglichkeiten. Als erstes werden die zur

---

1) Einen Überblick über verschiedene Gliederungsmöglichkeiten gibt WEBER, Helmut, Die Planung ..., a.a.O., S. 58 ff. Die hier vorgenommene Unterteilung orientiert sich vor allem an den Ausführungen von D. SCHNEIDER; vgl. SCHNEIDER, Dieter, Investition ..., a.a.O., S. 22 ff.
2) MAG, Wolfgang, Planungsstufen ..., a.a.O., S. 807.
3) Vgl. SCHNEIDER, Dieter, Investition ..., a.a.O., S. 22.
4) Von den Möglichkeiten und Problemen von Entscheidungen bei mehrfacher Zielsetzung wollen wir hier abstrahieren. Vgl. dazu DINKELBACH, Werner, Entscheidungen bei mehrfacher Zielsetzung und die Problematik der Zielgewichtung, in: Unternehmerische Planung und Entscheidung, hrsg. v. Walther BUSSE von COLBE und Peter MEYER-DOHM, Bielefeld 1969, S. 55 - 70.
5) Vgl. hierzu im einzelnen die Abschnitte 1.1.2 und 1.1.3
6) Zu den Begriffen "Handlungsmotiv", "Zielgröße", "Zielvorschrift", "Zieldefinition", "Zielbildung" vgl. im einzelnen SCHNEIDER, Dieter, Investition ..., a.a.O., S. 22 ff. und 50 ff.

Verfügung stehenden und in Betracht kommenden Handlungsmöglichkeiten der Art nach zusammengestellt (Kollektion) [1]. Auch hier stellt sich die Frage nach dem optimalen Informationsgrad: In welche Richtung und wie weit soll man die Suche nach Handlungsmöglichkeiten betreiben? Im Anschluß an die Kollektion erfolgt die Selektion der Aktionsparameter. Im Gegensatz zu KOCH wollen wir hierunter nicht nur die Eliminierung derjenigen Alternativen verstehen, die zwar für das Wahlproblem grundsätzlich in Betracht kommen, aber in der speziellen Entscheidungssituation nicht realisiert werden können [2] (Selektion nach der Art), sondern diesen Prozeß auch auf die quantitative Begrenzung der einzelnen Handlungsmöglichkeiten ausdehnen, also auf die Frage, in welchem Ausmaß sie überhaupt verwirklicht werden können (Selektion nach dem Umfang).

Aus der Selektion der Aktionsparameter nach ihrer Art lassen sich die Aktionsvariablen für das Entscheidungsmodell ableiten. Allerdings erfordert auch hier die Modellbildung vielfach eine weitere Abstraktion von der Wirklichkeit. So kann es beispielsweise notwendig werden, die Vielzahl der Aktionsparameter über die artmäßige Selektion hinaus noch weiter zu verdichten, um die Anzahl der Entscheidungsvariablen im Modell nicht zu groß werden zu lassen [3].

Die Selektion der Handlungsmöglichkeiten nach ihrem Umfang verlangt zuerst die Ermittlung aller betriebsinternen und betriebsexternen Rahmenbedingungen (Datenkranz), die einen limitierenden Einfluß auf die Alternativen ausüben. Ihre modellmäßige Abbildung und Quantifizierung bereitet besonders mit wachsender Unsicherheit große Schwierigkeiten [4]. Um den quantitativen Variationsspielraum der Aktionsparameter festzustellen,

---

1) Vgl. hierzu KOCH, Helmut, Betriebliche Planung, a. a. O., S. 80 f.
2) Vgl. KOCH, Helmut, ebenda.
3) Als Beispiele seien die Zusammenfassung mehrerer Produktarten zu Produktartengruppen bei sehr großer Artikelzahl sowie die Auswahl diskreter Intensitätspunkte als Variable bei intensitätsmäßigen Anpassungsprozessen genannt.
4) Vgl. hierzu im einzelnen SCHNEIDER, Dieter, Investition ..., a. a. O., S. 25 ff.

muß man noch untersuchen, in welcher Form sie die im Datenkranz vorgegebenen Potentiale in Anspruch nehmen. Diese Größen und Zusammenhänge gehen als Angaben über die Mittelbeanspruchung durch die Variablen in das Entscheidungsmodell ein [1]. Der Variationsspielraum der Variablen kann zusätzlich noch dadurch eingeengt werden, daß sie unmittelbar (also nicht nur mittelbar über die Ressourcen) miteinander verknüpft sind. Diese Zusammenhänge, die z.B. beim Produktionsverbund und beim Absatzverbund auftreten, müssen modellmäßig als Angaben über die unmittelbaren Beziehungen der Variablen untereinander berücksichtigt werden.

In der vierten Stufe des Planungsprozesses wird der Vergleich der Handlungsmöglichkeiten durchgeführt, indem diese daraufhin untersucht werden, in welchem Maße ihre Realisierung zur Zielerreichung beitragen würde. Im Rahmen des Entscheidungsmodells wird dieser Vergleich dadurch vollzogen, daß die Aktionsvariablen in der Zieldefinition mit ihrem jeweiligen Zielgrößenbeitrag bewertet werden. Die Zieldefinition sagt also aus, auf welche Weise die Zielgröße verwirklicht werden kann. Sie bereitet vielfach vor allem im Hinblick auf das Zurechnungsproblem Schwierigkeiten: Welche Zielbeiträge lassen sich den einzelnen Handlungsmöglichkeiten zurechnen? Damit ist das Entscheidungsmodell unter den bereits getroffenen Annahmen vollständig formuliert. Im Anschluß daran taucht als formales Problem die Ermittlung der optimalen Lösung auf. Sofern das Problem überhaupt lösbar ist, läßt sie sich entweder ermitteln, indem man die Zielfunktionswerte für alle zulässigen Lösungen miteinander vergleicht (totale Enumeration) oder durch formallogische Deduktion, z.B. mit den Verfahren der mathematischen Programmierung, direkt aus Optimalbedingungen ableiten, die eine totale Enumeration überflüssig machen. Ökonomische Bedeutung haben diese Lösungsverfahren

---

1) Zur Veranschaulichung seien die Produktionskoeffizienten im Rahmen der Produktionsprogrammplanung genannt. Zum Begriff des Produktionskoeffizienten und zu den modellmäßigen Vereinfachungen, denen seine Bestimmung unterliegt, vgl. GUTENBERG, Erich, Grundlagen ..., a.a.O., 1.Bd., S.158 ff.

allerdings insoweit, als aus den zur Verfügung stehenden "Rechenverfahren Beschränkungen für die algebraische Struktur der Zieldefinition und die Annahmen über die Mittelbeanspruchung folgen können ..."[1]. Der ökonomische Gehalt der Modelle liegt vor allem in den vereinfachenden Modellannahmen[2]. Durch sie wird implizit die Lösung festgelegt, das heißt, die ermittelte Lösung gilt nur unter den gewählten Prämissen, ihre Brauchbarkeit hängt unmittelbar von der Güte der in das Modell eingehenden Daten ab. Hierbei kommt es nicht nur auf möglichst große Genauigkeit der Daten an im Sinne einer Isomorphie von Modell und Wirklichkeit, sondern vor allem muß bereits die Abgrenzung und Auswahl dieser Größen im Hinblick auf ihre Relevanz für das Entscheidungsproblem vorgenommen werden. Die Frage, ob bestimmte Daten "richtig" oder "falsch" sind, läßt sich immer nur in Abhängigkeit vom jeweiligen Entscheidungsproblem beantworten[3].

Aus diesen Gründen stellt auch die Entscheidung eine selbständige Stufe im Planungsprozeß dar[4]. Hier wird aus dem Modellergebnis unter Berücksichtigung aller nicht quantifizierbaren, im Modell nicht abgebildeten und für das Entscheidungsproblem relevanten Einflußgrößen und Zusammenhänge die tatsächlich zu realisierende Handlungsalternative bestimmt. Auch unter dem Aspekt der Unsicherheit kommt dieser Planungsstufe große Bedeutung zu: Bei Unsicherheit reicht die Ermittlung der im Sinne der beschriebenen Zielfunktion optimalen Handlungsmöglichkeit nicht mehr aus. Vielmehr wird es notwendig, für jede Kombination von Umweltsituation und Handlungsmöglichkeit den Zielfunktionswert zu ermitteln (Aufstellen der Er-

---

1) SCHNEIDER, Dieter, Investition ..., a.a.O., S. 30.
2) Vgl. hierzu ebenda, S. 22 - 35.
3) Beide Aspekte (Relevanz und Genauigkeit der Daten) können miteinander im Zusammenhang stehen, wenn versucht wird, Modellgrößen, die sich nicht genau ermitteln lassen, durch solche Werte anzunähern, die eigentlich keine unmittelbare Bedeutung für das Entscheidungsproblem haben.
4) Zum Verhältnis von Entscheidungsmodell (MAG spricht von Planungsrechnung) und Entscheidung vgl. auch MAG, Wolfgang, Planungsstufen ..., a.a.O., S. 828 f.

gebnismatrix) [1], um anschließend die Entscheidung mit Hilfe einer Risikopräferenzrelation aus einer gemeinsamen Betrachtung der Ergebnisse jeder Entscheidung und der ihnen zukommenden Wahrscheinlichkeitsgröße herzuleiten [2]. Es zeigt sich somit, daß die ökonomischen Probleme der betrieblichen Planung nicht nur in der Abgrenzung der Modellprämissen liegen, sondern damit verbunden "und vor allem in der Umformung und Erweiterung der Modellergebnisse zu anwendbaren Aussagen: in der 'Operationalisierung' und 'Verifizierung' der Theorie" [3].

Damit sich das Unternehmensgeschehen auch tatsächlich im Sinne der Zielsetzung vollzieht, ist es notwendig, die Durchführung der Planungsergebnisse zu kontrollieren. Der Kontrollfunktion ist in zweifacher Hinsicht große Bedeutung beizumessen. Einerseits soll sie auf Abweichungen im Vollzug der Entscheidungen gegenüber dem Plan aufmerksam machen, und so die Möglichkeit geben, die Verantwortlichen hierfür zu finden und rechtzeitig den Planungsvollzug zu korrigieren. Andererseits zeigt die Kontrolle durch den Vergleich von Plan- und Istzuständen, ob die Planung auf realistischen Grundlagen basiert, oder ob Einflüsse wirksam werden, die bei der Planung gar nicht berücksichtigt wurden. Diese Informationen müssen im weiteren Planungsprozeß berücksichtigt werden, sodaß die Planung durch die Kontrolle selbst neue Impulse erhält [4].

---

1) Vgl. SCHNEEWEISS, Hans, Entscheidungskriterien bei Risiko, Berlin - Heidelberg - New York 1967, S. 9 ff.
2) Zu den Problemen und Möglichkeiten der Entscheidung unter Unsicherheit sei auf die umfangreiche einschlägige Literatur verwiesen. Vgl. z. B. SCHNEEWEISS, Hans, Entscheidungskriterien ..., a. a. O.; SCHNEIDER, Dieter, Investition ..., a. a. O., S. 63 ff. und 396 ff.; Entscheidung bei unsicheren Erwartungen, Beiträge zur Theorie der Unternehmung, hrsg. v. Herbert HAX, Köln und Opladen 1970; KOCH, Helmut, Betriebliche Planung, a. a. O., S. 107 ff.; HAX, Herbert, Die Koordination von Entscheidungen, Köln - Berlin - Bonn - München 1965, S. 35 ff., sowie die von diesen Autoren angegebene Literatur.
3) SCHNEIDER Dieter, Investition ..., a. a. O., S. 34.
4) Vgl. KILGER, Wolfgang, Planungsrechnung und Entscheidungsmodelle des Operations Research, in: Unternehmensplanung als Instrument der Unternehmensführung, AGPLAN, Bd. 9, Wiesbaden 1965, S. 75.

Eine wichtige Gruppe von betriebswirtschaftlichen Planungsproblemen ergibt sich aus dem Mittelverwendungsproblem: Existieren für einen bestimmten Mittelvorrat mehrere Verwendungsmöglichkeiten und reicht das vorhandene Potential zur Verwirklichung aller dieser Alternativen nicht aus, so entsteht die Frage, welche Verwendungsrichtungen vorrangig zum Zuge kommen sollen. Mittelverwendungsprobleme existieren nicht nur für gleichzeitig zu realisierende Alternativen ("Soll auf der Maschine X im Rahmen der heute zur Verfügung stehenden Kapazität Produkt A oder Produkt B bearbeitet werden?"), sondern auch als zeitliche Wahlprobleme, etwa wenn es um die Frage geht, wie das Gesamtnutzungspotential einer Maschine auf die einzelnen Teilperioden ihrer Lebensdauer verteilt werden soll. Das gleiche Problem stellt sich auch bei der Bestimmung der optimalen Inanspruchnahme der Maschine, beispielsweise für die nächste Woche. Ist zwischen alternativen "kurzfristigen" Beschäftigungsgraden zu wählen, so muß berücksichtigt werden, daß diese Handlungsmöglichkeiten unterschiedliche Voraussetzungen für die weiteren Planungsperioden schaffen, da dann die Maschine unterschiedlich stark abgenutzt ist. Die Alternativen sind wegen ihrer verschiedenartigen zeitlichen Auswirkungen also auch unterschiedlich zu bewerten. Mit diesem Bewertungsproblem, das auch als Abschreibungsproblem bezeichnet wird, beschäftigt sich die vorliegende Arbeit.

1.1.2 Das Entscheidungsfeld und seine Zerlegung nach sachlichen und zeitlichen Kriterien

Eine zentrale Stellung auf dem Gebiet der Entscheidungstheorie nimmt der Begriff des Entscheidungsfeldes ein [1]. Als Entscheidungsfeld sei hier die Menge von sich gegenseitig ausschließenden Handlungsalternativen verstanden, wobei die nicht beeinflußbaren Tatbestände (Daten) als Begrenzungen mit in die Definition einzubeziehen sind [2][3]. Für die

---

1) Vgl. z.B. ENGELS, Wolfram, Betriebswirtschaftliche Bewertungslehre im Licht der Entscheidungstheorie, Köln und Opladen 1962, S. 93 ff.; HAX, Herbert, Bewertungsprobleme bei der Formulierung von Zielfunktionen für Entscheidungsmodelle, ZfbF 1967, S. 751. An ENGELS' Definition lehnen sich folgende Autoren an: HEINEN, Edmund, Industriebetriebslehre als Entscheidungslehre, in: Industriebetriebslehre, hrsg. v. Edmund HEINEN, Wiesbaden 1972, S. 36; MEFFERT, Heribert, Betriebswirtschaftliche Kosteninformationen, Wiesbaden 1968, S. 19; RIEPER, Bernd, Entscheidungsmodelle zur integrierten Absatz- und Produktionsprogrammplanung für ein Mehrproduktunternehmen, Wiesbaden 1973, S. 4 f. In gleichem Zusammenhang verwendet SCHNEEWEISS den Begriff "Aktionsraum". Vgl. SCHNEEWEISS, Hans, Entscheidungskriterien ..., a.a.O., S. 8 f.

2) So bezeichnet ENGELS den beeinflußbaren Teil des Entscheidungsfeldes als "Aktionsfeld" und den nicht kontrollierbaren als "Umwelt". Vgl. ENGELS, Wolfram, Betriebswirtschaftliche ..., a.a.O., S. 94. Insgesamt halten wir ENGELS' Ausführungen zum Begriff des Entscheidungsfeldes nicht für sehr präzise. Die Definition dieses Begriffes "durch die Zahl der verfügbaren Alternativen" (S. 93) lehnt er ab, weil der Erfolg einer Alternative von der Umweltsituation und von der Ausprägung der eigenen Aktion (in ENGELS' Beispiel: Variation der Stärke der eigenen Streitkräfte) abhänge. Hier übersieht ENGELS offenbar, daß eine Veränderung der eigenen Aktion bereits eine andere Alternative darstellt. ENGELS' Defintion des Entscheidungsfeldes "als die Menge und Art der Personen und Sachen, die durch einen Willensakt direkt oder indirekt beeinflußt werden können, und die Gegebenheiten der Umwelt, die den Erfolg der Willensakte beeinflussen" (S. 94) kann nicht ganz überzeugen, weil hier nichts über den Grad der Beeinflußbarkeit ausgesagt ist. Vgl. dazu das Beispiel von ENGELS. Stillschweigend kehrt er anscheinend zur ersten Definition wieder zurück:"Das Entscheidungsfeld ist durch eine Menge von Handlungsalternativen gekennzeichnet ..." (S. 94).

3) HEINENs Forderung, daß Alternativen (Kombinationen von Handlungsmöglichkeiten) den verfügbaren Mittelbestand vollständig ausschöpfen müssen, kann nicht sinnvoll sein, weil darin eine Beschränkung liegt, die möglicherweise das Finden der besten Lösung automatisch verhindert. Vgl. HEINEN, Edmund, Industriebetriebslehre ..., a.a.O., S. 36.

Entscheidungsfindung besitzt die Abgrenzung des Entscheidungsfeldes nicht nur deshalb Bedeutung, weil hiermit die Handlungsalternativen festgelegt werden [1], sondern auch im Hinblick auf die Bewertung dieser Handlungsmöglichkeiten. Wie im einzelnen noch zu zeigen sein wird, ist das Bewertungsproblem nur in Abhängigkeit vom jeweiligen Entscheidungsfeld zu lösen. Das unternehmerische Entscheidungsfeld in einem Zeitpunkt umfaßt alle möglichen Handlungsalternativen, wobei sich die einzelnen Aktionsparameter innerhalb dieser Handlungsalternativen ganz oder teilweise auf alle Funktionsbereiche und auf alle Zeitpunkte bis zum Ende der Unternehmung bzw. bis zum Planungshorizont beziehen (unter Einbeziehung der Nullaktivitäten). Somit ist das Entscheidungsfeld in zweifacher Hinsicht ausgedehnt:

- in sachlicher oder artmäßiger Hinsicht. Hierzu gehören nicht nur die Parameterarten innerhalb der einzelnen Funktionsbereiche in qualitativer Hinsicht sondern gleichzeitig ihre quantitative Ausprägung [2].
- in zeitlicher Hinsicht. Dies bedeutet, daß die einzelnen Aktivitäten in verschiedenen Zeitpunkten realisiert werden und daß sich ihre Auswirkungen auf unterschiedlich lange Zeiträume erstrecken.

Hieraus geht bereits hervor, daß die Zusammenhänge des gesamten Entscheidungsfeldes in aller Regel viel zu komplex sind, um sie im Entscheidungsmodell geschlossen abbilden zu können [3]. Man muß deshalb auf eine Totalbetrachtung verzichten und für Partialanalysen einzelne ("relevante") Teile des Entscheidungsfeldes abgrenzen. In diesem Zusammenhang treten jedoch erhebliche, zum größten Teil noch ungelöste Schwierigkeiten auf, die aus den mittelbaren und unmittelbaren Verknüpfungen herrühren, welche zwischen den einzelnen Aktivitäten bzw. Alternativen bestehen. Die-

---

1) Die modellmäßige Abbildung des Entscheidungsfeldes stellt ein Erklärungsmodell dar; vgl. S. 3. Vgl. auch HEINEN, Edmund, Betriebswirtschaftliche Kostenlehre, 3. Aufl., Wiesbaden 1970, S. 332.
2) In diesem Sinne verwendet WITTMANN den Begriff "Operationsbereich"; vgl. WITTMANN, Waldemar, Unternehmung und unvollkommene Information, Köln und Opladen 1959, S. 146 und S. 164 ff.
3) Vgl. HAX, Herbert, Bewertungsprobleme ..., a. a. O., S. 751.

ses Problem der totalen Interdependenz bewirkt, daß es unmöglich wird, aus dem gesamten Entscheidungsfeld Teile so zu isolieren, daß kein Zusammenhang mehr bestehen würde zwischen diesen Teilen und dem Rest des Entscheidungsfeldes. Somit ist jedes Teilfeld nicht nur durch die in ihm enthaltenen Handlungsmöglichkeiten, sondern zusätzlich durch die ihnen zuzuordnenden Auswirkungen auf den Rest des Entscheidungsfeldes charakterisiert. Die Auswirkungen von Aktivitäten innerhalb des abgegrenzten Teils auf das übrige Entscheidungsfeld müssen deshalb berücksichtigt werden, weil das Unternehmensziel sich in der Regel auf das gesamte Entscheidungsfeld erstreckt und die isolierte Optimierung eines Teilbereichs das Gesamtziel unter Umständen beeinträchtigen würde [1].

Trotz dieser Schwierigkeiten kommt man bei der Lösung praktischer Entscheidungsprobleme nicht um die Teilung des gesamten Entscheidungsfeldes umhin. In Anlehnung an die beiden Dimensionen der Ausdehnung des Entscheidungsfeldes läßt sich eine solche Zerlegung nach sachlichen und/ oder nach zeitlichen Kriterien vornehmen. Dabei kann der Feinheitsgrad der Zerlegung ganz unterschiedlich sein.

Für die Teilung nach sachlichen Kriterien bietet sich zunächst die Untergliederung nach den Funktionsbereichen Beschaffung, Produktion, Absatz, Finanzierung, Forschung und Entwicklung sowie Verwaltung an. Bei einer weitergehenden Differenzierung würde man beispielsweise im Absatzbereich die verschiedenen absatzpolitischen Instrumente [2] einzeln untersuchen und darüberhinaus möglicherweise den Einsatz der Werbung für jedes Produkt isoliert planen. Die wechselseitigen Beziehungen, die zwischen dem abgegrenzten Teilbereich und dem Rest des Entscheidungsfeldes bestehen, werden jeweils vernachlässigt: Die Aktionsparameter der übrigen Teilbereiche gehen als Daten in die Analyse ein, über sie ist gewissermaßen

---

1) Vgl. zu diesem Problemkreis insbesondere HAX, Herbert, Bewertungsprobleme ..., a. a. O., S. 749-761.

2) Zum Begriff des absatzpolitischen Instrumentariums vgl. GUTENBERG, Erich, Grundlagen der Betriebswirtschaftslehre, 2. Bd., Der Absatz, 14. Aufl., Berlin-Heidelberg-New York 1973, S. 48 ff.

vorab entschieden, obwohl ihre Ausprägung wegen der Interdependenzbeziehungen ihrerseits von der erst zu ermittelnden Lösung des abgegrenzten Teilbereichs abhängt [1]. Zwar wird man immer bemüht sein, die Zerlegung des Entscheidungsfeldes so vorzunehmen, daß nur noch möglichst wenige und unbedeutende Verbindungen zwischen den einzelnen Teilen bestehen bleiben, doch wird dies nur bis zu einem gewissen Grad möglich sein, und in der Mehrzahl der Fälle ergeben sich die Entscheidungsprobleme erst aus den Interdependenzwirkungen verschiedener Teilfelder [2]. Den Wert einer Planung macht nicht die abstrakte Darstellung und Analyse des gesamten unternehmerischen Entscheidungsfeldes etwa in Form von sogenannten "Totalmodellen" aus, sondern diesen Wert erkennt man daran, inwieweit den Grundsätzen von der Vollständigkeit der Planung und der Interdependenz der Teilpläne in praktikablen Partialanalysen Rechnung getragen wird. Nicht die Entwicklung allumfassender nicht praktikabler Modelle sollte Ziel der Betriebswirtschaftslehre sein, sondern vielmehr die Ermittlung der besten realisierbaren Lösungen. Allerdings darf nicht übersehen werden, daß es in letzter Zeit vor allem auf dem Gebiet der Produktionsplanung gelungen ist, anwendbare Entscheidungsmodelle zu formulieren, die eine Vielzahl von Aktionsparametern simultan berücksichtigen [3]. Aber auch diese

---

1) Als Beispiel sei auf die Vorgehensweise der Verfahrenswahl im Produktionsbereich verwiesen, die von gegebenen Produktions- und Absatzmengen ausgeht. Über diese Mengen kann jedoch erst entschieden werden, wenn man die Grenzkosten der Produkte kennt, die allerdings wiederum verfahrenswahlabhängig sind. Vgl. hierzu im einzelnen KILGER, Wolfgang, Optimale ..., a. a. O., S. 95 ff.

2) Dies kann anschaulich an einem linearen Programm mit mehreren Nebenbedingungen gezeigt werden: Die optimale Lösung des Gesamtsystems darf zwar keine der Nebenbedingungen verletzen, es wäre aber falsch, wenn man die Zielfunktion isoliert für jede Restriktion optimieren würde. Erst das Zusammenwirken der einzelnen Restriktionen macht das Spezifische des Entscheidungsproblems aus, das man durch partielle Analysen nicht in den Griff bekommt.

3) Vgl. z. B. BRINK, Hans-Josef, Zur Planung des optimalen Fertigungsprogramms, Köln-Berlin-Bonn-München 1969; KILGER, Wolfgang, Optimale ... a. a. O.; KOENIG, J. W. Joachim, Dynamische Optimierungsmodelle der chemischen Industrie, Diss. Hamburg 1968.

Modelle können selbstverständlich nur Ausschnitte aus dem gesamten Entscheidungsfeld wiedergeben. Ansatzpunkte zur Lösung des Problems der Verknüpfung und Abstimmung von Partialmodellen (Teilplänen) sind in den Bemühungen um eine rekursive Planung zu erblicken [1].

Unsere Ausführungen zur Zerlegung des Entscheidungsfeldes nach sachlichen Kriterien lassen sich im wesentlichen analog auf die zeitliche Zerlegung übertragen. Hier treten jedoch aus folgenden Gründen zusätzliche Schwierigkeiten auf:

Erstens lassen sich über die zeitliche Ausdehnung des gesamten Entscheidungsfeldes wegen der Ungewißheit der Zukunft kaum konkrete Aussagen machen. Die Kenntnis (oder auch Annahme) dieser Ausdehnung ist auch dann notwendig, wenn von vornherein feststeht, daß man nur mit zeitlichen Partialmodellen arbeitet. Es läßt sich zeigen, daß jeder zeitlichen Zerlegung implizit Annahmen über die zeitliche Extension des gesamten Entscheidungsfeldes zugrunde liegen, sofern sich die Aktionen des einzelnen Teilfeldes wegen der Interdependenzen noch bis zum Ende des Handlungszeitraumes [2] auswirken und das Unternehmensziel sich auf den Handlungszeitraum bezieht. SCHNEIDERs Ansicht, die Länge des Handlungszeitraumes im einzelnen sei für die Unternehmenspolitik nicht von Bedeutung, vielmehr genüge es zu wissen, ob der erwartete Handlungszeitraum länger als der gegenwärtige Planungszeitraum (sprich: die zeitliche Ausdehnung des betrachteten Entscheidungsfeldes) sei [3], ist strenggenommen nicht

---

1) Vgl. dazu im einzelnen: CHURCHMAN, C. West, ACKOFF, Russel, L., ARNOFF, E. Leonard, Operations Research, Wien und München 1961, S. 17; KILGER, Wolfgang, Optimale ..., a. a. O., S. 17 f.; MEYHAK, Hermann, Simultane Gesamtplanung im mehrstufigen Mehrproduktunternehmen, Wiesbaden 1970, S. 10; SCHWEIM, Joachim, Integrierte ..., a. a. O., S. 19.

2) Der Handlungszeitraum ist gleich der zeitlichen Ausdehnung des gesamten Entscheidungsfeldes. Zum Begriff des Handlungszeitraums vgl. SCHNEIDER, Dieter, Investition ..., a. a. O., S. 36 ff.

3) Vgl. ebenda, S. 36.

haltbar. Denn falls beide Zeiträume nicht zusammenfallen, ist zu fragen, wie im Planungszeitraum die Interdependenzen zum Rest des Handlungszeitraumes berücksichtigt werden sollen. Falls dies in optimaler Weise geschehen soll, ist zweifellos die Kenntnis des Handlungszeitraumes notwendig. Erst wenn man von der Forderung nach Optimalität abgeht, kann man auf seine exakte Angabe verzichten. So fordert SCHNEIDER nur noch: "Zum Ende des gegenwärtigen Planungszeitraums ... müssen hinreichende Ausgangsbedingungen für das Weiterleben der Unternehmung geschaffen worden sein"[1]. Hier hängt alles von der konkreten Bedeutung des Wortes "hinreichend" ab. Nach ihr richtet sich nicht nur der Grad der Zielerreichung in der Planungsperiode[2], gleichzeitig setzt sie wenigstens die Angabe einer Mindestdauer des Handlungszeitraumes voraus, für die diese Ausgangsbedingungen "hinreichend" sein sollen. Hieraus geht hervor, daß die Kenntnis des Handlungszeitraumes im einzelnen entgegen SCHNEIDERs Ansicht sehr wohl für die Unternehmenspolitik von Bedeutung ist, bzw. daß die Festlegung von Ausgangsbedingungen für das restliche Entscheidungsfeld implizit Annahmen über seine zeitliche Ausdehnung macht. Selbstverständlich ist es notwendig, das gesamte Entscheidungsfeld für Planungszwecke zeitlich zu zerlegen, doch muß man sich darüber im Klaren sein, daß jedes Zerschneiden bestehender Interdependenzen eine Vereinfachung darstellt, die je nach dem Grad ihrer Willkür das Erreichen des Gesamtoptimums mehr oder weniger stark verhindert (vgl. hierzu im einzelnen den Abschnitt 1. 1. 3).

Eng verbunden mit der Problematik der Ausdehnung des Handlungszeit-

---

1) SCHNEIDER, Dieter, Investition ..., a. a. O., S. 36.

2) Die zu erreichenden Ausgangsbedingungen ließen sich in SCHNEIDERs Konzept nämlich nur in Form von Nebenbedingungen berücksichtigen. Sie können am Ende des Planungszeitraumes nicht bewertet und diesem "gutgeschrieben" werden, weil eine Bewertung nur im Hinblick auf ihre "Verwendung" im weiteren Handlungszeitraum möglich ist. Dazu müßte man wiederum Annahmen über dessen zeitliche Ausdehnung machen.

raums ist die Frage nach der Länge des gesamten Planungszeitraums, also der Zeitspanne, für die das Unternehmensgeschehen überhaupt geplant werden soll [1]. Sie läßt sich nur beantworten in Abhängigkeit von den zur Verfügung stehenden Informationen, sofern der Handlungszeitraum nicht ohnehin als Obergrenze wirksam wird. Die zeitliche Ausdehnung des gesamten Planungszeitraumes findet dort ihre Grenze, wo sich aufgrund der vorhandenen Informationen die "Alternativen und ihre ökonomischen Konsequenzen" [2] nicht mehr unterscheiden lassen,

---

1) Zur Unterscheidung von Handlungszeitraum und Planungszeitraum vgl. im einzelnen SCHNEIDER, Dieter, Investition ..., a. a. O., S. 38 ff. Obwohl für die Zeit innerhalb des Planungszeitraumes im einzelnen geplant wird, während die Interdependenzen zum Rest des Entscheidungsfeldes pauschal in Form von "Ausgangsbedingungen für die weitere Zukunft" (ebenda S. 39) berücksichtigt werden, kommt es viel mehr darauf an, die im Anfang zu ergreifenden Aktionen festzulegen, als bereits das vollständige Handlungsprogramm für den gesamten Planungszeitraum endgültig zu determinieren. Vgl. hierzu MODIGLIANI, Franco, The Measurement of Expectations, Econometrica 1952, S. 482 und BLUMENTRATH, Ulrich, Investitions- und Finanzplanung mit dem Ziel der Endwertmaximierung, Wiesbaden 1969. Vgl. auch die Literatur zur flexiblen Planung wie z. B. HAX, Herbert und LAUX, Helmut, Flexible Planung - Verfahrensregeln und Entscheidungsmodelle für die Planung bei Ungewißheit, ZfbF 1972, S. 318 ff. und die dort angegebene Literatur. ADAM weist darauf hin, daß die Wahl dieser Ausgangsbedingungen für die weitere Zukunft (bei ADAM als "Restwerte" bezeichnet) mit zunehmender Ausdehnung des Planungszeitraums einen immer geringeren Einfluß auf die anfangs zu treffenden Entscheidungen ausübt. Vgl. ADAM, Dietrich, Die Bedeutung der Restwerte von Investitionsobjekten für die Investitionsplanung in Teilperioden, ZfB 1968, S. 402. Vgl. auch HAX, Herbert, Investitionstheorie, Würzburg-Wien 1970, S. 72.

2) MAG, Wolfgang, Planungsstufen ..., a. a. O., S. 819. In diesem Sinne auch SCHNEIDER, Dieter, Investition ..., a. a. O., S. 38 ff.; WITTMANN, Waldemar, Unternehmung ..., a. a. O., S. 141. Der Auffassung von MAG, die ökonomischen Konsequenzen von Alternativen seien schon dann nicht mehr restlos unterscheidbar, wenn sich ihre Streubereiche teilweise überschneiden, können wir uns nicht anschließen. Vgl. MAG, Wolfgang, Planungsstufen ..., a. a. O., S. 816 ff. Für die Unterscheidbarkeit ist es ohne Bedeutung, ob einer oder mehrere Werte in den Streubereichen der Ergebnisse mehrerer Alternativen vertreten sind. Wir wollen die Ergebnisse zweier Alternativen dann als nicht mehr unterscheidbar ansehen, wenn sich entweder über die Auswirkungen dieser Alternativen auch in ihrem Verhältnis zueinander keinerlei Aussagen mehr machen lassen oder wenn die folgenden Bedingungen gleichzeitig gegeben sind: Gleiche Ausdehnung und Lage der Streubereiche sowie gleiche Wahrscheinlichkeitsverteilungen für die Werte der Streubereiche.

weil dann eine noch weiter reichende Planung keine besseren Entscheidungen mehr ermöglichen würde. So wird es einleuchtend, daß der Planungszeitraum bei verschiedenen Planungsproblemen unterschiedlich lang sein wird, weil die "zeitlichen Übersichtstiefen" für die einzelnen Problemkreise verschieden lang sind [1]. Da der Informationsstand bezogen auf bestimmte Perioden im Zeitablauf wächst, wird die Planung in der Regel in zeitlich überlappter Form vorgenommen [2]. Das Problem wird noch komplizierter, wenn der Informationsstand selbst nicht Datum sondern beeinflußbare Variable ist. Dann muß man nicht nur Kenntnisse über die Kosten zusätzlicher Informationen besitzen sondern gleichzeitig über ihren Wert: Wie weit werden weitere Informationen das Planungsergebnis verbessern [3]? Die Schwierigkeiten bei der Festlegung des Planungshorizontes liegen - wie bei so vielen Problemen in der Betriebswirtschaftslehre - nicht im Auffinden der formalen Optimumbedingungen sondern in der Aufgliederung und Abbildung der Wirklichkeit, sodaß sie einer Lösung mit Hilfe formaler Methoden zugänglich gemacht wird, ein Problem, das nur von Fall zu Fall zu lösen ist.

Ähnlich wie die sachliche Zerlegung des Entscheidungsfeldes stellt auch seine zeitliche Teilung die Zergliederung einer fest zusammenhängenden Einheit dar, und die Handlungsmöglichkeiten der einzelnen Teilperiode dürfen nicht ohne Rücksicht auf ihre Auswirkungen in dieser geschlossenen Einheit festgelegt werden. Sie können nicht nur Interdependenzen zu den langfristigen Aktionsparametern aufweisen, wie auch diese umgekehrt nicht ohne Kenntnis der kurzfristigen Aktivitäten bestimmt werden können [4] (kurz- und

---

1) Vgl. WITTMANN, Waldemar, Unternehmung ..., S. 141 f.
2) Vgl. hierzu BLUMENTRATH, Ulrich, Investitions- und Finanzplanung ..., a. a. O., S. 235 und die dort angegebene Literatur sowie KILGER, Wofgang, Optimale ..., a. a. O., S. 467 f.
3) Vgl. zu dieser Problematik im einzelnen: MAG, Wolfgang, Planungsstufen ..., a. a. O., S. 820 ff.; SCHNEIDER, Dieter, Investition ..., a. a. O., S. 38 ff.
4) Vgl. z. B. die Investitionsrechnung, der Annahmen über die Produktions- und Absatzmengen zugrunde liegen müssen. Vgl. hierzu Abschnitt 1.2.1.

langfristige Aktionsparameter sind hier abwechselnd Datum bzw. Variable), sondern darüber hinaus können auch die Handlungsmöglichkeiten mehrerer kurzfristiger Teilperioden in funktionalem Zusammenhang stehen [1]. Diesem Problem des zeitlichen Verbunds versucht man durch Konstruktion dynamischer [2] Modelle beizukommen, wobei man entweder mit kontinuierlichen Funktionen in Abhängigkeit von der Zeit arbeiten oder die Modellgrößen für einzelne Teilperioden zu diskreten Werten verdichten kann (Mehrperiodenproblem). Im letzteren Fall ist es möglich, die Planung dadurch zu vereinfachen, "daß man am Ende der Planungsperiode größere Teilperioden wählt" [3].

---

1) Als Beispiel hierfür sei der Verbrauch von Rohstoffen erwähnt, die damit in anderen Perioden nicht mehr zur Verfügung stehen. Dieses Problem läßt sich in der Regel relativ leicht durch plausible vereinfachende Annahmen lösen. Vgl. hierzu Abschnitt 1. 1. 3.

2) Die Begriffe statisch, dynamisch, stationär und evolutorisch werden vielfach mit unterschiedlichen Bedeutungen verwendet. Für unsere Zwecke seien sie folgendermaßen abgegrenzt: Mit den Begriffen statisch und dynamisch wird die Beziehung zwischen den Werten verschiedener Zeitpunkte (Bestandsgrößen) oder Zeiträume (Strömungsgrößen) aufgezeigt. Statische Beziehungen bestehen dann, wenn sich diese Beziehung auf eine einzige Periode oder auf einen einzigen Zeitpunkt erstreckt; z. B. :

$$y_t = f(x_t) \qquad (t = 1, 2, \ldots, T)$$

Bei dynamischer Verknüpfung sind auch noch andere Beziehungen möglich, z. B. :

$$y_t = f(x_1 \ldots, x_t, \ldots, x_T) \qquad (t = 1, 2, \ldots, T)$$

Beim stationären Modell ändern sich die Werte in den einzelnen Zeitpunkten oder Perioden nicht:

$$x_t = x_{t+1} \qquad (t = 1, 2, \ldots, T-1)$$

Weicht nur ein Wert dieser Reihen von den anderen ab, so heißt das Modell evolutorisch.

3) KILGER, Wolfgang, Optimale ..., a. a. O., S. 468.

Für die meisten Entscheidungsprobleme ist es erforderlich, das Entscheidungsfeld zeitlich weiter zu zerlegen, also den gesamten Planungszeitraum in einzelne Abschnitte oder Teilperioden zu untergliedern, um eine größere Übersichtlichkeit zu erreichen. Hierbei ergibt sich die Frage, nach welchem Kriterium die Zerlegung vorgenommen werden soll, sodaß die verbleibenden Beziehungen zwischen den einzelnen Teilfeldern möglichst gering sind oder sich leicht überblicken lassen. Die Kalenderzeit alleine (also die Unterteilung in Wochen, Monate, Jahre usw.) erweist sich hierfür als nicht geeignet[1]. Hier wäre prinzipiell noch jede Art von Überschneidung mit dem Rest des Entscheidungsfeldes möglich, weil alle Entscheidungen zeitpunktbezogene Ereignisse sind und somit in jeder Teilperiode stattfinden können. Eine zeitliche Zerlegung ist also nur sinnvoll, wenn sie dadurch ergänzt wird, daß solche Handlungsmöglichkeiten aus dem Kalkül ausgeschlossen werden, die einen dominierenden Einfluß auf andere Teilperioden ausüben[2]. Über diese Handlungsmöglichkeiten muß in der übergeordneten langfristigen Planung entschieden werden, sodaß sie für die kurzfristige, d.h. zeitlich abgespaltene Planung Daten darstellen.

Es wäre sicherlich verfehlt, die Begriffe "kurzfristig" und "langfristig" ein für alle Male eindeutig und genau festzulegen, weil sich eine solche exakte Unterscheidung aus der Wirklichkeit her nicht anbietet. Die Frage, was kurzfristig und was langfristig ist, kann nicht "vorab" (d.h. generell für alle Planungsprobleme) beantwortet werden, sondern löst sich von Fall zu Fall aus der jeweiligen konkreten Zerlegung des Entscheidungsfeldes. Die Abgrenzung kurzfristiger Teilpläne beruht somit auf einer Konvention,

---

1) In diesem Sinne auch KILGER, Wolfgang, Möglichkeiten und Grenzen moderner Verfahren der betrieblichen Planung, in: Unternehmensplanung im Konjunkturwandel, AGPLAN, Betriebswirtschaftlicher Informationsdienst, 7. Sonderheft, Teil II, Frankfurt a.M. 1967, S. 6: "Wichtiger als diese zeitliche Differenzierung ist aber die Frage, welches Entscheidungsfeld jeweils beim Aufbau der Planung berücksichtigt werden soll."

2) In diesem Sinne auch RIEPER, Bernd, Entscheidungsmodelle ..., a.a.O., S. 23: "Existenz und Intensität der zeitlich vertikalen Interdependenzen hängen aber von der sachlichen Ausdehnung des Entscheidungsfeldes ab."

die notwendig ist, damit Entscheidungsprobleme in praktikabler Weise gelöst werden können. So ist es beispielsweise üblich, die kurzfristige Fertigungsprogrammplanung auf der Basis gegebener Maschinenkapazitäten durchzuführen [1][2], obwohl es durchaus möglich wäre, in der betrachteten Teilperiode (Woche, Monat, Jahr) zusätzliche Kapazitäten bereitzustellen. Über die Wirtschaftlichkeit dieser Aktivitäten läßt sich im zeitlichen Partialmodell keine Aussage machen, wenn die zusätzlichen Kapazitäten auch noch nach der Planungsperiode genutzt werden können. Keinesfalls dürfen durch diese Abgrenzung die bestehenden zeitlichen Interdependenzen zerschnitten werden, weil eine solche Planung sich von Anfang an selbst um die Möglichkeit bringen würde, die beste Entscheidung zu ermitteln. Im Zusammenhang mit den Betriebsmitteln treten solche Interdependenzen z. B. dadurch auf, daß die Produktion in der kurzfristigen Periode Einfluß auf die Lebensdauer der Maschine, also auf die späteren Teilperioden ausüben kann, doch ist ein solcher Einfluß nicht so dominierend wie der einer Betriebsgrößenvariation.

Bevor wir näher auf die Frage eingehen, welche Bedeutung der zeitlichen Zerlegung von Entscheidungsfeldern für die Berücksichtigung von Produktionsfaktoren wie Maschinen und maschinellen Anlagen in kurzfristigen Entscheidungsmodellen zukommt, ist es erforderlich zu erläutern, welches die Möglichkeiten und Probleme bei der Ableitung von Zielgrößen für kurzfristige Planungsprobleme aus dem Unternehmensziel sind, denn zwischen der Menge der Aktivitäten, die in einem Entscheidungsmodell explizit Berücksichtigung finden, und der zu wählenden Zieldefinition bestehen enge Beziehungen.

---

1) Vgl. z. B. BRINK, Hans-Josef, Zur Planung ..., a. a. O., S. 18; KILGER, Wolfgang, Optimale ..., a. a. O., S. 19; KOCH, Helmut, Betriebliche ..., a. a. O., S. 29 f.

2) Gegen eine solche endogene (faktorbezogene) Abgrenzung von kurzfristiger und langfristiger Planung und für eine exogene (kalenderzeitbezogene) Abgrenzung sprechen sich z. B. aus: LASSMANN, Gert, Die Kosten- und Erlösrechnung als Instrument der Planung und Kontrolle in Industriebetrieben, Düsseldorf 1968, S. 18 ff. und STEFFEN, Reiner, Eigenschaften industrieller Elementarfaktoren in produktionstheoretischer Sicht, Berlin 1973, S. 15 ff.

1.1.3 Die relevanten Kosten als Zielkomponenten in zeitlichen Partialmodellen

1.1.3.1 Möglichkeiten und Probleme der Ableitung von Zielgrößen für kurzfristige Planungsprobleme aus dem Unternehmensziel

Oberstes Kriterium für die Beurteilung und Auswahl alternativer Handlungsmöglichkeiten ist die unternehmerische Zielsetzung. Ohne im einzelnen auf die ausführliche Zieldiskussion einzugehen [1], wollen wir im Rahmen der folgenden Untersuchung das erwerbswirtschaftliche Prinzip [2] als gültig voraussetzen. Wir meinen nicht nur, daß diese Auffassung mit der in der betriebswirtschaftlichen Literatur vorwiegend vertretenen Ansicht übereinstimmt, sondern auch den betrieblichen Gegebenheiten in marktwirtschaftlich orientierten Wirtschaftssystemen entspricht [3].

Wir gehen somit im folgenden von der Voraussetzung aus, daß der Unter-

---

1) Vgl. z.B. HEINEN, Edmund, Zur Zielfunktion der Unternehmung, in: Zur Theorie der Unternehmung, Festschrift zum 65. Geburtstag von Erich Gutenberg, hrsg. v. Helmut KOCH, Wiesbaden 1962, S. 9 ff.; ders., Grundlagen betriebswirtschaftlicher Entscheidungen, Das Zielsystem der Unternehmung, 2. Aufl., Wiesbaden 1971; KIRSCH, Werner, Entscheidungsprozesse, Bd. I, Wiesbaden 1970; SCHMIDT-SUDHOFF, Ulrich, Unternehmerziele und unternehmerisches Zielsystem, Wiesbaden 1967.

2) Vgl. hierzu GUTENBERG, Erich, Grundlagen ..., Bd. 1, a. a. O., S. 464 ff.

3) Vgl. ADAM, Dietrich, Entscheidungsorientierte Kostenbewertung, Wiesbaden 1970, S. 59 ff.; CZERANOWSKY, G., STRUTZ, H., Ergebnisse einer empirischen Untersuchung über Unternehmensziele, in: Zielprogramm und Entscheidungsprozeß in der Unternehmung, hrsg. v. H. JACOB, Wiesbaden 1970, S. 122 ff.; ENGELS, Wolfram, Betriebswirtschaftliche ..., a. a. O., S. 61; FERNER, Walter, Modelle zur Programmplanung im Absatzbereich industrieller Betriebe, Köln-Berlin-Bonn-München 1966, S. 19 ff.; GUTENBERG, Erich, Grundlagen ..., Bd. 1, a. a. O., S. 452 ff.; KILGER, Wolfgang, Optimale ..., a. a. O., S. 15; SCHNEIDER, Dieter, Investition ..., a. a. O., S. 54 ff.; WÖHE, Günter, Methodologische Grundprobleme der Betriebswirtschaftslehre, Meisenheim am Glan 1959, S. 185 ff.

nehmer [1] danach strebt, die mit seinen Handlungsmöglichkeiten verbundenen Einzahlungsüberschüsse zu optimieren, wobei in der Regel gewisse freiwillig gesetzte oder erzwungene Nebenbedingungen eingehalten werden müssen [2].

Diese allgemeine Definition der Zielsetzung muß noch durch Annahmen über die Vorziehenswürdigkeit für unterschiedliche zeitliche Verteilungen der Einzahlungsüberschüsse konkretisiert werden. Unproblematisch in dieser Hinsicht ist der vollkommene Kapitalmarkt, weil hier ein früher anfallender Einzahlungsüberschuß immer wertvoller ist als ein gleich hoher Einzahlungsüberschuß zu einem späteren Zeitpunkt [3]. Die Möglichkeit, Kapitalbeträge in beliebiger Höhe zum konstanten Zinssatz anzulegen und zu entleihen, gestattet es, die mit den unternehmerischen Entscheidungen verbundenen Einzahlungsüberschüsse so zu transformieren, daß sie jede gewünschte zeitliche Struktur aufweisen. Bei unvollkommenem Kapitalmarkt wird es notwendig, Annahmen über die gewünschte zeitliche Struktur der Einzahlungsüberschüsse zu machen. Plausibel erscheinen hierbei folgende Zielfunktionen [4]:

- Maximierung des Kapitalwertes aller Ausschüttungen [5],
- Maximierung des Endvermögenswertes bei gegebenen Ausschüt-

---

1) Die folgenden Ausführungen basieren auf der weiteren Annahme der Identität von Unternehmer (Kapitalgeber) und Entscheidungsträger. Dadurch wird unterstellt, daß die Ziele der (oder des) Unternehmer(s) mit den Zielen des Entscheidungsträgers identisch sind.

2) Zu einer Ableitung dieser Zielfunktion aus einer übergeordneten Nutzenfunktion vgl. z. B. LAUX, Helmut, FRANKE, Günter, Der Erfolg im betriebswirtschaftlichen Entscheidungsmodell, ZfB 1970, S. 31.

3) Vgl. LAUX, Helmut, FRANKE, Günter, Der Erfolg ..., a. a. O., S. 33 f.

4) Eine detaillierte Analyse dieser Zielfunktionen findet sich ebenda, S. 33-44. Vgl. zu diesem Problem auch ADAM, Dietrich, Entscheidungsorientierte ..., a. a. O., S. 63 ff.

5) Vgl. HAX, Herbert, Investitionstheorie, a. a. O., S. 68 f. und die dort angegebene Literatur.

tungen in den einzelnen Teilperioden des Planungszeitraumes [1],

- Maximierung der im Zeitablauf konstanten Periodenausschüttungsbeträge bei gegebenem Endvermögenswert [2].

Entscheidend für diese Zielfunktionen, die dem Unternehmensziel entsprechen bzw. dieses modellmäßig abbilden [3] ist, daß sie jeweils die Differenz von bestimmten Ein- und Auszahlungen, also von real vorkommenden Größen, maximieren wollen. Dadurch tritt überhaupt kein Bewertungsproblem auf. Sofern die einzelnen Entscheidungsalternativen und die mit ihnen verbundenen Ein- und Auszahlungsreihen bekannt sind, ist alles weitere nur noch ein Rechenproblem. Betriebswirtschaftliche Probleme ergeben sich erst wegen der Unsicherheit und weil es im praktischen Fall nicht gelingt, das gesamte Entscheidungsfeld vollständig im Modell abzubilden. Im Rahmen der vorliegenden Untersuchung soll das Unsicherheitsproblem vereinfachend ausgeklammert werden. Das bedeutet nicht, daß für die mit den einzelnen Entscheidungen verbundenen Einzahlungsüberschüsse objektive Sicherheit beansprucht werden muß, sondern nur, daß dies die Erwartungswerte eines risikoindifferenten Unternehmers sind.

Da das Unternehmensziel - und damit auch die ihm entsprechende Zielfunktion - generelle Gültigkeit für die gesamte Lebensdauer besitzt, sind auch alle kurzfristigen Entscheidungen prinzipiell auf diese Zielfunktion abzustimmen. Das bedeutet, daß Zielfunktionen für kurzfristige Planungsprobleme nur aus dem Unternehmensziel abgeleitet werden können und mit diesem im Einklang stehen müssen. Die hierbei auftretenden Probleme lassen sich formal aus der Abbildung 2 ableiten:

---

1) Vgl. ebenda, S. 69; LAUX, Helmut, FRANKE, Günter, Der Erfolg ..., a. a. O., S. 39 ff.; SCHNEIDER, Dieter, Investition ..., a. a. O., S. 147 ff.

2) Vgl. HAX, Herbert, Investitionstheorie, a. a. O., S. 70.

3) So wird beispielsweise hier auf die Abbildung nichtfinanzieller Zielsetzungen verzichtet. Allerdings lassen sich solche Zielsetzungen zum großen Teil in den Nebenbedingungen berücksichtigen, soweit es sich nicht um Extremwertvorschriften handelt.

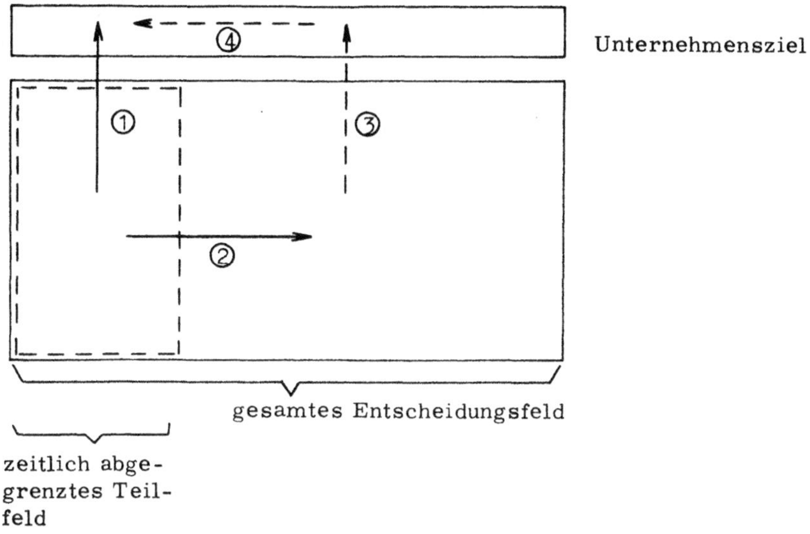

Abb. 2: Die Auswirkungen kurzfristiger Entscheidungen auf das Unternehmensziel

Hier wurde aus dem gesamten Entscheidungsfeld ein Teilfeld zeitlich so abgegrenzt, daß die hierin enthaltenen Handlungsalternativen die Zielfunktion unmittelbar nur in dieser Periode beeinflussen (außerhalb des Teilfeldes verursachen die Aktionsparameter unmittelbar keine Einzahlungsüberschüsse mehr) (vgl. Pfeil ①). Gleichzeitig wirken sie sich jedoch auf die Handlungsmöglichkeiten im Rest des Entscheidungsfeldes aus, z. B. in der Weise, daß jetzt über Ressourcen verfügt wird, die dadurch später nicht mehr zur Verfügung stehen (vgl. Pfeil ②)[1]. Da diese Handlungsmöglichkeiten ihrerseits aber auch das Unternehmensziel beeinflussen (Pfeil ③), muß ihre Veränderung durch die jetzt zur Diskussion stehenden Aktionsparameter in der "Teil-Zielfunktion" für das abgegrenzte Entscheidungsfeld

1) Hierunter sei auch der Fall subsumiert, daß alle späteren Aktivitäten zwar der Art und dem Umfang nach wie ursprünglich beabsichtigt durchgeführt werden, daß ihre Zielbeiträge dadurch aber beeinflußt werden (Beispiel: Die Ressourcen werden jetzt in einer Weise beansprucht, daß dadurch ihr späteres Qualitätsniveau und damit die Wirtschaftlichkeit ihrer Nutzung sinken).

berücksichtigt werden, wenn man nicht simultan über das gesamte Entscheidungsfeld planen will. Die zeitliche Zerlegung des Entscheidungsfeldes macht es also erforderlich (gleiches gilt für die sachliche Zerlegung), die mittelbaren Einflüsse der Handlungsmöglichkeiten auf das Unternehmensziel, die in den Auswirkungen auf den Rest des Entscheidungsfeldes bestehen, zu bewerten (vgl. Pfeil (4)) [1].

Rein formal bietet sich auch noch eine andere Möglichkeit an, den kurzfristigen Plan optimal im Hinblick auf das Unternehmensziel mit dem restlichen Entscheidungsfeld abzustimmen: Im kurzfristigen Teilmodell werden nur die unmittelbar mit den Handlungsmöglichkeiten verbundenen Einzahlungsüberschüsse maximiert, und zusätzliche Nebenbedingungen müssen dafür sorgen, daß genau die Ausgangsbedingungen für die späteren Teilpläne geschaffen werden, die im Sinne des gesamten Unternehmensziels optimal sind. Hierbei würden die einzelnen Teilfelder also über die Nebenbedingungen - und nicht über die Zielfunktionen - abgestimmt. Allerdings ist damit das Bewertungsproblem nicht gelöst, sondern nur verlagert, denn bei der Bestimmung der "optimalen Ausgangsbedingungen" taucht es in gleicher Weise auf.

Das hier aufgezeigte Bewertungsproblem läßt sich als Frage nach der geeigneten Zielgröße für kurzfristige Planungsprobleme formulieren. Es ist nur dann richtig, die Zielgröße des Unternehmensziels auch als Zielgröße für die kurzfristige Planungsperiode zu wählen, wenn kein zeitlicher Verbund zwischen den kurzfristigen und allen anderen Handlungsmöglichkeiten herrscht [2]. Dann kann das kurzfristige Planungsproblem unter Verwendung der Zielgröße des Unternehmensziels ganz isoliert für sich gelöst werden.

Besondere Probleme bei der zeitlichen Zerlegung ergeben sich erst, wenn die Handlungsmöglichkeiten der Planungsperiode Einfluß auf den Wert des

---

1) Vgl. hierzu HAX, Herbert, Bewertungsprobleme ..., a. a. O.; SCHNEIDER, Dieter, Grundlagen einer finanzwirtschaftlichen Theorie der Produktion, in: Produktionstheorie und Produktionsplanung, Festschrift für Karl Hax, hrsg. v. A. MOXTER, D. SCHNEIDER, W. WITTMANN, Köln und Opladen 1966, S. 380 f.

2) Zu den Voraussetzungen zeitlicher Unverbundenheit vgl. im einzelnen SCHNEIDER, Dieter, Investition ..., a. a. O., S. 46 f. Vgl. auch SCHWANTAG, Karl, Zum Zusammenhang von Wirtschaftlichkeitsrechnung und Kostenrechnung, ZfB 1967, S. 619 f.

restlichen Entscheidungsfeldes ausüben. Um diesen Einfluß im zeitlichen Partialmodell zu berücksichtigen, ist die Wertänderung zu ermitteln, die das restliche Entscheidungsfeld durch die zu beurteilenden Handlungsalternativen erfährt. Der Wert eines Entscheidungsfeldes ergibt sich aus dem maximalen Nutzen, den der Entscheidende aus ihm ziehen kann [1]. Er hängt also davon ab, daß für das betreffende Entscheidungsfeld die optimalen Handlungsmöglichkeiten ergriffen werden [2]. Man muß somit wissen, wie sich die optimalen Dispositionen im nicht betrachteten Teil des Entscheidungsfeldes ändern und welche Veränderungen in den Einzahlungsüberschüssen sie hervorrufen, wenn man die durch die zu planenden Aktionen hervorgerufene Wertänderung dieses Teilfeldes ermitteln will. Dies geht auch aus der Abbildung 1 hervor: Die Auswirkungen der Handlungsmöglichkeiten auf den Rest des Entscheidungsfeldes lassen sich nicht direkt in der Zielfunktion in diesem Teilfeld ablesen, sondern nur indirekt über die Veränderung des restlichen Handlungsprogramms (vgl. die Pfeile ② und ③).

Diese allgemeine Darstellung des Bewertungsproblems bei zeitlicher Zerlegung zeigt, daß es grundsätzlich nicht ausreicht, am Ende der Planungsperiode das Betriebsvermögen bzw. die Produktionsfaktoren mit ihren zeitlichen Opportunitätssätzen [3] zu bewerten, wie beispielsweise D. ADAM es fordert [4]. Vielmehr erstreckt sich das Bewertungsproblem nicht nur auf die Produktionsfaktoren, sondern grundsätzlich auf alle erfolgswirksamen Auswirkungen jetziger Handlungsmöglichkeiten, also beispielsweise auch auf die Rüstaktivitäten bei serienfolgeabhängigen Rüstkosten. Hier kann es zwar im Sinne einer isolierten Betrachtung der Planungsperiode günstig erscheinen, beispielsweise als letzte Serie das Produkt A aufzulegen. Bei

---

1) Vgl. hierzu insbesondere ENGELS, Wolfram, Betriebswirtschaftliche ..., a. a. O., S. 94 ff.
2) Zwar lassen sich jeder Handlungsstrategie die jeweiligen Ergebnisse zuordnen, doch soll der Begriff "Wert" hier im Sinne des besten Ergebnisses, d. h. des maximalen Nutzens verstanden werden.
3) Vgl. zu diesem Begriff unsere Ausführungen auf den folgenden Seiten.
4) Vgl. ADAM, Dietrich, Entscheidungsorientierte ..., a.a.O., S. 61f.

hohen Umrüstkosten von Produkt A auf ein anderes Produkt [1] würden die Auswirkungen auf den Rest des Entscheidungsfeldes möglicherweise derart gravierend sein, daß eine im Sinne des gesamten Entscheidungsfeldes richtige Bewertung dieser Aktivität zu einem anderen Handlungsprogramm in der Planungsperiode führen würde. Ein weiteres Beispiel dafür, daß es bei der zeitlichen Zerlegung nicht ausreicht, nur die Produktionsfaktoren mit ihren Opportunitätssätzen zu bewerten, liegt im Falle zeitlicher Verbundwirkungen im Absatzbereich vor. Hier ist es unter Umständen empfehlenswert, auf die an sich günstige Annahme eines Zusatzauftrages deshalb zu verzichten, weil sonst die Verkaufspreise späterer Perioden verdorben würden. Grundsätzlich bezieht sich das Bewertungsproblem primär auf die Bewertung von Aktivitäten, denn sie beeinflussen die Ausgangsbedingungen für das restliche Entscheidungsfeld und damit seinen Wert. Nur wenn diese Aktivitäten auch Produktionsfaktoren in Anspruch nehmen, werden damit gleichzeitig die Wertänderungen dieser Produktionsfaktoren interessant. Aus ihnen lassen sich die betreffenden Aktivitäten bewerten.

Es wurde oben gezeigt, daß sich das Bewertungsproblem bei der zeitlichen Zerlegung von Entscheidungsfeldern daraus ergibt, daß die zu planenden Handlungsmöglichkeiten die späteren Alternativen beeinflussen und damit den Wert des restlichen Entscheidungsfeldes verändern. Nun läßt sich aber dessen ursprünglicher Wert auch nur unter der Voraussetzung bestimmen, daß das Handlungsprogramm der Teilperiode bereits gegeben ist, das heißt, die Ausgangsbedingungen für das restliche Entscheidungsfeld müssen bekannt sein. Somit beziehen sich die Wertänderungen immer auf Änderungen des Handlungsprogramms und lassen sich nicht generell, sondern immer nur ausgehend von einem spezifischen Handlungsprogramm bestimmen. Die Werte, die den Ausgangsbedingungen für das weitere Entscheidungsfeld beizumessen sind, besitzen damit stets marginalen Charakter. Das läßt sich besonders gut am Bei-

---

1) Ein solcher Fall tritt z. B. bei Färbeprozessen auf, wenn die Anlage nach der Herstellung dunkler Farbtöne sorgfältig gereinigt werden muß, damit anschließend hellere Töne produziert werden können.

spiel zeitlich elastischer Produktionsfaktoren [1] aufzeigen. Diesen Faktoren ist für ihre Inanspruchnahme in der Planperiode ein bestimmter Wert zuzuordnen, der sich nach ihrer späteren Verwendbarkeit richtet, welche wiederum vom jetzigen Handlungsprogramm abhängt. Für ein anderes Handlungsprogramm jetzt ist auch die Verwendbarkeit des Faktors später eine andere, was gleichzeitig einen anderen Wert bedingt. Streng genommen gilt dieser Wert und die damit zusammenhängende Bewertung der Aktivitäten nur für infinitesimale Änderungen des jetzigen Handlungsprogramms [2]. Aus diesem Zusammenhang läßt sich folgende Schlußfolgerung ziehen: Wenn es für die alternativen Handlungsprogramme der Teilperiode jeweils bestimmte Werte (oder Kombinationen von Werten) gibt, die ihren Einfluß auf das restliche Entscheidungsfeld berücksichtigen, so gibt es auch einen Wert (oder eine Wertekombination) für die Lösung des jetzigen Handlungsprogramms, die im Hinblick auf das gesamte Entscheidungsfeld optimal ist. Bewertet man also die Aktivitäten des abgegrenzten ("kurzfristigen") Entscheidungsfeldes mit diesen Werten und mit ihrem unmittelbaren Einfluß auf die Zielfunktion, so wird hierdurch die für das Unternehmensziel optimale Abstimmung des Handlungsprogramms der Teilperiode mit dem Rest des Entscheidungsfeldes erreicht. Die Werte, die den Einfluß auf das restliche Entscheidungsfeld angeben, besitzen allgemein (das heißt für beliebige Lösungen) den Charakter von Opportunitätssätzen [3] und werden für die beste Lösung zur optimalen Geltungs-

---

1) Vgl. zu diesem Begriff ADAM, Dietrich, Entscheidungsorientierte ..., a. a. O., S. 65 f. und 88; HEINEN, Edmund, Betriebswirtschaftliche ..., a. a. O., S. 333 und 355 ff.

2) Zum Marginalcharakter dieser Werte vgl. auch ADAM, Dietrich, Entscheidungsorientierte ..., a. a. O., S. 16 und 35 sowie HAX, Herbert, Kostenbewertung mit Hilfe der mathematischen Programmierung, ZfB 1965, S. 197 ff.

3) D. h. sie geben den Nutzenentgang an, der dadurch entsteht, daß jetzige Aktivitäten zukünftige Alternativen verhindern. Vgl. zu diesem Begriff im einzelnen ADAM, Dietrich, Entscheidungsorientierte ..., a. a. O., S. 35 ff.; HAX, Herbert, Kostenbewertung ..., a. a. O., S. 197 ff.; ders., Bewertungsprobleme ..., a. a. O.; KERN, Werner, Kalkulation mit Opportunitätskosten, ZfB 1965, S. 133 ff.; MÜNSTERMANN, Hans, Bedeutung der Opportunitätskosten für unternehmerische Entscheidungen, ZfB 1966, 1. Ergänzungsheft, S. 18 ff. und die in diesen Quellen angegebene Literatur. Andere Bezeichnungen für die Opportunitätswerte sind: Schattenpreis, Lenkpreis, Dualwert, Betriebswert.

zahl [1]. Sie sorgt dafür, daß nur solche Aktivitäten für das kurzfristige Handlungsprogramm in Betracht kommen, die nicht eine im Sinne des Unternehmensziels bessere Alternative in einer späteren Teilperiode verdrängen.

Somit setzt sich der Zielbeitrag einer Aktivität im kurzfristigen Partialmodell aus zwei Komponenten zusammen: Erstens aus den unmittelbaren (kurzfristigen) Auswirkungen auf das Unternehmensziel und zweitens aus der über die Beeinflussung des restlichen Entscheidungsfeldes mittelbaren, pauschal als Opportunitätssatz erfaßten Auswirkung auf dieses Ziel [2]. Diese Unterteilung gilt sowohl für die positiven als auch für die negativen Zielbeiträge. Sind die Opportunitätssätze für das optimale Handlungsprogramm bekannt, so werden alle jene Handlungsmöglichkeiten realisiert, für welche der positive Zielbeitrag (unmittelbare Einzahlungen + Opportunitätsgutschriften) größer ist als der negative Zielbeitrag (unmittelbare Auszahlungen + Opportunitätslastschriften). Nur bei denjenigen Aktivitäten, die keine zeitlichen Verbundwirkungen nach sich ziehen, reichen die unmittelbaren Zielbeiträge als Koeffizienten in der Zielfunktion aus, um das Partialmodell gesamtoptimal zu steuern. Die zeitlichen Verrechnungswerte scheinen also geeignet, das Problem der zeitlichen Zerlegung von Entscheidungsfeldern zu lösen: Mit Ihrer Hilfe lassen sich kurzfristige Teilpläne im Sinne des langfrisitigen Unternehmensziels optimieren, ohne daß die zeitlichen Interdependenzen im einzelnen abgebildet werden müssen [3].

Das Dilemma dieser Verrechnungswerte liegt jedoch in ihrer Ermitt-

---

1) Vgl. SCHMALENBACH, Eugen, Kostenrechnung und Preispolitik, 8. Aufl., Köln und Opladen 1963, S. 141: "Die optimale Geltungszahl ist ein zahlenmäßiger Betrag, mit dem die Kosten und Leistungen anzusetzen sind, um von den wirtschaftlichen Wahlmöglichkeiten die jeweilig wirtschaftlichste bestimmen zu können."

2) In diesem Sinne auch ADAM, Dietrich, Entscheidungsorientierte ..., a.a.O., S. 42 ff.; SCHNEIDER, Dieter, Grundlagen ..., a.a.O., S. 380 ff.

3) Vgl. HAX, Herbert, Bewertungsprobleme ..., a.a.O., S. 758.

lung [1]. Wie oben gezeigt, ergeben sich für alternative Lösungen des kurzfristigen Entscheidungsfeldes in der Regel auch unterschiedliche zeitliche Verrechnungssätze, weil sich die Ausgangsbedingungen für das restliche Entscheidungsfeld, und damit dessen Nutzen, ändern. Somit läßt sich der zum Optimum führende Verrechnungssatz nicht vorab (also nicht ohne Kenntnis der optimalen Lösung des gesamten Handlungsprogramms) bestimmen. Der richtige zeitliche Verrechnungssatz und das Optimum des gesamten Entscheidungsfeldes bedingen einander, zu ihrer Ermittlung sind jeweils die gleichen Informationen erforderlich. Wenn aber die optimale Lösung schon gegeben ist, wird die Kenntnis der Verrechnungswerte überflüssig [2].

Bei der Formulierung kurzfristiger Partialmodelle ergibt sich somit folgende Problematik: Auf der einen Seite weiß man, daß Werte existieren, die auch bei zeitlich dekomponierter Planung (und das ist die einzig praktikable Möglichkeit) richtige Entscheidungen für das gesamte Entscheidungsfeld ermöglichen, auf der anderen Seite ist bekannt, daß ihre Ermittlung nur über die Lösung des gesamten Entscheidungsfeldes möglich ist. Trotz dieses Dilemmas bleibt die Notwendigkeit bestehen, bei zeitlichem Verbund die Ausgangsbedingungen für das restliche Entscheidungsfeld zu bewerten, ohne das Entscheidungsproblem schon vorher gesamtoptimal zu lösen. Dies muß jede Bewertungslehre berücksichtigen, die Wertansätze zur Verwendung in zeitlichen Partialmodellen erarbeiten will. Die ceteris paribus - Annahme, das Partialmodell würde vom restlichen Entscheidungsfeld nicht beeinflußt, bewertet die tatsächlich bestehenden Interdependenzen implizit mit Null.

---

1) Vgl. allgemein zur Problematik solcher Verrechnungspreise beispielsweise ADAM, Dietrich, Entscheidungsorientierte ..., a. a. O.; HAX, Herbert, Bewertungsprobleme, ..., a. a. O.; ders. Kostenbewertung ..., a. a. O.; SCHNEIDER, Dieter, Zielvorstellungen und innerbetriebliche Lenkungspreise in privaten und öffentlichen Unternehmen, ZfbF 1966, S. 265 ff. Meist wird das Verrechnungsproblem für sachlich zerlegte Entscheidungsfelder dargestellt.
2) Lediglich für einige Nebenzwecke können diese Werte noch von Bedeutung sein. Vgl. hierzu HAX, Herbert, Die Koordination ..., a. a. O., S. 161 ff.; SCHNEIDER, Dieter, Zielvorstellungen ..., a. a. O., S. 267.

1.1.3.2 Der Kostenbegriff der entscheidungsorientierten Kostenrechnung

Während langfristige Planungsprobleme grundsätzlich auf der Basis von Ein- und Auszahlungen analysiert werden, ist die Kostenrechnung der Teil des betrieblichen Rechnungswesens, der sich mit kurzfristigen Problemen beschäftigt. Allerdings war und ist die Bereitstellung von Informationen für kurzfristige Planungsprobleme nicht alleinige Aufgabe der Kostenrechnung, vielmehr werden in der betriebswirtschaftlichen Literatur teilweise ganze Kataloge von Zwecken aufgestellt, die die Kostenrechnung erfüllen soll, ohne sie im einzelnen daraufhin zu überprüfen, ob sie jeweils für sich sinnvoll sind und sich nicht gegenseitig überschneiden [1)]. Da die Auffassungen darüber auseinandergehen, was als Kosten anzusehen ist, ist es nur sinnvoll, sie im Hinblick auf bestimmte Zwecke zu definieren und zu verwenden. Damit wird eine genaue Definition des Rechnungszweckes deshalb wichtig, weil er das oberste Kriterium darstellt, um zu überprüfen, ob bestimmte Methoden und Wertansätze der Kostenrechnung sinnvoll sind [2)].

Allgemein müssen sich die Aufgaben der Kostenrechnung dem Unternehmensziel unterordnen. Auf der einen Seite muß sie also Informationen bereitstellten, die eine zielgerechte Planung des Unternehmensgeschehens ermöglichen, insofern ist sie entscheidungsorientiert. Andererseits muß sie die Ausführung dieser Entscheidungen kontrollieren helfen. Daneben wird

---

1) Vgl. z.B. GUTENBERG, Erich, Einführung in die Betriebswirtschaftslehre. Wiesbaden 1958, S. 131 ff.; HENZEL, Friedrich, Die Kostenrechnung, 4. Aufl., Essen 1964, S. 13 ff.; KILGER, Wolfgang, Flexible Plankostenrechnung, 5. Aufl., Opladen 1972, S. 20 ff., KOCH, Helmut, Zur Diskussion über den Kostenbegriff, ZfhF 1958, S. 388 ff.; KOSIOL, Erich, Kostenrechnung, Wiesbaden 1964, S. 64 ff.; MELLEROWICZ, Konrad, Kosten und Kostenrechnung, Band II, Erster Teil, 4. Aufl., Berlin 1966, S. 64 ff.

2) Zur Bedeutung des Rechnungszweckes für den Rechnungsinhalt vgl. beispielsweise ENGELS, Wolfram, Betriebswirtschaftliche ..., a. a. O., S. 11 ff. sowie SCHNEIDER, Dieter, Die wirtschaftliche Nutzungsdauer von Anlagegütern, Köln und Opladen 1961, S. 13 ff.

von der Kostenrechnung vielfach noch die Erstellung von Unterlagen für die Handels- und Steuerbilanz verlangt (Bewertung von Halb- und Fertigfabrikatebeständen) [1], doch ist dies nicht primär Aufgabe der Kostenrechnung, sondern leitet sich aus den Bilanzierungszwecken (externe Rechnungslegung) ab; deshalb wollen wir diese Aufgabe nicht weiter verfolgen. Alle weiteren in der Literatur genannten Kostenrechnungszwecke müssen sich unter die Entscheidungs- und Kontrollfunktion unterordnen lassen [2]. Das bedeutet, daß sie alleine für sich gar nicht sinnvolle selbständige Rechnungszwecke sein können [3].

Die Kontrolle wird in der Literatur teilweise nicht als eigenständiger Rechnungszweck angesehen [4]. Zwar ist eine Kontrolle ohne vorhergehende Planung nicht denkbar, zwar wird durch die Kontrolle jede Planung ergänzt und verbessert [5], doch läßt sie sich deshalb noch nicht dem Dispositions-

---

1) Vgl. z. B. GUTENBERG, Erich, Einführung ..., a. a. O., S. 132 und KILGER, Wolfgang, Flexible ..., a. a. O., S. 21 ff.
2) Die Auffassung, daß sich alle dort genannten Zwecke auf diese beiden Hauptzwecke zurückführen lassen, vertritt beispielsweise auch LINTZHÖFT. Vgl. LINTZHÖFT, Helge, Die Kosten für den Einsatz sachlicher Potentialfaktoren, Diss. Hamburg 1968, S. 30. Auch folgende Autoren sehen die Disposition und Kontrolle als die beiden Hauptaufgaben der Kostenrechnung an: KILGER, Wolfgang, Flexible ..., a. a. O., S. 23; LASSMANN, Gert, Die Kosten- und Erlösrechnung ..., a. a. O., S. 31 ff.; MOSS, Morton F., HASEMAN, Wilber C., Some Comments on the Applicability of Direct Costing to Decision Making, The Accounting Review 1957, S. 184; RIEBEL, Paul, Einzelkosten- und Deckungsbeitragsrechnung, Opladen 1972, S. 67; WOITSCHACH, Max, Vom Umgang mit Alternativen, IBM-Nachrichten 1964, S. 2180.
3) So läßt sich beispielsweise die vielfach genannte Aufgabe "Ermittlung der Selbstkosten" nicht mit Sinngehalt füllen, wenn man nicht hinzufügt: "... für Dispositionszwecke."
4) Vgl. z. B. ENGELS, Wolfram, Betriebswirtschaftliche ..., a. a. O., S. 163 ff.; HAX, Herbert, Kostenbewertung ..., a. a. O., S. 197; ders., Bewertungsprobleme ..., a. a. O., S. 752: "Der Hauptzweck der Kostenrechnung ist, Informationen für betriebliche Dispositionen zu liefern; vor allem ist man bei der Beschaffung der Ausgangsdaten für Entscheidungsmodelle auf die Kostenrechnung angewiesen. Bewertungsregeln der Kostenrechnung können also danach beurteilt werden, inwieweit sie zu Wertansätzen führen, die im Rahmen von Entscheidungsmodellen sinnvoll Verwendung finden können."
5) Vgl. oben S. 15.

zweck unterordnen, denn um einen optimalen Ablauf des Unternehmensgeschehens zu gewährleisten, bedarf es nicht nur einer sorgfältigen Vorbereitung der Entscheidungen, sondern ebenso einer laufenden Überprüfung der Planrealisierung. Ein anderer Einwand gegen die Kontrolle als Kostenrechnungsziel bezieht sich auf die Art ihrer Durchführung: Für eine wirksame Kontrolle sei es im Grunde nur notwendig, Mengengrößen zu vergleichen, eine Bewertung dieser Mengen sei nicht erforderlich und deshalb könne die Kontrolle auch außerhalb der Kostenrechnung durchgeführt werden; bei einer eventuellen Bewertung könnten die Verrechnungspreise fest in beliebiger Höhe angesetzt werden [1)]. Wir halten aber eine realistische Bewertung der Abweichungen von Soll- und Istmengen für unerläßlich, weil sie nur so vergleichbar gemacht werden können. Denn für die Notwendigkeit eines korrigierenden Eingreifens in den Unternehmensprozeß ist nicht die mengenmäßige Größe der Abweichungen der richtige Anhaltspunkt, sondern ihr Beitrag für das Nichterreichen des Unternehmensziels, welcher nur über die Bewertung zu erfassen ist [2)].

Wenn somit die Kontrolle auch als eigenständiger Zweck der Kostenrechnung anzusehen ist, so wurde doch mit der zunehmenden entscheidungstheoretischen Ausrichtung der Betriebswirtschaftslehre ihre Aufgabe als Dispositionsunterlage im Laufe der Entwicklung immer mehr in den Vordergrund gestellt [3)]. Die kostenrechnerische Diskussion der letzten Jahre läßt auch darauf schließen, daß die Eignung der Kostenrechnung - vor allem in Form der flexiblen Plankostenrechnung - als Kontrollinstrument weitgehend unbestritten ist [4)], während ihre Anwendung für Planungszwecke noch viele Probleme aufwirft [5)].

---

1) Vgl. z.B. ENGELS, Wolfram, Betriebswirtschaftliche ..., a.a.O., S. 165.
2) In diesem Sinne auch KILGER, Wolfgang, Flexible ..., a.a.O., S. 177 und SABEL, Hermann, Entscheidungsprobleme auf der Basis von Kosten- und Leistungsrechnungssystemen, Die Wirtschaftsprüfung 1973, S. 18 ff.
3) Zur Entwicklung der Kostenrechnung vgl. KILGER, Wolfgang, Flexible ..., a.a.O., S. 27 ff.
4) Vgl. ebenda.
5) Vgl. z.B. ADAM, Dietrich, Entscheidungsorientierte ..., a.a.O.,; RIEBEL, Paul, Einzelkosten ..., a.a.O., und SCHWERMER, Walter, Kosten- und Erlösrechnung oder Zahlungsstromanalyse als Grundlage unternehmerischer Entscheidungen, Diss. Saarbrücken 1971.

Bevor man untersucht, wie denn die Kosten einer entscheidungsorientierten Kostenrechnung grundsätzlich zu ermitteln sind, ist zu klären, für welche Planungsaufgaben die Kostenrechnung überhaupt Informationen bereitstellen soll. Allgemein wird der Gegenstand der Kostenrechnung auf den Betriebsbereich, also auf den Bereich der Beschaffung, Leistungserstellung und -verwertung begrenzt [1)2)]. Neben dieser sachlichen wird für die Kostenrechnung auch noch eine zeitliche Abgrenzung durchgeführt. Gegenstand der Kostenrechnung sind nur kurzfristige Planungsprobleme, wobei die "kurze Periode" nicht immer einheitlich definiert wird (vgl. hierzu unsere Ausführungen im folgenden Abschnitt). Diese Abgrenzungen wirken sich unmittelbar auf die Zielgröße der Planung aus, insbesondere auf die Kosten als ihre Negativkomponente. Definiert man Kosten in diesem Sinne allgemein als die Wertminderungen des Entscheidungsfeldes, die mit den Aktivitäten verbunden sind [3)], so wird deutlich, daß sie nicht nur die unmittelbaren Erfolgswirkungen der Aktionsparameter berücksichtigen müssen, die innerhalb des Betriebsmodells wirksam werden, sondern auch ihren Einfluß auf das restliche Entscheidungsfeld. Erst dann kann die Zielgröße des Betriebsmodells mit dem Unternehmensziel kongruent sein. Schon hier wird deutlich, daß

---

1) Vgl. ADAM, Dietrich, Entscheidungsorientierte ..., a.a.O., S. 21 ff.; KILGER, Wolfgang, Betriebliches Rechnungswesen, in: Allgemeine Betriebswirtschaftslehre in programmierter Form, hrsg. v. H. JACOB, Wiesbaden 1969, S. 837; SABEL, Hermann, Entscheidungsprobleme ..., a.a.O., S. 878.

2) Der entscheidungsorientierte Kostenbegriff versucht, die Auswirkungen der Handlungsmöglichkeiten des Betriebsbereichs auf den Finanzbereich und auf die Privatsphäre des Unternehmers zu berücksichtigen durch die kalkulatorischen Zinsen als Preis für die Inanspruchnahme des knappen Guts "Kapital" und durch den kalkulatorischen Unternehmerlohn als Entgelt für die Arbeitskraft des Unternehmers. Vgl. HAX, Herbert, Bewertungsprobleme ..., a.a.O., S. 754 f.: "Beim kalkulatorischen Zins- und Unternehmerlohn ist also die Durchbrechung des pagatorischen Prinzips nicht nur zulässig, sondern unumgänglich".

3) Vgl. HAX, Herbert, Bewertungsprobleme ..., a.a.O., S. 752. HAX weist darauf hin, daß diese allgemeine Definition der üblichen ("Kosten sind bewerteter Güter- und Leistungsverbrauch") vorzuziehen ist, weil sie auch solche Erfolgsauswirkungen von Aktivitäten mit einschließt, die nicht mit einem Güter- und Leistungsverbrauch verbunden sind.

eine pagatorische Kostenbewertung, d. h. eine Bewertung der Variablen mit den durch sie verursachten Ausgaben [1], dann nicht zum Ziel führen kann, wenn das betreffende Modell nur einen Teil des gesamten Entscheidungsfeldes berücksichtigt [2]. Die Kosten als die mit den Aktivitäten verbundenen Wertminderungen des Entscheidungsfeldes sind "als allgemeine Kostenkategorien noch völlig offen, d. h. sie sind materiell noch unbestimmt, solange keine Nutzen- bzw. Zielfunktion gegeben ist" [3]. Bei vorgegebener Zielfunktion hängen sie von der Ausdehnung des Entscheidungsfeldes ab, das dem jeweiligen Modell zugrundeliegt. Die Verbindungen zum restlichen Feld werden in den Opportunitätskostenkomponenten pauschal berücksichtigt, die sich immer auf eine bestimmte Lösung im restlichen Entscheidungsfeld beziehen. Eine Einbeziehung von Opportunitätskosten ist also nur bei nichtsimultaner Planung sinnvoll, d. h. daß sie nur für solche Aktivitäten anzusetzen sind, die sich auf die nicht in das Modell einbezogenen Handlungsmöglichkeiten auswirken [4]. Daraus folgt: Je weiter das gesamte Entscheidungsfeld dekomponiert wird, je mehr Bereiche also abgespalten werden, die nicht mehr explizit in die Planung aufgenommen werden, desto mehr Interdepen-

---

1) Zum pagatorischen Kostenbegriff vgl. ADAM, Dietrich, Entscheidungsorientierte ..., a. a. O., S. 15 ff. und die dort angegebene Literatur sowie HAX, Herbert, Bewertungsprobleme ..., a. a. O., S. 752 ff.

2) "Eine derartige dekompositorische, d. h. isolierte Betrachtung der Entscheidungsvariablen des Betriebsmodells setzt jedoch eine Kostenbewertung nach dem Prinzip des Nutzenentgangs voraus, da sonst die zwischen den Betriebsmodellen und dem restlichen Unternehmensmodell bestehenden Verflechtungen die von knappen Faktoren, wie Kapital, Arbeitskraft des Managements usw. herrühren, nicht berücksichtigt werden können und es folglich zu Fehldispositionen kommen kann. Bei einer pagatorischen Bewertung des Faktoreinsatzes ist eine Einengung der Kostendefinition auf den reinen Betriebsbereich entscheidungstheoretisch in jedem Falle falsch." ADAM, Dietrich, Entscheidungsorientierte ..., a. a. O., S. 23 f.

3) ADAM, Dietrich, Entscheidungsorientierte ..., a. a. O., S. 28 sowie S. 33 ff. Vgl. auch HAX, Herbert, Bewertungsprobleme ..., a. a. O., S. 750 f. und NEAL, Alfred C., Marginal Cost and Dynamic Equilibrium of the Firm, Journal of Political Economy 1942, S. 59.

4) Vgl. HAX, Herbert, Bewertungsprobleme ..., a. a. O., S. 754 ff. Eine andere Auffassung findet sich bei BÖHM, Hans-Hermann, WILLE, Friedrich, Direct Costing und Programmplanung, München 1960.

denzen müssen über die Bewertung der Aktivitäten nach dem Opportunitätsprinzip, also in den Kosten [1], berücksichtigt werden, sofern das Partialmodell gesamtoptimal gelöst werden soll. Und umgekehrt gilt: Je weiter das einem bestimmten Plan zugrunde liegende Entscheidungsfeld gefaßt wird, umso mehr Opportunitätskosten werden zu pagatorischen Kosten, weil die zugehörigen Aktivitäten selbst zu Variablen des Modells werden.

Nach den oben genannten Abgrenzungen verbleiben kurzfristige Wahlprobleme im Beschaffungs-, Produktions- und Absatzbereich, für die die Kostenrechnung Informationen liefern soll. In der Regel werden jedoch diese drei Bereiche nicht simultan geplant, vor allem der Beschaffungsbereich wird selten explizit mit in die Analyse einbezogen. Weiterhin geht man bei der Produktionsplanung meist von Vereinfachungen über den Einfluß des Absatzbereiches aus (z.B. durch die Annahme gegebener Absatzmengen oder durch die Einführung von Absatzhöchstrestriktionen bei gegebenen Preisen), doch ist dies für die kostenrechnerischen Probleme der kurzfristigen Planung ohne Belang.

Die Abspaltung des Beschaffungsbereichs bedeutet, daß die Beschaffungsaktivitäten nicht mehr Variable des Entscheidungsmodells sind; deshalb sind die Auswirkungen der Verbrauchsaktivitäten [2] auf den Beschaffungsbereich in den Zielkoeffizienten der Verbrauchsvariablen zu bewerten. Unproblematisch ist diese Vorgehensweise, wenn die Verbrauchsmengen in jedem Zeitpunkt (oder in der betreffenden Teilperiode) mit den Beschaffungsmengen übereinstimmen, wenn der Güterverbrauch also unmittelbar mit Ausgaben verbunden ist. In diesem Fall sind die Verbrauchsmengen mit den effektiven Einstandspreisen zu bewerten [3]. Sobald aber Verbrauchs- und Beschaffungsmen-

---

1) Hierbei ist unterstellt, daß die Aktivitäten nur Wertminderungen im restlichen Entscheidungsfeld verursachen. Werterhöhungen müßten in der positiven Zielkomponente berücksichtigt werden.

2) Meist sind auch die Verbrauchsaktivitäten nicht Modellvariable, weil die Verbrauchsmengen starr an die Produktionsmengen gekoppelt sind; hier läßt sich der Verbrauch ebensogut in den Zielkoeffizienten der Produktionsvariablen bewerten.

3) Vgl. HAX, Herbert, Bewertungsprobleme ..., a.a.O., S. 753.

gen zeitlich auseinanderfallen, tauchen - insbesondere bei Beschaffungspreisänderungen - Abgrenzungsprobleme auf, und es werden (bei nichtsimultaner Planung) Annahmen darüber notwendig, wie sich die Faktorverbräuche auf die nicht betrachteten Teile des Entscheidungsfeldes auswirken. Dies ergibt sich daraus, daß sich die wertmäßigen Kosten nur in bezug auf bestimmte Entscheidungssituationen ermitteln lassen: Da sie den Grenzgewinn der optimalen Verwendungsrichtung im restlichen Entscheidungsfeld beziffern sollen, hängt ihre Höhe von der gesamtoptimalen Lösung in diesem restlichen Feld, also insgesamt von der jeweiligen Entscheidungssituation ab [1]. Hier zeigt sich das Dilemma des entscheidungsorientierten Kostenbegriffs, das in der Problematik der gesamtoptimalen Verrechnungspreise [2] für Partialmodelle liegt: Die entscheidungstheoretisch richtigen Kosten lassen sich nur aus der gesamtoptimalen Lösung ableiten. Wenn diese aber bekannt ist, verlieren die wertmäßigen Kosten als Zielkoeffizienten in Partialmodellen ihren Sinn [3].

Unter diesem Aspekt kommt der Kostenrechnung vor allem die Aufgabe zu, für bestimmte alternative Annahmen über die Lösung im restlichen Entscheidungsfeld, also über die Auswirkungen der Handlungsparameter, die jeweils richtigen Kostenwerte zu ermitteln.

Die Literatur zur entscheidungsorientierten Kostenrechnung beschäftigt sich schwerpunktmäßig mit den Kosten des Verbrauchs von beliebig teilbaren Produktionsfaktoren, insbesondere mit den Materialkosten. Es herrscht weitgehend Einigkeit darüber, daß Verbrauchsmengen aus einem bereits vorhandenen Bestand mit Null zu bewerten sind, wenn für sie außerhalb des Entscheidungsmodells keine weitere Verwendungsmöglichkeit besteht [4].

---

1) Vgl. HAX, Herbert, Bewertungsprobleme ..., a.a.O., S. 34 f.
2) Zum Begriff und zu den Arten von Verrechnungspreisen vgl. SCHNEIDER, Dieter, Die Theorie der Verrechnungspreise heute Liiketaloudellinen Aikakauskirja (The Journal of Business Economics) 1967, S. 106 ff.
3) Vgl. oben S. 36 f. sowie ADAM, Dietrich, Entscheidungsorientierte ..., a.a.O., S. 53, 164 f. und 177 f.; HAX, Herbert, Kostenbewertung ..., a.a.O., S. 207 f.; ders., Bewertungsprobleme ..., a.a.O., S. 755.
4) Vgl. z.B. ENGELS, Wolfram, Betriebswirtschaftliche ..., a.a.O., S. 166 f.; HAX, Herbert, Kostenbewertung ..., a.a.O., S. 199.

Dies gilt unabhängig davon, zu welchem Preis diese Faktoren früher einmal beschafft wurden. Anderer Ansicht ist offenbar ADAM [1]. In seinem einperiodischen Beispiel kann der Rohstoff, der auch noch vom Markt beschafft werden kann, entweder weiterverarbeitet werden oder zu einem bestimmten Preis in beliebiger Menge am Markt verkauft werden. ADAM bewertet die aus dem Anfangsbestand entnommenen Mengen mit ihren historischen Anschaffungspreisen. Er verkennt somit, daß diese Ausgaben nicht zu den entscheidungsrelevanten Kosten gehören [2]; sie sind - ganz unabhängig von der Lösung des Modells - nicht mehr beeinflußbar und somit als "sunk cost" anzusehen [3]. Den entnommenen Rohstoffmengen ist also der Wert Null zuzuordnen, und es wäre auch vorteilhaft, den Bestand zu verbrauchen, wenn damit nach Abzug der Weiterverarbeitungskosten nur ein sehr geringer Erlös verbunden wäre. Nur weil die schlechteste Verwendungsmöglichkeit in ADAMs Beispielen immer noch einen Erlös bringt, der über den historischen Ausgaben liegt, ergeben sich keine falschen Ergebnisse. Läge der Verkaufspreis der Rohstoffe jedoch unter den Anschaffungsausgaben, so würde die Verwendungsmöglichkeit "Verkauf am Markt" nicht mehr wahrgenommen und die - wertlosen - Rohstoffe blieben am Lager [4].

Eine andere Bewertung der Verbrauchsmengen ist vorzunehmen, wenn dem Partialmodell die Annahme zugrundeliegt, daß der vorhandene Bestand auch

---

1) Vgl. ADAM, Dietrich, Entscheidungsorientierte ..., a. a. O., S. 65 ff. Vgl. im Gegensatz dazu aber auch ebenda, S. 78.
2) Eine ähnliche Auffassung wie ADAM vertritt auch DRUMM, Hans Jürgen, Probleme der Kalkulation und Bestandsbewertung bei Lenkungs- und Verrechnungspreisen, ZfB 1972, S. 474 f.
3) Vgl. HAX, Herbert, Bewertungsprobleme ..., a. a. O., S. 753.
4) Es zeigt sich, wie schwer sich die Kostenrechnung dabei tut, überkommenes Gedankengut aufzugeben, wenn es selbst Spezialisten auf dem Gebiet der entscheidungsorientierten Kostenrechnung schwerfällt, von der Vorstellung Abschied zu nehmen, daß historische Kosten irgendeine Bedeutung für Entscheidungsmodelle besäßen. Bereits in einer Veröffentlichung aus dem Jahre 1908/09 fordert SCHMALENBACH eine von den in der Vergangenheit effektiv bezahlten Preisen abweichende Bewertung des Faktorverbrauchs, wenn die kostenrechnerischen Aufgaben erfüllt werden sollen. Vgl. SCHMALENBACH, Eugen, Über Verrechnungspreise, ZfhF 1908/09, S. 170 ff.

im restlichen Entscheidungsfeld verwendungsfähig ist. Sofern das betreffende Gut wiederbeschafft werden soll und kann, induziert der Verbrauch jetzt eine neue Beschaffung und ist deshalb mit den Wiederbeschaffungspreisen zu bewerten [1]. Auch hierüber besteht allerdings keine volle Einigkeit in der Literatur. So empfiehlt HAX für diesen Fall eine Bewertung zum Tagespreis, und seinen Ausführungen ist unseres Erachtens zu entnehmen, daß er den Tagespreis im Zeitpunkt des Verbrauchs meint [2]. Dies rechtfertigt er durch die Annahme, daß das Gut "zum Tagespreis wiederbeschafft werden muß und kann". Das ist jedoch bei Preisschwankungen nur möglich, wenn genau im Verbrauchszeitpunkt wiederbeschafft wird oder wenn im Wiederbeschaffungszeitpunkt genau der Tagespreis des Verbrauchszeitpunktes zu zahlen ist. Diese pauschale Annahme erscheint wenig sinnvoll, denn im restlichen Entscheidungsfeld wird man sich doch in optimaler Weise an den Verbrauch anpassen, und dazu ist in der Regel ein anderer Wiederbeschaffungszeitpunkt besser geeignet als der Zeitpunkt des Verbrauchs. In der Praxis der Kostenrechnung - soweit sie in Form der Plankostenrechnung durchgeführt wird - werden die Faktorverbräuche üblicherweise mit ihren während einer Planungsperiode erwarteten durchschnittlichen Wiederbeschaffungspreisen bewertet [3]. Diese schematische Vorgehensweise, der die Vorstellung zugrunde liegt, daß die betreffenden Faktoren auch in Zukunft benötigt werden und beschaffbar sind, und die somit eine ganz bestimmte Konstellation im restlichen Entscheidungsfeld als repräsentativ unterstellt, halten wir für die Zwecke einer entscheidungsorientierten Kostenrechnung als zu einseitig, birgt sie doch die Gefahr in sich, daß den Wiederbeschaffungswerten generelle Gültigkeit beigemessen wird, daß die wertmäßigen Kosten nicht mehr als entscheidungssituationsbezogen angesehen werden und deshalb die Prämissen, die diesem Wertansatz zugrunde liegen, im einzelnen nicht mehr überprüft werden.

---

1) Vgl. z.B. ENGELS, Wolfram, Betriebswirtschaftliche ..., a.a.O., S. 168.
2) Vgl. HAX, Herbert, Bewertungsprobleme ..., a.a.O., S. 753.
3) Vgl. KILGER, Wolfgang, Flexible ..., a.a.O., S. 175 ff.

Auch für andere Konstellationen im restlichen Entscheidungsfeld versucht die entscheidungsorientiere Kostenrechnung die richtigen Verrechnungswerte für den Verbrauch von beliebig teilbaren Faktoren zu ermitteln, z.B. für den Fall, daß das Gut nicht mehr wiederbeschafft werden kann oder daß bestimmte alternative Beschaffungspreisentwicklungen im Zeitablauf angenommen werden [1].

Die Vorgehensweise der entscheidungsorientierten Kostenrechnung läßt sich somit als kasuistisch kennzeichnen: Fallweise für alternative vorgegebene Entscheidungssituationen werden die jeweiligen entscheidungsrelevanten Kosten ermittelt. Die Aussagen beschränken sich auf die bloße Aufzählung und Gegenüberstellung aller theoretisch denkbaren Alternativen [2]. Demgegenüber werden nicht die Möglichkeiten aufgezeigt, wie im konkreten Fall die relevante(n) Alternative(n) ausgewählt werden kann (können). Hierbei geht es um die Frage, wie die Entscheidungsmodelle, für die die Kostenrechnung Daten zur Verfügung stellt, mit den "Rahmenplänen", in die sie eingebettet sind und zu denen sie Interdependenzen aufweisen, bestmöglich abgestimmt und verzahnt werden können. Diese Gesichtspunkte kommen in der entscheidungsorientierten Kostenrechnung noch zu kurz, weil sie ihren Untersuchungsgegenstand (sachlich und zeitlich abgegrenzte Partialmodelle) zu stark isoliert von dem Planungszusammenhang betrachtet, in den er de facto gestellt ist. Hier eröffnet sich ein Feld für die weitere kostenrechnerische Forschung [3].

Gehen in der Literatur zur entscheidungsorientierten Kostenrechnung die Ansichten über die Bewertung des Materialverbrauchs schon in manchen Punkten auseinander, so herrscht über die Frage der Bewertung von

---

1) Vgl. z.B. ADAM, Dietrich, Entscheidungsorientierte ..., a.a.O.
2) So z.B. ADAM, Dietrich, ebenda; ENGELS, Wolfram, Betriebswirtschaftliche ..., a.a.O., S. 162 ff.; LAUX, Helmut, FRANKE, Günter, Der Erfolg ..., a.a.O., S. 31 ff.
3) Ansatzpunkte zu einer Berücksichtigung solcher Gesichtspunkte finden sich bei HEINEN, Edmund, Betriebswirtschaftliche ..., a.a.O., S. 359 ff.

Potentialfaktornutzungen in zeitlich abgegrenzten Partialmodellen [1] kaum noch Einigkeit [2]. Potentialfaktoren sind solche Produktionsfaktoren, die aus ihrem Leistungspotential Leistungen in die Produktion eingeben, jedoch in der Regel über die Periode hinaus in ihrem Bestand erhalten bleiben. Sie können nur in unteilbaren Einheiten beschafft werden und führen somit zu einer Zwangsvorratshaltung an Leistungspotential, aus dem in mehreren Perioden eine Vielzahl von Leistungen entnommen werden kann, was - neben anderen Ursachen - einen allmählichen Verbrauch dieses Potentials herbeiführt [3]. Hierzu zählen alle Betriebsmittel, also insbesondere Maschinen und maschinelle Anlagen, und mit Einschränkungen auch die menschliche Arbeit. Im folgenden soll der Begriff der Potentialfaktoren eingeengt werden auf die materiellen Potentialfaktoren; alle immateriellen Potentialfaktoren, wie z.B. Nutzungsrechte, bleiben außerhalb der Betrachtung, ebenso die menschliche Arbeit. Nur die "materiellen Betriebsmittel-Potentialfaktoren" sind Gegenstand der Analyse [4]. In diesem Sinne werden im folgenden die Begriffe "Potentialfaktor", "Betriebsmittel", "Maschine" und "(maschinelle) Anlage" synonym gebraucht.

Die Probleme des zeitlichen Verbunds treten vor allem bei den Potentialfaktoren in den Vordergrund, und deshalb bereitet die Abbildung dieser Fak-

---

1) Hierbei geht man im allgemeinen davon aus, daß alle Nutzungsmöglichkeiten des Potentialfaktors, die in der Teilperiode in Frage kommen, explizit berücksichtigt werden. Es geht also nicht um die Bestimmung der Opportunitätskosten, die im Engpaßfall für die Nutzung anzusetzen wären, wenn nur ein Teil der kurzfristig möglichen Alternativen im Modell abgebildet würde.
2) Vgl. hierzu im einzelnen den zweiten Hauptteil dieser Arbeit.
3) Zum Begriff des Potentialfaktors vgl. im einzelnen ALBACH, Horst, Zur Verbindung von Produktionstheorie und Investitionstheorie, in: Zur Theorie der Unternehmung, Festschrift zum 65. Geburtstag von Erich Gutenberg, hrsg. v. Helmut KOCH, Wiesbaden 1962, S. 140 ff.; BRUHN, Ernst-Egon, Die Bedeutung der Potentialfaktoren für die Unternehmenspolitik, Berlin 1965 S. 70 ff.; GUTENBERG, Erich, Grundlagen ..., 1. Bd., a.a.O., S. 326 ff.; HEINEN, Edmund, Betriebswirtschaftliche ..., a.a.O., S. 223 ff.; KILGER, Wolfgang, Produktions- und Kostentheorie, Wiesbaden 1958, S. 37 ff.; PRESSMAR, Dieter B., Kosten- und Leistungsanalyse im Industriebetrieb, Wiesbaden 1971, S. 53 ff.
4) Vgl. zu dieser Abgrenzung LINTZHÖFT, Helge, Die Kosten ..., a.a.O., S. 8 ff. LINTZHÖFT verwendet hierfür den Ausdruck "sachliche Potentialfaktoren".

toren und ihrer Inanspruchnahme in kurzfristigen Planungsmodellen besondere Schwierigkeiten [1]. Bis auf wenige Ansatzpunkte [2] wurde das Bewertungsproblem der Potentialfaktornutzungen (Abschreibungsproblem) unter streng entscheidungstheoretischen Gesichtspunkten bisher noch nicht untersucht. So geht beispielsweise ADAM in seinem Buch "Entscheidungsorientierte Kostenbewertung" gar nicht auf das eigentliche Abschreibungsproblem ein [3]. Vielmehr orientiert er sich - wie viele andere Autoren, die Kostendaten für Planungszwecke ermitteln wollen - am tradierten, zum Teil an ganz anderen Rechnungszwecken orientierten kostenrechnerischen Gedankengut und faßt die Abschreibung im herkömmlichen Sinne als Abrechnungs- bzw. Verteilungsproblem auf [4][5].

In der betriebswirtschaftlichen Literatur taucht immer wieder die Frage auf, ob ein Bestand an Repetierfaktoren, also etwa ein großer Werkstoffvorrat nicht auch als Potentialfaktor zu betrachten sei, und ob deshalb nicht für

---

1) Noch schärfer formuliert SCHNEIDER: "Es sind allein die Potentialfaktoren welche die Schwierigkeiten in der Produktionstheorie verursachen." SCHNEIDER, Dieter, Grundlagen einer finanzwirtschaftlichen ..., a. a. O., S. 370.

2) Vgl. insbesondere FRANKE, Günter, LAUX, Helmut, Die Bemessung von Abschreibungen für Entscheidungsrechnungen, ZfB 1970, S. 399 ff.; LAUX, Helmut, FRANKE, Günter, Der Erfolg ..., a. a. O., S. 47 ff.; SCHNEIDER, Dieter, Kostentheorie und verursachungsgemäße Kostenrechnung, ZfhF 1961, S. 667 ff.

3) Auf S. 88 (ADAM, Dietrich, Entscheidungsorientierte ..., a. a. O.) wird dieses Problem zwar angesprochen: "Sind die Produktionsfaktoren hingegen zeitelastisch, ..., so liegt kein echtes, sondern nur ein zeitlich bedingtes Verwendungshemmnis vor. Über den gesamten, mehrere Perioden umfassenden Planungszeitraum betrachtet, besteht dann die Möglichkeit, alle verfügbaren Faktormengen zu verwerten. Zu dieser Gruppe von Faktoren rechnen z. B. normalerweise Rohstoffe und mit gewissen Einschränkungen auch die Maschinenstunde ... Zeitbedingte Verwendungshemmnisse sind allein einer dynamischen Betrachtung zugänglich. Sie werden daher in einem späteren Abschnitt analysiert." Diese Analyse wird zwar für die Rohstoffe durchgeführt, sie unterbleibt aber für die Maschinenstunden, obwohl sich hier - bedingt durch die Unteilbarkeit des Potentialfaktors Maschine - Probleme besonderer Art ergeben.

4) Vgl. hierzu im einzelnen den zweiten Hauptteil dieser Arbeit.

5) Vgl. ADAM, Dietrich, Entscheidungsorientierte ..., a. a. O., S. 83, 90 und 170.

die Bewertung dieses Repetierfaktorverbrauchs die gleichen Bewertungsregeln Anwendung finden müßten, wie für die Bewertung der Inanspruchnahme eines Betriebsmittels [1]. In beiden Fällen sind die wertmäßigen Kosten die entscheidungsrelevanten Kosten, und die historischen Anschaffungskosten als "sunk costs" besitzen keine Bedeutung mehr. Wenn die Faktorverbräuche zeitunelastisch sind, sich also nicht auf den Wert des restlichen Entscheidungsfeldes auswirken, führt die Bewertung bei beiden Faktorarten zum gleichen Ergebnis, nämlich zu Kosten von Null. Bei Zeitelastizität können sich aber Besonderheiten bei der Bewertung des Verbrauchs von Repetierfaktoren aufgrund ihrer (beliebigen) Teilbarkeit [2] ergeben. Häufig werden sich die Repetierfaktoren nämlich in Quanten wiederbeschaffen lassen, die den Verbrauchsmengen für die einzelnen Produktionsaktivitäten entsprechen, was eine Bewertung des Verbrauchs mit den Wiederbeschaffungspreisen ermöglicht. Das gleiche gilt auch dann, wenn jeweils größere Mengen von Verbrauchsfaktoren in einem Akt wiederbeschafft werden, sowie bei Sammelbestellungen, denn hier ist wohl die Annahme gerechtfertigt, daß eine jetzt mehr verbrauchte Faktoreinheit die nächste Bestellung um eine entsprechende Mengeneinheit erhöht. Grundsätzliche Unterschiede in der Ableitung von Wertansätzen für Repetier- bzw. Potentialfaktorverbrauch können sich auch in Situationen ergeben, in denen sich die relevanten Kosten aus einer möglichen späteren Liquidation ableiten. Aus einem Lagerbestand lassen sich in der Regel nämlich auch einzelne Einheiten oder kleinere Teilmengen verkaufen. Demgegenüber wird es bei einer Maschine kaum möglich sein, sie für einen kurzen Zeitraum (extrem formuliert: für eine Fertigungsminute) zu verkaufen und danach weiterzu-

---

1) Vgl. z.B. JORGENSON, D.W., McCALL, J.J., RADNER, R., Optimal Replacement Policy, Amsterdam 1967, S. 2 ff.; STERLING, Robert R., The Going Concern: An Examination, The Accounting Review 1968, S. 487 und die dort angegebene Literatur; WEBER, Helmut Kurt, Fixe und variable Kosten, Göttingen 1972, S. 17 f., 35 ff.

2) Zur Abgrenzung von Teilbarkeit und Unteilbarkeit von Produktionsfaktoren vgl. BRUHN, Ernst-Egon, Die Bedeutung ..., a.a.O., S. 70 ff.; HEINEN, Edmund, Betriebswirtschaftliche ..., a.a.O., S. 191 f., Fußnote 47; LINTZHÖFT, Helge, Die Kosten ..., a.a.O., S. 10 ff.; PRESSMAR, Dieter B., Kosten- und Leistungsanalyse ..., a.a.O., S. 49; STEFFEN, Reiner, Analyse ..., a.a.O., S. 29 und 35 f.

nutzen; vielmehr läßt sie sich nur als Ganzes und endgültig verkaufen, woraus folgt, daß hier ein langfristiges Planungsproblem vorliegt. Außerdem entsteht hier ein Quantifizierungsproblem: Vielfach gibt es gar keinen Markt für gebrauchte Maschinen, sodaß man einen möglichen Veräußerungserlös nur schätzen kann. Für die Bewertung von Repetier- bzw. Potentialfaktorverbräuchen sind somit häufig verschiedenartige Gesichtspunkte maßgeblich, doch wird es sicherlich oft auch Situationen geben, in denen sich Bestände von Repetierfaktoren formal wie Potentialfaktoren behandeln lassen, zumal auch auf den Verbrauchsfaktorbestand Gebrauchs- und Zeitverschleiß gleichzeitig einwirken können und sich diese Faktoren möglicherweise nur in ganz bestimmten Quanten wiederbeschaffen lassen, die nicht unterschritten und nur um ganze Vielfache überschritten werden können (z. B. Containerladungen), wodurch sie praktisch unteilbar werden.

Die entscheidungsorientierte Bewertung der Potentialfaktoren (wie auch der übrigen Produktionsfaktoren), bzw. der von ihnen abgegebenen Leistungen, hängt davon ab, auf welche Weise diese Faktoren im Entscheidungsmodell berücksichtigt werden, das heißt, wie die zeitliche Zerlegung des Entscheidungsfeldes vorgenommen wird. Im folgenden Abschnitt wollen wir deshalb näher auf die Möglichkeiten der zeitlichen Abgrenzung und ihrer Konsequenzen für die Zielgröße unter besonderer Berücksichtigung der Potentialfaktoren eingehen, sowie auf die Diskussion dieses Problems in der betriebswirtschaftlichen Literatur.

1.1.3.3 Die Abgrenzung zeitlicher Partialmodelle und ihre Bedeutung für die Zielgröße unter besonderer Berücksichtigung des Potentialfaktorproblems

Eine zeitliche Zerlegung alleine nach dem Kriterium der Kalenderzeit kann nicht sinnvoll sein. Damit verbunden müssen auch sachliche Abgrenzungen vorgenommen werden, wenn überhaupt eine Vereinfachung erzielt werden soll. Diese sachliche Abgrenzung soll so vorgenommen werden, daß nur solche Aktivitäten in der kurzfristigen Betrachtung analysiert werden, die nicht einen dominierenden Einfluß auf das restliche Entscheidungsfeld ausüben. Eine solche Zerlegung wird häufig im Sinne der "operational time" in Anlehnung an die Unterteilung MARSHALLs [1] in kurz- und langfristige Perioden vorgenommen [2]. Die Ausführungen MARSHALLs geben in der Literatur zu Mißverständnissen Anlaß [3]; man hat bei der Lektüre der Sekundärliteratur nicht immer den Eindruck, daß die Quelle genau studiert wurde. MARSHALL macht im Grunde die Fristigkeit einer Periode von den ökonomischen Daten, die ihr zugrundeliegen, abhängig, wobei insbesondere die Frage der Konstanz oder Beeinflußbarkeit der verfügbaren Faktorbestände ("supply") im Vordergrund steht [4]. Mit wachsender Beeinflußbarkeit der Bestände der

---

1) Vgl. MARSHALL, Alfred, Principles of Economics, 8. Aufl., London 1964, S. 274 ff.
2) Vgl. z. B. DEAN, Joel, Statistical Cost Curves, Journal of the American Statistical Association 1937, S. 83; GUTENBERG, Erich, Grundlagen ..., 1. Bd., a. a. O., S. 421 f.; MÖLLER, Hans, Kalkulation, Absatzpolitik und Preisbildung, Tübingen 1962, S. 13 f.; von STACKELBERG, Heinrich, Grundlagen der theoretischen Volkswirtschaftslehre, 2. Aufl, Tübingen-Zürich 1951, S. 60 f.
3) Als Grund hierfür vgl. auch OPIE, Redvers, Marshall's Time Analysis, The Economic Journal 1931, S. 215: "This may be a consequence of Marshall's vague and loose general statements about the time analysis and the static method, which often give the reader the impression that unexplored mysteries are behind them."
4) Vgl. MARSHALL, Alfred, Principles ..., a. a. O., S. 274 f.; OPIE, Redvers, Marshall's ..., a. a. O., S. 199.

verschiedenen Produktionsfaktorarten nimmt auch die Periodenlänge zu [1][2]

Für die Zwecke unserer Analyse kommt es auf die Frage an, ob MARSHALL über die Konstanzbedingungen der Potentialfaktoren für die kurze Periode eine saubere zeitliche Isolierung dieser Periode vom Rest des Entscheidungsfeldes gelingt. Über diesen Punkt bestehen in der Literatur auch die meisten Unklarheiten und kontroversen Auffassungen in diesem Zusammenhang. Die Konstanzbedingung kann grundsätzlich auf zwei verschiedene Weisen ausgelegt werden.

Auf der einen Seite kann sie bedeuten, daß für die betreffenden Faktoren (die auch über die Teilperiode hinaus zur Verfügung stehen) Konstanz der Einsatzmengen (Leistungsabgabemengen) in dieser Periode angenommen wird [3]. Dies impliziert gleichzeitig bestandsmäßige Konstanz [3]. Wie GUTENBERG nachgewiesen hat, liegt diese Annahme der auf dem Ertragsgesetz aufbauenden Produktionstheorie zugrunde [4]. LASSMANN dagegen

---

1) Vgl. MARSHALL, Alfred, Principles ..., a. a. O., S. 274 f.; OPIE, Redvers, Marshall's, a. a. O., S. 199.

2) Die Kritik von D. SCHNEIDER: "Kennzeichen einer auf lange Sicht wirkenden Änderung der Betriebsprozesse ist keinesweg immer die Anpassung aller (Hervorhebung v. Vf.) Produktionsfaktoren. Der Ersatz eines Betriebsmittels kann genügen." trifft somit nicht zu; vgl. SCHNEIDER, Dieter, Lohnänderungen und unternehmenspolitische Anpassungsprozesse, in: Lohnpolitik und Einkommensverteilung, hrsg. v. Helmut ARNDT, Berlin 1969, S. 237. Ebenso scheint SCHNEIDERs Auffassung verfehlt, daß die Marshallsche Planungsperiode generell dann beendet sei, wenn Datenänderungen irgendwelcher Art eintreten. Vgl. SCHNEIDER, Dieter, Investition ..., a. a. O., S. 42 f.

3) Zu den Begriffen der Einsatzmengenkonstanz und der Bestandskonstanz vgl. ALBACH, Horst, Zur Verbindung ..., a. a. O., S. 141 f. und 168 ff.; GUTENBERG, Erich, Grundlagen ..., 1. Bd., a. a. O., S. 325; LASSMANN, Gert, Die Produktionsfunktion und ihre Bedeutung für die betriebswirtschaftliche Kostentheorie, Köln und Opladen 1958, S. 70 ff.; SCHNEIDER, Dieter, Grundlagen ..., a. a. O., S. 373 ff. Für den Produktionsfaktor "Betriebsmittel" beispielsweise sind Einsatzmengen die Produktionszeit und Produktionsgeschwindigkeit, Bestand ist die Anzahl der zur Verfügung stehenden Betriebsmittel.

4) Vgl. GUTENBERG, Erich, Grundlagen ..., 1. Bd., a. a. O., S. 320 ff.

ist der Auffassung, die traditionelle Theorie beziehe die Konstanzbedingung lediglich auf die Bestände der Produktionsfaktoren, nicht auf die Einsatzmengen [1]. In der Tat halten wir LASSMANNs Ansicht für gerechtfertigt, es gebe in der gesamten Literatur keinen Hinweis darauf, "daß man die Leistungsabgaben explizite in der Produktionsfunktion überhaupt berücksichtigen müßte, vielmehr hat man die Analyse lediglich auf die Gütereinheiten, die auf dem Markt gehandelt werden und einen Marktpreis besitzen, abgestellt" [2]. Allerdings kann dieses Argument nicht für, sondern nur gegen LASSMANNs Kritik an GUTENBERG ausgelegt werden. Es macht ökonomisch gesehen überhaupt keinen Unterschied [3], ob man die Einsatzmengen (Leistungsabgaben) konstant hält [4] oder gar nicht in der Analyse berücksichtigt. In beiden Fällen wirken sie sich nicht auf die Lösung aus; die Inanspruchnahme dieser Faktoren ist in der Teilperiode im Rahmen der zugeteilten (konstanten) Kapazität in beliebiger Weise möglich, ohne daß dadurch die Zielfunktion berührt würde. Dies bedeutet, daß es nicht möglich ist, Einsatzmengen jetzt für spätere Perioden aufzusparen. Im Hinblick auf die zeitliche Zerlegung ist eine solche Annahme nur dann zu vertreten, wenn die Inanspruchnahme der Einsatzmengen jetzt nicht eine andere Verwendung nach Beendigung der Teilperiode verhindert. Es muß sich also um zeitlich unelastische Faktoren handeln. Für diese Faktoren tritt jedoch das Problem des zeitlichen Verbunds

---

1) Vgl. LASSMANN, Gert, Die Produktionsfunktion ..., a. a. O., S. 70 ff. Beachte die abweichende Terminologie bei Laßmann! Laßmann setzt "Einsatzmengen" für "Bestand" und "Leistungsabgabemengen" für "Einsatzmengen".
2) Ebenda, S. 70.
3) Zur Diskussion um die Frage, ob im Rahmen der ertragsgesetzlichen Kostentheorie die Konstanzbedingung als Bestandskonstanz oder Einsatzmengenkonstanz aufgefaßt wurde, vgl. auch DLUGOS, Günter, Kritische Analyse der ertragsgesetzlichen Kostenaussage, Berlin 1961, S. 77 ff.; JACOB, Herbert, Zur neueren Diskussion um das Ertragsgesetz, ZfhF 1957, S. 598 ff.
4) Die konstanten Faktoreinsatzmengen müssen nicht unbedingt alle produktiv verwertet werden, sie können (z. T.) auch verschwendet werden. Vgl. ALBACH, Horst, Zur Verbindung ..., a. a. O., S. 170. Hierbei ist unterstellt, daß die Verschwendung nicht die Zielgröße beeinflußt.

überhaupt nicht auf. Deshalb kann über die Konstanzbedingung für die Einsatzmengen eine allgemeine Lösung des Fristigkeitsproblems nicht erreicht werden. Für die ökonomische Theorie ist eine solche Konstanzbedingung deshalb so bequem, weil sie eine statische Analyse von Zusammenhängen zu gestatten scheint, die an sich dynamischer Natur sind [1]. Doch halten wir eine solche Vorgehensweise auch dann nicht für gerechtfertigt, wenn man unbedingt ohne dynamische Analyse auskommen will. Denn die Konstanzbedingung für Einsatzmengen führt implizit zu der Annahme, daß die Inanspruchnahme dieser Einsatzmengen mit Null zu bewerten ist, ein rein willkürliches Vorgehen. Immerhin sollte man sich die Frage stellen, ob man denn in allen Fällen Null für die beste Annäherung an die theoretisch richtige, nur im dynamischen Modell zu ermittelnde Größe hält oder ob man eher annehmen sollte, daß diese Größe bei einem anderen Wert liegt.

Es wäre nicht sehr fruchtbar, im einzelnen zu untersuchen, ob in der Literatur die Konstanzbedingung für Faktoreinsatzmengen (bzw. die stillschweigende Vernachlässigung der Faktoreinsatzmengen) zu Recht aus den Ausführungen MARSHALLs zum Fristigkeitsproblem abgeleitet wird [2]. Wir möchten jedoch bezweifeln, daß MARSHALL für die kurze Periode Konstanz der Faktoreinsatzmengen oder die Vernachlässigung der Auswirkungen alternativer Faktoreinsatzmengen gefordert hat. "For short periods the stock of appliances of production are practically fixed, but their employment varies with demand" [3]. In Verbindung hiermit zeigt die Tatsche, daß MARSHALL "wear-and-tear of plant", also Kosten für die Nutzung von Anlagen, in seinen relevanten Kosten ("prime cost") berücksichtigen will, unseres Erachtens hinlänglich, daß er den Einfluß unterschiedlicher Einsatz-

---

1) So z.B. KNIGHT, F.H., Cost of Production and Price Over Long and Short Periods, Journal of Political Economy 1921, S. 305: "The effects of long-period changes are not generally in fact practically negligible over the shorter periods. But scientific treatment, in view of the mere limitations of the human mind and the necessity of considering one thing at a time, is forced to treat the separation as absolute."

2) Vgl. dazu z.B. MÖLLER, Hans, Kalkulation ..., a.a.O., S. 13 f.; SCHNEIDER, Erich, Die Problematik der Lehre von den festen Kosten, in: Weltwirtschaftliches Archiv 1944, S. 308 f. und die bei LASSMANN angegebene Literatur, LASSMANN, Gert, Die Produktionsfunktion ..., S. 68 ff.

3) MARSHALL, Alfred, Principles ..., a.a.O., S. 311.

mengen ("employment") explizit in die kurzfristige Betrachtung aufnehmen will [1]. Allerdings begnügt MARSHALL sich mit diesen Hinweisen und zeigt vor allem nicht, wie er diesen Einfluß ermitteln will [2].

Die andere Möglichkeit, die Konstanzbedingung für gewisse Produktionsfaktoren auszulegen, ist die Annahme der Bestandskonstanz. Das bedeutet beispielsweise für Maschinen, daß ihr Bestand für die Teilperiode fest vorgegeben, ihre Anzahl also nicht Aktionsparameter ist. Genaugenommen folgt hieraus also noch nicht, daß der Bestand während der ganzen Periode auf einem bestimmten Niveau bleibt, sondern nur, daß er gegeben ist, wobei natürlich die Möglichkeit besteht, daß er das Niveau während der Periode verändert. Dann ist diese Veränderung aber schon vordisponiert und nicht mehr beeinflußbar. Sowohl der Anfangsbestand als auch die Zu- und Abgänge der Betriebsmittel sind also gegeben. Die bestandsmäßige Konstanz von Potentialfaktoren läßt die Möglichkeit für Veränderungen der Faktoreinsatzmengen offen. Durch die beeinflußbaren Faktoreinsatzmengen wird grundsätzlich die Möglichkeit zur Berücksichtigung der Auswirkungen jetziger Aktivitäten auf das restliche Entscheidungsfeld im zeitlichen Partialmodell geschaffen. Die hierbei auftretenden betriebswirtschaftlichen Probleme sind sehr umstritten und liegen in der Frage, was im konkreten Fall als Faktoreinsatzmenge anzusehen ist, sowie vor allem in ihrer Bewertung. Hiermit beschäftigt sich im einzelnen der Abschnitt 1.2.2. Grundsätzlich scheint die Konstanzbedingung für die Bestände von Potentialfaktoren geeignet, kurzfristige Teilperioden in sinnvoller Weise aus dem Entscheidungsfeld abzugrenzen. Die kurze Periode umfaßt dann nur solche Aktionsparameter, die - im Gegensatz etwa zu Bestandsveränderungen - keine dominierenden Auswirkungen auf das Unternehmensziel außerhalb dieser Pe-

1) Vgl. MARSHALL, Alfred, Principles ..., a.a.O., S. 311. So wird MARSHALL z.B. auch von KEYNES, NEAL und STACKELBERG verstanden. Vgl. KEYNES, John Maynard, The General Theory of Eyployment, Interest and Money, London 1936, S. 72; NEAL, Alfred C., Marginal Cost ..., a.a.O., S. 45; von STACKELBERG, Heinrich, Grundlagen einer reinen Kostentheorie, Wien 1932, S. 7.
2) Vgl. KEYNES, John Maynard, The General Theory ..., a.a.O., S. 72

riode nach sich ziehen. Der Möglichkeit einer mittelbaren Beeinflussung des Unternehmensziels durch die Inanspruchnahme gegebener Bestände wird dadurch Rechnung getragen, daß die Zielkoeffizienten der kurzfristigen Aktivitäten deren Einfluß auf die Handlungsmöglichkeiten späterer Perioden berücksichtigen. Der Vorteil dieser Definition der Kurzfristigkeit liegt in ihrer Flexibilität: Sie definiert die "Länge" einer Planungsperiode jeweils in Abhängigkeit von den zu planenden Aktionsparametern; die Fristigkeit eines Planes hängt davon ab, welches die Handlungsparameter dieses Planes sein sollen. Dabei geht man von einem gegebenen Datenkranz aus. Welche wirtschaftlichen Größen im einzelnen als Handlungsparameter oder als Datum angesehen werden, hängt auf der einen Seite davon ab, ob die Länge der Kalenderzeitperiode, für die man planen will, überhaupt ausreicht, um auf diese Größen Einfluß nehmen zu können. Andererseits wird man solche Größen auch dann in den Datenkranz verweisen, wenn man auf sie im Rahmen des vorliegenden Entscheidungsproblems gar keinen Einfluß nehmen will, sei es, daß man das Instrumentarium der kurzfristigen Analyse nicht als geeignet erachtet, um ein solches erweitertes Entscheidungsproblem adäquat abzubilden, sei es, daß man schon vorab jeden Einfluß des kurzfristigen Entscheidungsproblems auf diese Größen ausschließen kann. Die obige Definition der Kurzfristigkeit sorgt dafür, daß die längerfristigen Auswirkungen der kurzfristigen Handlungsmöglichkeiten (falls solche bestehen) nicht aus dem Modell ausgeklammert werden; vielmehr bietet sie durch die Berücksichtigung variabler Faktoreinsatzmengen und der zugehörigen Zielkoeffizienten zumindest formal die Gewähr dafür, daß solche Auswirkungen nicht vernachlässigt werden.

In der Literatur wurde schon relativ früh der auf MARSHALL zurückgehenden Kurzperiodenanalyse die sogenannte Kalenderzeitanalyse (clocktime theory) gegenübergestellt [1]. Ihre Vertreter werfen der Kurzperioden-

1) Vgl. Mac DOUGALL, G. D. A., The Definition of Prime and Supplementary Costs, The Economic Journal 1936, S. 443 ff.; NEAL, Alfred C., Marginal Cost ..., a. a. O.; SCHNEIDER, Erich, Die Problematik ..., a. a. O.

analyse vor, sie sei wegen ihrer Annahmen unrealistisch, vor allem klammere sie das Zeitmoment ganz aus und könne deshalb keine dynamischen Zusammenhänge erklären [1]. Eine realistische Theorie dürfe das Zeitproblem nicht über Konstanzbedingungen für Produktionsfaktoren umgehen, sondern müsse vielmehr die Handlungsmöglichkeiten des Unternehmers während einer Kalenderzeitperiode betrachten, die jetzt beginnt und zu einem beliebig auszuwählenden späteren Zeitpunkt endet [2]. Da die Pläne für kürzere Zeitabschnitte konsistent mit dem Plan für die Totalperiode sein sollen, müssen in der Kalenderzeitanalyse alle vorauszusehenden späteren Auswirkungen jetziger Entscheidungen explizit in den Kosten - also in den Zielbeiträgen - berücksichtigt werden: Alle Kosten müssen im Planungszeitpunkt als von der Zukunft abhängig angesehen werden, die soweit reichen muß, wie überhaupt Erwartungen als existent betrachtet werden können [3].

Über die mit den Entscheidungen verbundenen Kosten lassen sich keine allgemeingültigen Angaben machen, sie lassen sich nur aus dem speziellen Erwartungszusammenhang ("expectational context") ableiten, unter dem die laufenden Entscheidungen getroffen werden [4]. Deshalb gehen in die Zielbeiträge der Aktivitäten neben den laufenden Kosten auch noch zeitliche Opportunitätskosten ein; die Kalenderzeitanalyse läßt sich somit auffassen als "time-honored doctrine of opportunity costs" [5].

Da diese Forderungen weitgehend mit unseren oben dargelegten Auffassungen zum Fristigkeitsproblem bzw. zur Problematik von Zielgrößen in kurzfristigen Planungsproblemen übereinstimmen, stellt sich die Frage,

1) Vgl. Mac DOUGALL, G. D. A., The Definition ..., a. a. O., S. 444 und SCHNEIDER, Erich, Die Problematik ..., a. a. O., S. 309.
2) Vgl. Mac DOUGALL, G. D. A., ebenda.
3) Vgl. NEAL, Alfred C., Marginal Cost ..., a. a. O., S. 47 ff.
4) Vgl. NEAL, Alfred C., ebenda. S. 59. Aus diesem Grunde bezweifelt NEAL - unseres Erachtens zu Recht - den Wert statistischer Kostenuntersuchungen (S. 60 f.). So auch SCOTT, A. D., Notes on User Cost, Economic Journal 1953, S. 383.
5) NEAL, Alfred, ebenda, S. 56.

ob die Kritik der Vertreter der Kalenderzeitanalyse an der Kurzperiodenanalyse im Sinne von MARSHALL überhaupt berechtigt ist. Eine genauere Analyse zeigt nämlich, daß sie die Konstanzbedingungen der Kurzperiodenanalyse einseitig im Sinne von Einsatzmengenkonstanz auslegen: Wenn sie behaupten, die Anhänger von MARSHALL unterschieden zwischen fixen und variablen Produktionsfaktoren, denen entsprechend fixe und variable Kosten zugeordnet würden [1], so werden damit variable Einsatzmengen der konstanten Faktoren (zumindest in ihren ökonomischen Auswirkungen) ausgeschlossen. Modelle mit Konstanzbedingungen für die Einsatzmengen können - wie wir oben gezeigt haben [2] - das Fristigkeitsproblem nicht zufriedenstellend lösen; was sie anbetrifft, ist die Kritik von Mac DOUGALL, NEAL und E. SCHNEIDER also durchaus berechtigt. Doch kann sie sich nicht auf Modelle mit bestandskonstanten aber einsatzmengenvariablen Potentialfaktoren beziehen. In dieser Form ist die Kurzperiodenanalyse offen für Zielkomponenten (Kosten), die nicht mehr bestimmten Produktionsfaktoren zugerechnet werden, sondern aktivitätsbezogen definiert sind [3] und sich auch im Sinne von zeitlichen Opportunitätssätzen auffassen lassen. Daß zwischen der Kalenderzeitanalyse und einer so verstandenen Kurzperiodenanalyse im Grunde kein Unterschied besteht, zeigt die Zusammensetzung der relevanten Kosten ("prime cost") der Kalenderzeitanalyse: Die "factor cost F" als Kosten, die durch den Verbrauch von Produktionsfaktoren bei alternativen Beschäftigungsgraden im Vergleich zur Beschäftigung von Null entstehen, sowie die "purchases from other entrepreneurs M" für diese Beschäftigung im Vergleich zur Nichtbeschäftigung, können wir in unserem Sinne zusammenfassen als unmittelbare Auswirkungen auf die Zielgröße in der kurzfristigen Planungsperiode [4]. Neben dieser Komponente

---

1) Vgl. z.B. Mac DOUGALL, G. D. A., The Definition ..., a. a. O., S. 446: "... it is further attempted to show, in this type of analysis, that the two categories of cost are associated with two sets of 'factors', which are assumed to be variable and fixed respectively in the short period."
2) Vgl. oben S. 53 ff.
3) So fordert es auch die Kurzperiodenanalyse. Vgl. Mac DOUGALL, G. D. A., The Definition ..., a. a. O., S. 448.
4) Vgl. NEAL, Alfred C., Marginal Cost ..., a. a. O., S. 52.

gehen in die "prime cost" noch die "user cost" [1] ein, in denen die Wertänderung der Anlagen ("facilities") berücksichtigt wird, die durch eine bestimmte Nutzung im Vergleich zur Nichtnutzung während der Planungsperiode entsteht [2]. Durch sie soll berücksichtigt werden "the current value of the expected future reaction to the current decision" [3]. "... the true present marginal cost of production (including user cost) involved in using these facilities will almost always exceed the marginal cost calculated solely from the so-called variable agents, F and M as defined above " [4]. "The influence has been lumped in toto (Hervorhebung im Original) into the user-cost category. There is no reason why a user-cost element should not be appended to any of the traditional cost categories" [5]. Durch diese Komponente sollen somit die längerfristigen Auswirkungen der kurzfristigen Aktionsparameter in die Analyse einbezogen werden, sie soll also genau dieselben Aufgaben wahrnehmen, wie die Zielkoeffizienten der variablen Faktoreinsatzmengen von Potentialfaktoren in der Kurzperiodenanalyse. Damit ist die grundsätzliche Übereinstimmung von Kalenderzeitanalyse und Kurzperiodenanalyse im Sinne der Bestandskonstanz von Potentialfaktoren aufgezeigt [6].

---

1) Vgl. NEAL, Alfred C., Marginal Cost ..., a.a.O., S. 52. Zum Begriff der user cost vgl. auch KEYNES, John Maynard, The General Theory ..., a.a.O., S. 53 ff.; bes. S. 66-73 sowie SCOTT, A.D., Notes ..., a.a.O., S. 368-384.
2) Vgl. NEAL, Alfred C., Marginal Cost ..., a.a.O., S. 52 f.
3) Ebenda, S. 54, Fußnote 26.
4) Ebenda, S. 58.
5) Ebenda, S. 64, Fußnote 42.
6) Die Kritik von Mac DOUGALL, NEAL und E. SCHNEIDER kann sich also nicht gegen die MARSHALL'sche Konzeption und damit die Kurzperiodenanalyse als solche richten, sondern nur gegen die falsche Auslegung, die sie durch andere Autoren erfahren hat. So betonen Mac DOUGALL und NEAL ausdrücklich, daß MARSHALL die längerfristigen Auswirkungen kurzfristiger Handlungsmöglichkeiten berücksichtigen will. Vgl. Mac DOUGALL, G.D.A., The Definition ..., a.a.O., S. 446, Fußnote 1 und NEAL, Alfred C., Marginal Cost ..., a.a.O., S. 54, Fußnote 26.

Die Bedeutung der Arbeiten von Mac DOUGALL und NEAL liegt in ihrer Klarheit und Geschlossenheit. Hier werden Zusammenhänge und Verbindungen aufgezeigt, die man bei MARSHALL zum Teil nur erahnen kann. Allerdings gehen die theoretische Geschlossenheit und Vollständigkeit der Kalenderzeitanalyse zu Lasten ihrer unmittelbaren praktischen Verwertbarkeit. So verlangt sie nicht nur, daß das Entscheidungsfeld sachlich nicht zerlegt werden darf [1)], auch ihre zeitliche Abgrenzung ist kaum dazu geeignet, eine wesentliche Erleichterung für die Planung zu bewirken, weil die zeitliche Abgrenzung nicht durch eine sachliche ergänzt wird. Innerhalb der beliebig wählbaren Kalenderzeitperiode sind grundsätzlich alle Arten von Aktivitäten durchführbar, also auch solche Handlungsmöglichkeiten, deren angemessene Beurteilung typisch langfristige Planungsmethoden (z. B. die Investitionsrechnung) erfordert. Aus diesem Grunde halten wir die Auffassung von Mac DOUGALL, es sei unwichtig, zwischen fixen und variablen Produktionsfaktoren zu unterscheiden [2)], nicht für sinnvoll. Gerade über die Konstanzbedingung von Potentialfaktorbeständen läßt sich eine handliche Zerlegung des Entscheidungsfeldes in zeitlicher Hinsicht erreichen. Hierbei läßt die Produktionsplanung als kurzfristige Planung Variationen des Potentialfaktorbestandes der Planperiode oder späterer Perioden als explizite Variable nicht zu, und deshalb wird der Potentialfaktorbereich über Variable integriert, die die mit der Produktion verbundene Beanspruchung dieser Faktoren angeben [3)].

Gegen diese Betrachtungsweise wendet sich D. SCHNEIDER [4)]. Er nennt drei grundsätzliche Möglichkeiten, um die Potentialfaktoren in der Produktionsplanung zu berücksichtigen:

---

1) Vgl. Mac DOUGALL, G. D. A., The Definition ..., a. a. O., S. 456: "We are only interested in plans which refer to the firm as a whole."
2) Vgl. Mac DOUGALL, G. D. A., The Definition ..., a. a. O., S. 448.
3) Zum Problem der Erfassung des Potentialfaktoreinsatzes vgl. auch KLOOCK, Josef, Betriebswirtschaftliche Input-Output-Modelle, Wiesbaden 1969, S. 18 ff.
4) Vgl. zu den folgenden Ausführungen SCHNEIDER, Dieter, Produktionstheorie als Theorie der Produktionsplanung. Liiketaloudellinen Aikakauskirja (The Journal of Business Economics) 1964, S. 199-229; ders. Grundlagen ..., a. a. O., S. 368 ff.; ders., Investition ..., a. a. O., S. 535 ff.

"(a) durch den 'Bestand', dann geht in die Produktionsfunktion zum Beispiel ein Auto ein;

(b) durch die Einsatzzeit des Potentialfaktors, dann gehen in die Produktionsfunktion zum Beispiel 5 Fahrstunden ein;

(c) durch die Leistungsabgaben als Maß der Intensität, mit der zum Beispiel das Auto benutzt wird." [1]

Bei (a) kann die Produktionsfunktion als "Bestandseinsatzfunktion" aufgefaßt werden ("Prozeßmodell mit Fixkosten verursachenden Faktorbeständen"; hier sind die einzelnen Prozesse grenz-kostenlos). Nur sie ist sinnvoll bei unmittelbarem Ausgabenverbund (durch die Investition ist der Preis der Faktoreinsatzmengen vorgegeben), denn hier besitzen die als Bündel beschafften Leistungsabgaben keine künftige Weiterverwendungsmöglichkeit (reiner Zeitverschleiß).

Bei (b) und (c) kann die Produktionsfunktion aufgefaßt werden als "Leistungsabgabefunktion" ("Prozeßmodell mit Grenzkosten verursachenden Prozessen"; hier werden "begrenzte, aber nicht ausgenutzte Faktorkapazitäten in späteren Abrechnungsperioden noch verwandt" [2]) [3]. Diese kann fixe Kosten nicht erklären, weil sie nur variable Produktionsfaktoren enthält. Nur sie ist sinnvoll bei mittelbarem Ausgabenverbund. "Hier entscheiden künftiger Gewinnentgang oder die durch den heutigen Faktorverzehr induzierten künftigen Ausgaben" über den Preis der Faktoreinsatzmengen [4] (Gebrauchsverschleiß).

Wann die Leistungsabgabedefinition für die Potentialfaktoren zu wählen ist, entscheidet sich nach der Weiterverwendungsfähigkeit: "Wenn jede heute verbrauchte Leistungsabgabe zusätzliche Kosten induziert: zusätzliche Ausgaben oder zusätzlichen Gewinnentgang. Wann das eintritt, kann nicht generell beantwortet werden." [5] SCHNEIDER versucht aber "typi-

---

1) SCHNEIDER, Dieter, Grundlagen ..., a. a. O., S. 373.
2) ders., Investition ..., a. a. O., S. 539.
3) Zwischen (b) und (c) macht SCHNEIDER keinen Unterschied. Intensitätsänderungen werden als ein Vielfaches der normalen Leistungsabgabe je Sekunde gemessen.
4) SCHNEIDER, Dieter, Grundlagen ..., a. a. O., S. 380.
5) Ebenda, S. 381.

sche" Antworten zu geben. Demnach sei für Betriebsmittel im Regelfall die Bestandseinsatzdefinition zu wählen. "Dann, wenn technische und wirtschaftliche Überholung Einfluß auf die Nutzungsdauer der Betriebsmittel nehmen, stehen - bis auf wenige Ausnahmen - die einzelnen Leistungsabgaben der Betriebsmittel grenzkostenlos zur Verfügung." [1]

SCHNEIDER hält Leistungsabgabefunktionen (also Modelle, in denen nur die Inanspruchnahme von Potentialfaktoren, nicht ihr Bestand, Variable ist) grundsätzlich nicht für brauchbar: weder für simultane, dynamische Planungsmodelle (Investitionsmodelle), "denn solche mehrperiodischen Modelle arbeiten mit Zahlungsströmen (mit Ausgaben, Einnahmen) unmittelbar", [2] noch "für vereinfachte, einperiodische Planungen, in die 'Kosten' statt Ausgaben eingehen." [3]

Wir halten diese Auffassung SCHNEIDERs aus folgenden Gründen für verfehlt:

1. Auch Simultanmodelle kommen nur dann ohne Leistungsabgabefunktionen aus, wenn sich die Investitionsobjektive schon vorab durch die von ihnen verursachten Zahlungsströme charakterisieren lassen, wenn also die Produktionsplanung für die einzelnen Teilperioden bereits Datum ist. Bei einer echten Simultanbetrachtung müssen aber die Produktionsmengen als selbständige Modellvariable aufgefaßt werden. Damit sind auch die Leistungsabgaben der Potentialfaktoren Variable, und das, was SCHNEIDER als Leistungsabgabefunktion auffaßt, kommt hier in der Verknüpfung dieser Variablen mit den übrigen Variablen des Modells zum Ausdruck. Zwar sind die Zielkoeffizienten dieser Variablen gleich Null, sie verursachen also keine zusätzlichen Ein- oder Auszahlungen, doch wirken sie sich trotzdem auf die optimale Lösung aus: sie werden implizit durch ihren Einfluß auf andere Variable bewertet. Nur wenn - wie be-

---

1) SCHNEIDER, Dieter, Grundlagen ..., a.a.O., S. 381.
2) Ders., Investition ..., a.a.O., S. 545.
3) Ebenda.

reits angedeutet - nicht simultan geplant wird [1], oder aber wenn andere Variable nicht durch die Inanspruchnahme der Betriebsmittel beeinflußt werden (wenn es sich also um unelastische Potantialfaktoren handelt), sind Leistungsabgabefunktionen für die Investitionsplanung entbehrlich.

2. Die Auffassung, daß in der Produktionsplanung grundsätzlich keine Leistungsabgabefunktionen benötigt werden, stützt SCHNEIDER auf seine durch nichts begründete Behauptung, daß "bis auf wenige Ausnahmen" [2] die einzelnen Leistungsabgaben der Betriebsmittel grenzkostenlos zur Verfügung stehen, "wenn technische und wirtschaftliche Überholung Einfluß auf die Nutzungsdauer des Betriebsmittels nehmen". [3] In der Literatur findet sich zum Teil zwar die Ansicht, die Nutzungen von Betriebsmitteln seien in der Regel zeitunelastisch [4], viel häufiger aber die gegenteilige Meinung, daß sich nämlich die gegenwärtigen Nutzungen in den meisten Fällen auf das Entscheidungsfeld späterer Teilperioden auswirken werden [5]. Einige Autoren beantworten diese Frage unterschiedlich nach verschiedenen Industriezweigen bzw. Anlagentypen [6]. In einer empirischen Untersuchung über das

---

1) Dann werden Leistungsabgabefunktionen im abgespaltenen Partialmodell aber immer noch benötigt.
2) SCHNEIDER, Dieter, Grundlagen ..., a.a.O., S. 381 (Hervorhebung vom Verfasser).
3) Ebenda. SCHNEIDER vertritt diese Auffassung auch noch an anderen Stellen: Vgl. SCHNEIDER, Dieter, Kostentheorie ..., a.a.O., S. 700 ff.; ders., Produktionstheorie ..., a.a.O., S. 223; ders., Investition ..., a.a.O., S. 481 und 544; ders., Buchbesprechnung zu DIEDERICH, Helmut, Allgemeine Betriebswirtschaftslehre, Düsseldorf 1970, ZfbF 1971, S. 857.
4) Vgl. HAX, Herbert, Kostenbewertung ..., a.a.O., S. 200 f.
5) Vgl. ALBACH, Horst, Zur Verbindung ..., a.a.O., S. 141; BOSSHARDT, Erik, Leistungsmäßige Kostenrechnung, Zürich 1948, S. 33 und die dort angegebene Literatur; KEYNES, John Maynard, The General Theory ..., a.a.O., S. 72 f.; MEIJ, J.L., Vorwort zu: Depreciation and Replacement Policy, hrsg. v. J.L. MEIJ, Amsterdam 1961, S. 4 f., NEAL, Alfred C., Marginal Cost ..., a.a.O., S. 58.
6) Vgl. COASE, R.H., Business Organization and the Accountant, in: Studies in Costing, hrsg. v. David SOLOMONS, London 1952, S. 130; HENZEL, Friedrich, Die Kostenrechnung, a.a.O., S. 77; PAISH, F.W., Causes of Changes in Gold Supply, Economica 1938, S. 384.

Investitionsverhalten der niederländischen Industrie kommen KLAASSEN und andere zu dem Ergebnis, daß grundätzlich andere als technische (Verschleiß-) Gesichtspunkte den Ersatzzeitpunkt einer Anlage beeinflussen. Allerdings darf hieraus nicht der Schluß gezogen werden, daß ein solches Verhalten gleichzeitig wirtschaftlich sein müsse.

Grundsätzlich läßt sich also SCHNEIDERs pauschale Annahme nicht ohne weiters aufrechterhalten. Außerdem ist anzumerken, daß diese Annahme in Widerspruch zu SCHNEIDERs eigener Auffassung steht, es seien "allein die Potentialfaktoren, welche die Schwierigkeiten in der Produktionstheorie verursachen."[1] Denn bei zeitunelastischen Potentialfaktoren liegen die Dinge sehr einfach: ihre Leistungsabgaben stehen (grenz-) kostenlos zur Verfügung und beeinflussen deshalb die Lösung gar nicht. Unter diesem Aspekt wird klar, daß SCHNEIDER durch seine nicht näher begründete Annahme der "zeitlichen Wirkungsindifferenz"[2] von Potentialfaktornutzungen die eigentlichen Schwierigkeiten nur umgeht. Als konstant können zwar die Bestände im Kalkulationszeitpunkt angesehen werden; über ihre mengenmäßige Veränderung soll auch nicht entschieden werden. Wohl verursachen aber die zu untersuchenden Aktionsparameter möglicherweise wertmäßige Änderungen dieser Bestände. Ein solcher Einfluß darf nicht von vornherein ausgeklammert werden.

3. SCHNEIDER hält das Prozeßmodell des mathematischen Programmierens für ökonomisch mehrdeutig[3]. Einerseits könnten die begrenzten Faktorkapazitäten (rechte Seite der Nebenbedingungen) "echte" Vorräte sein, "wenn der Verzicht auf Vollausnutzung Vorräte für künftige Ab-

---

1) Vgl. KLAASSEN, L. H., KOYCK, L. M., MEIJ, J. L., BOUMA, J. L., The Theory of Depreciation and Entrepreneurial Behaviour, in: Depreciation and Replacement Policy, hrsg. v. J. L. MEIJ, Amsterdam 1961, S. 219 und 221.

2) Dieser Begriff stammt von ALBACH, Horst, Zur Verbindung ..., a. a. O., S. 142.

3) Vgl. SCHNEIDER, Dieter, Investition ..., a. a. O., S. 537 ff.

rechnungsperioden übrig läßt [1]. Hier "führen bereitgestellte Kapazitäten nicht zu fixen Kosten" [2].

Auf der anderen Seite läßt sich nach SCHNEIDER das Prozeßmodell der mathematischen Programmierung auch als "Prozeßmodell mit Fixkosten verursachenden Faktorbeständen" interpretieren. Hier ist die bereitgestellte, begrenzte Kapazität zeitunelastisch, d. h. sie ist "nach Ablauf der Abrechnungsperiode ökonomisch verzehrt" [3], und die begrenzten Kapazitäten sind als eingesetzte Bestände anzusehen. Die einzelnen Prozesse sind (grenz-)kostenlos. Einer solchen Interpretation des Prozeßmodells können wir nicht zustimmen, sind doch in diesem Modell die "bereitgestellten, begrenzten Kapazitäten" in jedem Fall Daten [4], weil über sie schon vorher disponiert wurde [5]. Und Daten können bekanntlich die Zielfunktion nicht mehr beeinflussen, also auch keine (fixen) Kosten verursachen. Kosten entstehen hier somit nicht - wie SCHNEIDER meint - auf der rechten Seite der Nebenbedingungen, sondern im Gegenteil auf der Seite der Matrix. Mit seiner Interpretation des Prozeßmodells der mathematischen Programmierung als "Prozeßmodell mit Fixkosten verursachenden Faktorbeständen" wird SCHNEIDER der Wirklichkeit nicht gerecht. Die Produktionstheorie beschäftigt sich nur am Rande mit alternativen Potentialfaktorbeständen und den ihnen zuzurechnenden sprungfixen Kosten [6]. Ansonsten gehen Poten-

---

1) Vgl. SCHNEIDER, Dieter, Investition ..., a. a. O., S. 538.
2) Ebenda.
3) SCHNEIDER, Dieter, Grundlagen ..., a. a. O., S. 376.
4) Vgl. KILGER, Wolfgang, Optimale ..., a. a. O. und die dort angegebene Literatur zur Produktionsplanung.
5) Das gilt zumindest für den Fall, den die Produktionsplanung regelmäßig im Auge hat. Insofern ist SCHNEIDERs "Autofahrerbeispiel" für die Problemstellung gar nicht repräsentativ, denn der Autofahrer kann in diesem Beispiel zu Beginn der Periode (und nur für die Periode!) über den Potentialfaktor Auto in Form der Anmietung noch disponieren.
6) Vgl. hierzu die Kapitel zur optimalen Betriebsgröße in der einschlägigen Literatur zur Produktions- und Kostentheorie.

tialfaktorbesände als Variable nur in die Investitionstheorie ein, in deren Modellen sie jedoch nicht "auf der rechten Seite" als begrenzte Kapazitäten, sondern in den Spalten der Prozeßmatrix erscheinen.

Damit ist SCHNEIDERs Kritik an der Leistungsabgabedefinition für Einsatzmengen von Potentialfaktoren (und damit an den linear limitationalen Produktionsfunktionen, dem Prozeßmodell der mathematischen Programmierung, den nichtlinear limitationalen Produktionsfunktionen wie dem GUTENBERGschen System der Verbrauchsfunktionen) zurückgewiesen. Allerdings können diese Modelle in einem anderen wichtigen Punkt noch nicht zufriedenstellen. Sowohl die Modelle der linearen Programmierung zur Produktionsplanung als auch die Produktionstheorie GUTENBERGs gehen der Frage aus dem Wege, wie denn die Faktoreinsatzmengen der Potentialfaktoren zu bewerten sind. Entweder werden diese Aktivitäten überhaupt nicht bewertet, oder aber man leitet die relevanten Kosten aus entscheidungstheoretisch noch nicht abgesicherten Aussagen der Kostenrechnung [1] zu diesem Problem ab [2].

Bevor wir auf dieses Problem eingehen, muß noch geklärt werden, in welchen Maßgrößen die Potentialfaktoreinsatzmengen als Leistungsabgabemengen gemessen werden sollen. Grundsätzlich werden in der Literatur vor allem folgende Möglichkeiten hierfür diskutiert [3]:

---

1) Vgl. hierzu den zweiten Hauptteil dieser Arbeit.
2) Vgl. z.B. GUTENBERG, Erich, Grundlagen ..., a.a.O., 1. Bd., S. 377 und KILGER, Wolfgang, Optimale ..., a.a.O., S. 58 ff.
3) Vgl. STEFFEN, Reiner, Analyse ..., a.a.O., S. 68 ff. STEFFEN nennt als vierte mögliche Maßgröße noch den Anlagenbestand, vertritt aber - wie wir - die Auffassung, daß sie wenig sinnvoll ist. Vgl. zu dem angesprochenen Problemkreis auch ALBACH, Horst, Zur Verbindung ..., a.a.O., S. 187 ff.; BRUHN, Ernst-Egon, Die Bedeutung ..., a.a.O., S. 72 ff.; HEINEN, Edmund, Betriebswirtschaftliche ..., a.a.O., S. 250 ff.; JACOB, Herbert, Zur neueren Diskussion ..., a.a.O., S. 598 ff.; LASSMANN, Gert, Die Produktionsfunktion ..., a.a.O., S. 20 ff.; LINTZHÖFT, Helge, Die Kosten ..., a.a.O., S. 46 ff.; LUKE, Werner R., Die Ermittlung kalkulatorischer Abschreibungen von Maschinen und maschinellen Anlagen, Berlin 1971, S. 84 ff.; PRESSMAR, Dieter B., Kosten- und Leistungsanalyse ..., a.a.O., S. 58 ff.

a) Als Maßgröße dient die Laufzeit eines Betriebsmittels (z.B. Maschinenminuten).

b) Als Maßgröße dient die Werkverrichtung eines Betriebsmittels (z.B. Bohren eines Loches von 5 cm Durchmesser in ein 2mm-Blech) [1].

c) Als Maßgröße dient der "gebrauchsbedingte Anlagenverschleiß".

Wie STEFFEN vertreten wir die Ansicht, daß die Messung der Potentialfaktoreinsatzmengen durch den Gebrauchsverschleiß (c) kaum möglich ist. STEFFEN begründet dies mit den Schwierigkeiten der Verschleißmessung, die er für unüberwindbar hält [2]. Darüberhinaus erscheint uns dieser Weg vor allem deshalb problematisch, weil eine solche Maßgröße die Lösung des Bewertungsproblems schon vorwegnehmen würde. Denn ob Gebrauchsverschleiß - selbst wenn er sich materiell-mengenmäßig feststellen läßt - tatsächlich ökonomisch als Verbrauchsmenge (Faktoreinsatzmenge) anzusehen ist, läßt sich ex ante generell gar nicht sagen. Es hängt vor allem davon ab, ob durch den Gebrauch tatsächlich das spätere Entscheidungsfeld beeinflußt wird [3]. Dies ist dann nicht der Fall, wenn der Ersatzzeitpunkt des Potentialfaktors unabhängig ist von seiner Inanspruchnahme.

Zwischen der Werkverrichtung und der Laufzeit eines Betriebsmittels als Maßgröße für seine Inanspruchnahme bestehen enge Beziehungen. Bei gegebener Intensität ist nämlich immer eine konstante Menge an Laufzeit für eine Werkverrichtung erforderlich. Es ist dann gleichgültig, mit welcher von beiden Maßgrößen man arbeitet. Da unterschiedliche Intensitäten ein Betriebsmittel unterschiedlich stark beanspruchen, sich also in verschiedenartiger Weise auf den Ersatzzeitpunkt auswirken und deshalb unterschiedliche Kosten verursachen können, ist es notwendig, die Laufzeit (bzw. die Werkverrichtung) zu differenzieren nach den alternativen

---

1) In diesem Sinne gebraucht LINTZHÖFT den Begriff "Arbeitsgangart" für den er sich als Maßgröße entscheidet. Vgl. LINTZHÖFT, Helge, Die Kosten ..., a.a.O., S. 51 ff.

2) Ebenda, S. 70 f.

3) Man könnte einwenden, in diesem Fall wären die gebrauchsbedingten Verschleißmengen eben mit Null zu bewerten, doch fragt man sich, wofür dann der Aufwand der Verschleißmessung überhaupt betrieben wird.

Intensitätsstufen [1]. Aus folgenden Gründen möchten wir uns für die Laufzeit (und gegen die Werkverrichtung) als Maßgröße entscheiden:

1. Vielfach wird ein Betriebsmittel in der Lage sein, mehrere Werkverrichtungsarten auszuführen. Sofern diese das Betriebsmittel nicht unterschiedlich stark pro Zeiteinheit beanspruchen, reicht es aus, mit einer Maßgröße - nämlich der Fertigungszeit - für den Betriebsmitteleinsatz zu arbeiten [2]. Nur wenn alternative Werkverrichtungsarten auch zu unterschiedlicher Beanspruchung führen, ist es notwendig, die Maßgröße entsprechend zu differenzieren [3].
2. Die Fertigungszeit ist eine in der Kostenrechnung sehr häufig verwandte Bezugsgröße, sodaß ihre Anwendung auch in diesem Zusammenhang sinnvoll erscheint. Die zeitliche Inanspruchnahme als Bezugsgröße bringt außerdem den Vorteil mit sich, daß sie dieselbe Dimension (Zeiteinheiten) aufweist wie die Periodenkapazität, die sie beansprucht. Damit ist für die Kapazitätsrestriktionen eine Umrechnung nicht mehr nötig.

Für die Laufzeit als Maßgröße spricht auch die Einfachheit ihrer Messung [4]. Es sei nochmals darauf hingewiesen, daß mit dieser Wahl keineswegs schon das Bewertungsproblem gelöst ist, bzw. daß dies nicht eine

---

1) Vgl. S. 62, Fußnote 3.
2) Gleichbedeutend wäre die Verwendung einer "Norm-Werkverrichtungsart".
3) Der Ansatz von LINTZHÖFT, der einen Potentialfaktor in Potentialfaktoreinheiten zerlegen will, die jeweils nur eine Arbeitsgangart zu leisten vermögen, scheint nicht gangbar, denn es gibt Potentialfaktoren, die mehrere Arbeitsgangarten ausführen können und sich nicht weiter zerlegen lassen, z. B. eine Bohrmaschine, mit der man unterschiedliche Lochdurchmesser in verschieden starke Bleche bohren kann. Vgl. LINTZHÖFT, Helge, Die Kosten, a. a. O., S. 54 ff.
4) Die Laufzeit als Maßgröße wird auch von folgenden Autoren vorgeschlagen: DANØ, Sven, A Note on Factor Substitution in Industrial Production Processes, Unternehmensforschung 1959, S. 165.; KILGER. Wolfgang, Produktions- und Kostentheorie, a. a. O., S. 13; SALIERS, E. A., Depreciation - Principles and Application, 3. Aufl., New York 1939, S. 153; STIGLER, G. J., The Theory of Price, New York 1952, S. 109. Die Vorgehensweise STEFFENS läuft im Grunde auf das gleiche hinaus, weil er den Verbrauch mißt in Abhängigkeit von den Werkverrichtungen oder der Betriebszeit ("Haupteinflußgröße"), die nur mit einem konstanten Faktor ("ökonomischer Verbrauchskoeffizient") multipliziert wird; Vgl. STEFFEN, Reiner, Eigenschaften ..., a. a. O., S. 72 ff.

Größe ist, zu der sich die Wertminderung des Potentialfaktors proportional verhalten muß. Alle Versuche, eine solche Größe aufzufinden, müssen von vornherein als gescheitert angesehen werden, weil grundsätzlich mehrere voneinander unabhängige Einflüsse diese Wertminderung herbeiführen. Das Zusammenwirken aller dieser Einflüsse entscheidet erst darüber, ob bestimmte Aktivitäten (Nutzung) kostenwirksam werden oder nicht. Dieses Problem läßt sich grundsätzlich nicht von der Mengenseite (d. h. im Rahmen der Produktionstheorie) alleine, sondern nur in Verbindung mit der betriebswirtschaftlichen Wertlehre lösen. Diese Tatsache läßt Zweifel daran aufkommen, ob es sinnvoll ist, isoliert im Rahmen der Produktionstheorie ökonomische Verbrauchsfunktionen für die Abnutzung von Potentialfaktoren zu entwickeln [1]. Dadurch wird zwar "eine formale Vollständigkeit des produktionstheoretischen Modells" [2] erreicht, was aber zur Lösung der konkreten Probleme recht wenig beiträgt [3]. Dieser Weg wäre nur dann sinnvoll, wenn sich jeder mengenmäßigen Verbrauchseinheit ein eindeutiger Wert zurechnen ließe, wie das bei den Verbrauchsfaktoren in der Regel unterstellt werden kann. Damit ist es nicht - wie HEINEN behauptet - eine "rein formale Verlagerung" [4] sondern eine betriebswirtschaftliche Notwendigkeit, wenn man das Problem der ökonomischen Überholung von Potentialfaktoren der betriebswirtschaftlichen Werttheorie (die ja die Produktionstheorie in sich einschließt) überantwortet.

---

1) Diesen Weg gehen ALBACH, Horst, Zur Verbindung ..., a. a. O., S. 187; HEINEN, Edmund, Betriebswirtschaftliche ..., a. a. O., S. 255; LÜCKE, Wolfgang, Produktions- und Kostentheorie, 2. Aufl., Würzburg - Wien 1970, S. 65; ähnlich auch PRESSMAR, Dieter B., Kosten- und Leistungsanalyse ..., a. a. O., S. 65 ff., der das Bewertungsproblem ganz ausklammert. Diese Autoren versuchen, das Instrumentarium der GUTENBERGschen Produktionstheorie auf die Potentialfaktoren zu übertragen.

2) HEINEN, Edmund, Betriebswirtschaftliche ..., a. a. O., S. 255.

3) Die Auffassung, daß es keine Verbrauchsfunktionen für Potentialfaktoren gibt, vertritt auch KILGER. Vgl. KILGER, Wolfgang, Produktions- und Kostentheorie, a. a. O., S. 60. Dem hält PRESSMAR, Dieter B., Kosten- und Leistungsanalyse ..., a. a. O., S. 54 entgegen:"Äußerliche Konstanz des eingesetzten Faktorbestandes läßt den Schluß nicht zu, der Faktorverzehr unterbleibe." Der Faktorverzehr darf jedoch nicht rein mengenmäßig analysiert werden, wie es die Theorie der Verbrauchsfunktionen tut, sondern muß als ökonomische Wertminderung angesehen werden.

4) HEINEN, Edmund, Betriebswirtschaftliche ..., a. a. O., S. 255.

1.2 Der Einfluß der Nutzung von Betriebsmitteln auf die Zielgröße von Entscheidungsmodellen in Abhängigkeit vom unternehmerischen Entscheidungsfeld

1.2.1 Das Entscheidungsfeld bei variablem Betriebsmittelbestand und seine Abbildung im Modell der Investitionsrechnung

1.2.1.1 Die Aktionsparameter der Investitionsplanung und ihre Determinanten

Wegen der Eigenart der Potentialfaktoren sind zwei ganz verschiedene Arten von Entscheidungen darüber zu unterscheiden, wie diese Faktoren in den Produktionsprozeß eingesetzt werden. Erstens geht es darum, den Bestand an Potentialfaktoren in seiner Art und Höhe festzulegen, und zweitens ist zu entscheiden, welchen Verwendungen ein gegebener Bestand dieser Faktoren zugeführt werden soll, das heißt, wie ein bestehendes Potential zu nutzen ist. Hierauf beruht die Trennung zwischen kurzfristiger Produktionsplanung und Investitionsplanung. Beide Entscheidungen sind nicht unabhängig voneinander, sondern weisen viele Interdependenzen auf. So lassen sich die optimalen Bestände an Potentialfaktoren nur bestimmen in Abhängigkeit von ihren Verwendungsmöglichkeiten und dem Nutzen, den diese stiften, und umgekehrt werden diese Verwendungsmöglichkeiten ihrerseits durch die Entscheidungen über den Potentialfaktorbestand beeinflußt.

Da die vorliegende Arbeit sich mit der Ermittlung der Kosten für die Nutzung von Potentialfaktorbeständen befaßt, diese Aktivitäten aber nicht isoliert von den Entscheidungen über diese Bestände bestimmt werden können, ist zunächst näher zu untersuchen, welche Entscheidungsprobleme im einzelnen bei der Bestimmung des Potentialfaktorbestandes zu lösen sind, welches die Determinanten dieser Entscheidungen sind und mit welchen Planungsmethoden in diesem Bereich gearbeitet wird.

Bei variablem Betriebsmittelbestand umfaßt das Entscheidungsfeld nicht nur die Alternative zwischen Kauf und Nichtkauf einer Maschine, sondern damit verbunden sind eine Reihe weiterer Entscheidungsprobleme. So besteht im allgemeinen nicht nur die Notwendigkeit, zwischen verschiedenen Maschinentypen für eine Produktionsaufgabe zu wählen, sondern es konkurrieren auch unterschiedliche Anschaffungszeitpunkte miteinander. Gleichzeitig spielt bei der Beurteilung verschiedener Maschinen - wie auch bei der Beurteilung der Ja/Nein-Alternative - die Frage eine Rolle, wann und zu welchem Preis die Anlage liquidiert werden soll. Da die Alternativen nur vergleichbar sind, wenn sie sich auf einen gleich langen Zeitraum beziehen, andererseits die verschiedenen Maschinentypen aber möglicherweise unterschiedliche Lebensdauern besitzen, wird es erforderlich, gleichzeitig über die Ersatzstrategien zu entscheiden, bzw. Annahmen hierüber zu treffen. Die Lebensdauer einer Anlage läßt sich nicht losgelöst von der Reparatur- und Instandhaltungspolitik bestimmen, weil diese unmittelbar die Lebensdauer beeinflußt [1].

Bei variablem Betriebsmittelbestand sind grundsätzlich auch die zukünftigen Produktions- und Absatzmengen Aktionsparameter. Sie können bei der Investitionsplanung keineswegs vernachlässigt werden, weil sich aus ihnen die laufenden Ein- und Auszahlungen des Investitionsprojekts ergeben, die über die Wirtschaftlichkeit des Investitionsobjekts entscheiden. Sind die zur Wahl stehenden Anlagen unterschiedlich personalintensiv, so umfaßt das Entscheidungsfeld auch alternative Arbeitskräftepotentiale, wodurch Interdependenzen mit der langfristigen Personalplanung entstehen. Auswirkungen auf den Finanzierungsbereich ergeben sich aus der unterschiedlichen Kapitalinanspruchnahme der einzelnen Investitionsprojekte.

Als Determinanten der Investitionsplanung, bzw. der Planung eines Entscheidungsfeldes mit variablem Betriebsmittelbestand, sind grundsätzlich alle vom Unternehmer nicht mehr beeinflußbaren Tatbestände anzusehen, die für

1) "Durch eine ausreichende Wartung und Instandhaltung läßt sich die 'technische' Nutzungsdauer praktisch bis ins Unendliche verlängern." SCHNEIDER, Dieter, Kostentheorie ..., a.a.O., S. 703.

die Entscheidung relevant sind. Im praktischen Fall kommen aber wegen der Unmöglichkeit einer simultanen Planung des gesamten Entscheidungsfeldes noch Auswirkungen aus interdependenten Teilplänen hinzu, die - obwohl de facto noch beeinflußbar - für das anstehende Entscheidungsproblem als Daten angesehen werden. Was also im Einzelfall als Aktionsparameter bzw. Determinante anzusehen ist, entscheidet sich nach der Komplexität des anzuwendenden Entscheidungsmodells. Die wichtigsten Determinanten der Investitionsplanung, die im Zusammenhang mit dem Betriebsmittel als solchem stehen, ergeben sich aus den Daten des Marktes für neuwertige und gebrauchte Anlagen. In ihnen spiegeln sich die Auswirkungen des technischen Fortschritts wider, wie Beschaffungspreise, Liquidationserlöse, Leistungsfähigkeit der Anlagen. Daneben spielen Informationen darüber eine wichtige Rolle, wie sich die Leistungsfähigkeit der Anlage im Zeitablauf sowie durch Nutzung vermindert [1]. Auch bereits vorhandene Betriebsmittelbestände sind für die Investitionsplanung als Anfangsbestände Datum; offen bleibt jedoch noch, ob diese Betriebsmittel weiter genutzt oder verkauft werden sollen.

1) Vgl. hierzu im einzelnen LINTZHÖFT, Helge, Die Kosten ..., a.a.O., S. 39 ff.; LUKE, Werner R., Die Ermittlung ..., a.a.O., S. 53 ff.; SCHNEIDER, Dieter, Die wirtschaftliche ..., a.a.O., S. 33 ff.; ders., Kostentheorie ..., a.a.O., S. 700 ff.

1.2.1.2 Die modelltheoretische Abbildung des Investitionsproblems

Sofern das Entscheidungsfeld noch die Potentialfaktoren selbst als Variable auffaßt, ist also über sämtliche mit dem Betriebsmitteleinsatz in Verbindung stehende Aktivitäten zu entscheiden, insbesondere über die Ersatzstrategie, die Reparatur- und Instandhaltungspolitik und über die Nutzung im Zeitablauf. Auf dieser Planungsebene kommen die investitionstheoretischen Zahlungsstrommodelle zur Anwendung, wobei im allgemeinen die Kongruenz zwischen der jeweiligen Zielgröße (z. B. Kapitalwert, Endwert, periodische Ausschüttung) und dem Unternehmensziel unterstellt wird [1]. Wichtig ist also, daß die Auswirkungen der Alternativen auf das Unternehmensziel jeweils unmittelbar durch die mit ihnen verbundenen Ein- und Auszahlungsströme gemessen werden [2]. Um die Zahlungen modellmäßig zu erfassen, wird entweder der Planungszeitraum in einzelne Perioden unterteilt, denen jeweils Ein- und Auszahlungen zugeordnet werden, oder es wird mit kontinuierlichen Zahlungsströmen gearbeitet, wobei die Zeit als stetige Größe aufgefaßt wird [3].

Die hier einzuordnenden Entscheidungsmodelle weisen ganz unterschiedliche Komplexionsgrade auf, sie reichen von der Beurteilung einzelner Investitionsvorhaben über simultane Investitions- und Produktions- sowie simultane Investitions- und Finanzierungsmodelle bis hin zu den "Totalmodellen", die die Entscheidungen in möglichst vielen Funktionsbereichen si-

1) Vgl. oben S. 28 ff. und die dort angegebene Literatur.
2) Sofern dennoch Kostengrößen in die Zielfunktion eingehen, etwa die Materialkosten für die Produkte, wird davon ausgegangen, daß es sich um ausgabewirksame Beträge handelt. Dies geschieht aus Vereinfachungsgründen, denn eine exakte Berücksichtigung der entsprechenden Auszahlung würde eine explizite Berücksichtigung des gesamten Beschaffungsbereichs erfordern und damit das Modell zu sehr verkomplizieren.
3) Vgl. hierzu HAX, Herbert, Investitionstheorie, a. a. O., S. 7 f.

multan miteinander verknüpfen wollen [1]. Es würde den Rahmen dieser Arbeit sprengen, die Fülle der existierenden Modelle zur simultanen Planung dieser Probleme im einzelnen zu analysieren. Wir wollen uns hier damit begnügen zu untersuchen, ob diese Modelle geeignet sind oder in naher Zukunft geeignet sein können, die mit dem Betriebsmitteleinsatz und der Betriebsmittelnutzung verbundenen interdependenten Wahlprobleme für praktische Zwecke in geeigneter Weise zu lösen. Denn davon hängt es ab, ob zeitlich abgegrenzte Partialmodelle (also solche Entscheidungsmodelle, für die die Kostenrechnung Informationen liefern soll), überhaupt noch benötigt werden [2].

---

1) Vgl. ALBACH, Horst, Lineare Programmierung als Hilfsmittel betrieblicher Investitionsplanung, ZfhF 1960, S. 526 ff.; ders., Investitionsentscheidungen ..., a. a. O., S. 24 ff.; BLUMENRATH, Ulrich, Investitions- und Finanzplanung ..., a. a. O.; FRANKE, Günter, LAUX, Helmut, Die Bemessung ..., a. a. O.; HANSSMANN, F., SCHOBER, F., Simultane Investitions- und Produktionsplanung in der Teilfertigung, Ablauf- und Planungsforschung 1970, S. 84 ff.; HAX, Herbert, Investitions- und Finanzplanung mit Hilfe der Linearen Programmierung, ZfhF 1964, S. 430 ff.; ders., Investitionstheorie, a. a. O.; JACOB, Herbert, Neuere Entwicklungen in der Investitionsrechnung, Wiesbaden 1964; ders., Flexibilitätsüberlegungen in der Investitionsrechnung, ZfB 1967, S. 1 ff.; LAUX, Helmut, Flexible Investitionsplanung, a. a. O.; MOXTER, Adolf, Offene Probleme der Investitions- und Finanzierungstheorie, ZfbF 1965, S. 1 ff.; ders., Zur Bestimmung der optimalen Nutzungsdauer von Anlagegegenständen, in: Produktionstheorie und Produktionsplanung, Festschrift für Karl Hax hrsg. v. A. MOXTER, D. SCHNEIDER, W. WITTMANN, Köln und Opladen 1966, S. 75 ff.; PETERS, Lutz, Simultane Produktions-Investitionsplanung mit Hilfe der Portfolio Selection, Berlin 1971; SEELBACH, Horst, Planungsmodelle in der Investitionsrechnung, Würzburg – Wien 1967; SCHNEIDER, Dieter, Investition ..., a. a. O.; SCHWEIM, Joachim, Integrierte Unternehmensplanung, a. a. O.; SWOBODA, Peter, Die simultane Planung von Rationalisierungs- und Erweiterungsinvestitionen und von Produktionsprogrammen, ZfB 1965, S. 148 ff.

2) Eine eingehendere Analyse einiger Ansätze zur Verbindung von Produktions- und Investitionstheorie findet sich bei SCHNEIDER, Dieter, Investition ..., a. a. O., S. 513 ff.

In unserem Zusammenhang interessiert vor allem die Frage, wie die Nutzung von Potentialfaktoren in diesen Modellen abgebildet wird und welchen Einfluß sie auf die Zielfunktion ausübt. Grundsätzlich werden die mit dem Betriebsmitteleinsatz verbundenen negativen Auswirkungen auf die Zielfunktion in den Zielbeiträgen der Investitionsvariablen (Anschaffungsauszahlungen) berücksichtigt. Die Nutzungsaktivitäten selbst üben keinen direkten Einfluß mehr auf die Zielfunktion aus [1]. Sie wirken sich hierauf nur indirekt aus, weil alle Aktivitäten, zu denen sie Interdependenzen aufweisen, selbst Variable des Entscheidungsmodells sind. Die Interdependenzen zwischen allen Variablen sind somit über die Nebenbedingungen herzustellen. Im allgemeinen Fall müssen hierbei folgende Zusammenhänge berücksichtigt werden:

1. Die Auswirkungen unterschiedlicher Nutzungen eines Betriebsmittels auf seinen Liquidationserlös: Dem Modell müssen für jede Teilperiode, in der die Liquidation überhaupt in Frage kommt, alternative Liquidationserlöse des betreffenden Betriebsmittels in Abhängigkeit von seiner Nutzung bis zu diesem Zeitpunkt (z. B. für 5000, 5100, ..., 6000 geleistete Laufstunden) als Daten vorgegeben werden. Über Nebenbedingungen ist sicherzustellen, daß die jedem dieser Werte zugeordnete Variable für den Verkauf (0, 1-Variable) mit den Variablen für die Nutzungen in allen vorhergehenden Teilperioden in geeigneter Weise verknüpft wird.
2. Die Auswirkungen unterschiedlicher Nutzungen eines Betriebsmittels auf die Reparatur- und Instandhaltungspolitik: Die Intensität und das Ausmaß der Nutzungen sowie ihre zeitliche Verteilung wirken sich auf die optimalen Reparatur- und Instandhaltungsmaßnahmen aus, die ih-

1) Gemeint sind hier nur solche Einflüsse auf die Zielfunktion, die mit den Betriebsmitteln selbst in Zusammenhang stehen. Die Aussagen gelten also nicht für die durch die Nutzungsaktivitäten entstehenden Repetierfaktorverbräuche, wie sie in den GUTENBERGschen Verbrauchsfunktionen eingefangen sind. Vgl. GUTENBERG, Erich, Grundlagen ..., 1. Bd., a. a. O., S. 327 ff. und KILGER Wolfgang, Produktions- und Kostentheorie, a. a. O., S. 53 ff.

rerseits das Optimum im Produktionsbereich beeinflussen [1].

3. Die Auswirkungen unterschiedlicher Nutzungen eines Betriebsmittels auf seine qualitative und quantitative Kapazität in späteren Perioden: Die Aussage, durch den Gebrauch werde unter Umständen das Leistungspotential einer Anlage vermindert, ist viel zu global. Es muß angegeben werden, in welchen wirtschaftlichen Tatbeständen eine Leistungspotentialminderung ihren Niederschlag findet. Erst dann läßt sich dieses Phänomen sinnvoll modellmäßig erfassen [2]. Eine Minderung dieses Potentials kann beispielsweise durch Veränderungen der qualitativen und der quantitativen Kapazität des betreffenden Betriebsmittels zum Ausdruck kommen. Diese sind somit nicht Datum, sondern Variable des Modells und mit den Nutzungsaktivitäten entsprechend zu verknüpfen.
4. Die Auswirkungen unterschiedlicher Nutzungen eines Betriebsmittels auf den Verbrauch anderer Produktionsfaktoren bei späteren Nutzungen: Eine Verminderung des Leistungspotentials kann sich auch auf den Verbrauch der anderen am Produktionsprozeß beteiligten Faktoren auswirken. Diese Änderung in den technischen Eigenschaften des Potentialfaktors läßt sich modellmäßig erfassen durch eine Verschiebung der Verbrauchsfunktionen der betreffenden Faktoren bzw. durch eine Veränderung der Produktionskoeffizienten.

Es ist bisher nicht gelungen, alle diese Interdependenzen in einem praktikablen Simultanmodell abzubilden. Während die klassische Investitionstheorie größtenteils von gegebenen Ein- und Auszahlungsreihen der einzelnen Projekte ausging und somit alle Interdependenzen zwischen Investitions- und Produktionsbereich vernachlässigte [3], wurde in jüngerer Zeit unter Verwen-

---

1) Zur Bedeutung der Reparatur- und Instandhaltungsplanung für die Investitionsplanung vgl. SCHNEIDER, Dieter, Die wirtschaftliche ..., a. a. O., S. 35 f. und 79 ff.

2) Insofern gehen Ansätze, die das durch Gebrauchs- und/oder Zeitverschleiß abnehmende Leistungspotential im Zeitablauf betrachten, von Vereinfachungen aus. Vgl. z. B. ALBACH, Horst, Zur Verbindung ..., a. a. O., S. 187 ff.

3) Vgl. hierzu JACOB, Herbert, Neuere Entwicklungen ..., a. a. O., S. 11 ff.; HAX, Herbert, Investitionstheorie, a. a. O., S. 20 ff.; SCHNEIDER, Dieter, Investition ..., a. a. O., S. 226 ff.

dung der Methoden der mathematischen Programmierung versucht, diese einschränkenden Prämissen immer mehr aufzuheben [1]. Ein Modell, in dem alle diese Aktionsparameter als Variable abgebildet und entsprechend miteinander verknüpft sind, läßt sich sicherlich rein formal aufstellen, es wäre jedoch viel zu komplex und umfangreich, als daß es auch nur geringe Aussicht hätte, für praktische Planungsprobleme entwickelt und gelöst zu werden. Deshalb arbeiten auch die meisten sogenannten Simultanmodelle zur Produktions- und Investitionsplanung mit stark vereinfachenden Prämissen. So wird häufig die optimale Nutzungsdauer in irgendeiner Form als unabhängig von den Entscheidungen im Produktionsbereich vorgegeben [2]. Die Reparatur- und Instandhaltungsplanung wird in diese Modelle überhaupt nicht integriert, sondern als gegeben angenommen. Dies ist deshalb in gewisser Weise verständlich, weil innerhalb der Reparatur- und Instandhaltungsplanung selbst die Beschäftigung und vor allem alternative Beschäftigungsgrade oft gar nicht als Aktionsparameter bzw. Determinanten der optimalen Instandhaltung angesehen werden [3]. Auch die oben geschilderten Einflüsse des Anlagengebrauchs auf die möglichen Liquidationserlöse [4] werden in den Simultanmodellen

---

1) Vgl. die in der Fußnote 1) auf S. 75 angegebene Literatur.

2) Vgl. z. B. die Modelle von ALBACH, Horst, Investitionsentscheidungen ..., a. a. O., S. 35; JACOB, Herbert, Neuere Entwicklungen ..., a. a. O., S. 33; FRANKE, Günter, LAUX, Helmut, Die Bemessung ..., a. a. O., S. 404.

3) Vgl. z. B. MÄNNEL, Wolfgang, Wirtschaftlichkeitsfragen der Anlagenerhaltung, Wiesbaden 1968; MERTENS, Peter, Der gegenwärtige Stand der betriebswirtschaftlichen Instandhaltungstheorie, ZfB 1968, S. 805 ff.; MORTON, J. K., SCHWARTZ, N. L., Optimal maintenance and sale age for a machine subject to failure, Management Science 1971, S. B 495 ff.; NEUVIANS, G., ZIMMERMANN, H. J., Die Ermittlung optimaler Ersatz- und Instandhaltungspolitiken mit Hilfe des dynamischen Programmierens, Ablauf- und Planungsforschung 1970, S. 94 ff.; REDEKER, Georg, Technische und betriebswirtschaftliche Grundlagen für die Methodenwahl bei der Erhaltung betrieblicher Anlagen, Diss. Hannover 1969; THOMPSON, Gerald L., Optimal Maintenance Policy and Sale Date of a Machine, Management Science 1968, S. 543 ff. Die gleiche Ansicht vertritt auch SCHEER, der vorgibt, als erster eine Verbindung von Produktions- und Instandhaltungsplanung zu versuchen. Vgl. SCHEER, August-Wilhelm, Instandhaltungspolitik, Wiesbaden 1974, S. 117. Vgl. auch ORDELHEIDE, Dieter, Instandhaltungsplanung, Wiesbaden 1973.

4) Vgl. S. 76.

nicht exakt berücksichtigt, diese werden vielmehr einheitlich für jede Periode vorgegeben.

Darüber hinaus stellen diese Modelle an die Lösungstechnik Anforderungen, denen die bisher verfügbaren Algorithmen nicht gewachsen sind. Das gilt vor allem für die Ganzzahligkeitsbedingungen, die regelmäßig für die Investitionsvariablen und eventuell auch für bestimmte Hilfsvariablen zu fordern sind. Zwar bereitet die Ganzzahligkeit für die dynamische Programmierung [1], die sich auch von ihrem Aufbau her für die Anwendung auf Investitionsprobleme (die ja dynamischen Charakter tragen) gut eignet, keine Schwierigkeiten, doch müßte für die dynamische Programmierung das zu lösende Problem allzu stark vereinfacht werden, wenn die Anzahl der durchzurechnenden Kombinationen von Handlungsfolgen nicht zu einem Rechenaufwand führen soll, der nicht mehr zu bewältigen ist. Innerhalb der linearen Programmierung [2], die sich ansonsten mit Erfolg auf viele Planungsprobleme anwenden läßt [3], führen die Ganzzahligkeitsbedingungen jedoch zu Schwierigkeiten, die von den verfügbaren Algorithmen nicht in befriedigender Weise gelöst werden können [4]. Für das Gebiet der simultanen Investitions- und Produktionsplanung stellt die Ganzzahligkeit leider kein "Scheinproblem" dar, das bei hinreichend großen Zahlenwerten durch geeignetes Auf- und Abrunden der nicht ganzzahligen Werte für praktische Belange zufriedenstellend gelöst werden könnte [5][6]. Denn bei be-

---

1) Vgl. BELLMAN, Richard, Dynamische Programmierung und selbstanpassende Prozesse, München und Wien 1967.

2) Vgl. DANTZIG, George B., Linear Programming and Extensions, 2. Aufl., Princeton 1965.

3) Vgl. z. B. KILGER, Wolfgang, Optimale ..., a. a. O.

4) Vgl. ebenda, S. 131 ff.

5) "Die Unteilbarkeit der Produktionsfaktoren besitzt im Bereich der Potentialfaktoren eine besondere Bedeutung." HEINEN, Edmund, Betriebswirtschaftliche ..., a. a. O., S. 519 f.

6) Diese Möglichkeit besteht beispielsweise im Rahmen der Produktionsplanung. Hier wären zwar strenggenommen für alle unteilbaren Produkte Ganzzahligkeitsbedingungen anzusetzen, doch können sie praktisch meistens - besonders bei großen Stückzahlen - vernachlässigt werden. Vgl. KILGER, Wolfgang, Optimale ..., a. a. O., S. 132.

liebiger Teilbarkeit der Potentialfaktoren kann das Modell zu trivialen Ergebnissen führen, weil auf alle produktionspolititschen Anpassungsmaßnahmen (kurzfristig kapazitätserhöhende Anpassungsprozesse), die sich aus der Unteilbarkeit ergeben, von vornherein verzichtet würde. "Bei beliebiger Teilbarkeit der Produktionsfaktoren und Investitionsobjekte gibt es keine Disproportionalität im Betrieb. Auf jede Veränderung in den Produktions- und Absatzbedingungen reagiert das Unternehmen quantitativ. Es herrscht stets Vollbeschäftigung der Aggregate bei Beanspruchung der Betriebsmittel in ihrem Leistungsoptimum. Wird dagegen berücksichtigt, daß die Aggregate nur ganz oder überhaupt nicht angeschafft werden können, dann muß der Bereich möglicher Leistungsvariationen eines Investitionsobjektes als relevanter Faktor für Investitionsentscheidungen beachtet werden." [1]

Ein weiterer Grund für die Trennung von kurzfristiger Produktionsplanung und Investitionsplanung ergibt sich aus der Tatsache, daß laufend mit Datenänderungen zu rechnen ist, die eine möglichst schnelle Anpassung erforderlich machen. "Die Notwendigkeit partieller Entscheidungen über das Fertigungsprogramm und die Prozeßdeterminanten besteht nicht, wenn die bei der Ausstattungsentscheidung zugrunde gelegten Erwartungen mit dem tatsächlichen Ablauf des wirtschaftlichen Geschehens übereinstimmen. Aus der Dynamik des Wirtschaftsprozesses und dem Einfluß der Ungewißheit ergeben sich jedoch in der Regel mehr oder weniger starke Abweichungen des tatsächlichen betrieblichen Geschehens von dem bei den Ausstattungsentscheidungen geplanten Ablauf. Sobald Abweichungen auftreten, werden im Bereich der kurzfristig variierbaren Hauptkosteneinflußgrößen 'Fertigungsprogramm' und 'Fertigungsprozeß' Anpassungsentscheidungen erforderlich."[2]

---

1) ALBACH, Horst, Investitionsentscheidungen ..., a. a. O., S. 27 f.
2) HEINEN, Edmund, Betriebswirtschaftliche ..., a. a. O., S. 504. Ebenso ENGELS, Wolfram, Betriebswirtschaftliche ..., a. a. O., S. 164:"Bestünden also sichere Erwartungen, so wäre es überflüssig, eine Kostenrechnung zu haben, da sämtliche vorkommenden Allokationsprobleme (also auch die Allokation von Nichtgeld) bei der Investition zu lösen wären."

Auch wenn im Investitionszeitpunkt über sämtliche Aktionsparameter des unternehmerischen Entscheidungsfeldes endgültig entschieden werden müßte, wäre die Produktionsplanung entbehrlich. "Die Unternehmung wäre dann einer Uhr zu vergleichen, die, einmal aufgezogen, abläuft, ohne daß es einer weiteren Intervention bedarf. Normalerweise verbleiben dem Unternehmer jedoch gewisse Möglichkeiten, seine ursprünglichen Pläne nachträglich abzuändern. Die Kostenrechnung ist in diesem Falle das Instrument, mit dessen Hilfe die Pläne, die der vorangegangenen Investitionsentscheidung zugrunde lagen, korrigiert werden." [1]

Somit zeigt sich, daß eine simultane Planung des Produktions- und Investitionsbereichs, d.h. eine in zeitlicher Hinsicht nicht zerlegte Planung, die Produktionsplanung (zeitliche Partialplanung) nicht ersetzen kann. Damit bleibt auch das Problem der Bewertung von Potentialfaktornutzungen bestehen, das bei der Simultanplanung, die die Aktionsparameter des Investitionsbereichs umfaßt, gar nicht auftreten würde [2][3].

---

1) ENGELS, Wolfram, Betriebswirtschaftliche ..., a.a.O., S. 164.
2) Zum Verhältnis von Investitionsrechnung und Kostenrechnung vgl. auch KILGER, Wolfgang, Flexible ..., a.a.O., S. 86. Gegen eine Trennung von Investitions- und Kostenrechnung wendet sich RIEBEL (Vgl. RIEBEL, Paul, Einzelkosten- und Deckungsbeitragsrechnung, a.a.O., S. 68 ff.), ohne jedoch den Versuch zu unternehmen, die Gründe, die für eine solche Trennung sprechen, im einzelnen zu widerlegen.
3) Wir halten deshalb die Ansicht D. SCHNEIDERs für verfehlt, nach der ein Abschreibungsproblem dann auftritt, "wenn ein Wirtschaftsgut im Betrieb zur Erstellung mehrerer Erzeugnisse dient". Vgl. SCHNEIDER, Dieter, Die wirtschaftliche ..., a.a.O., S. 18. Diese Ansicht gilt nur unter der Voraussetzung, daß nicht alle möglichen Erzeugnismengen explizite Variable des kurzfristigen Planungsproblems sind. Im anderen Fall entsteht gar kein Bewertungsproblem, weil das Wirtschaftsgut außerhalb des abgebildeten Entscheidungsfeldes gar keinen Wert mehr besitzt (unter der Voraussetzung, daß kein Liquidationserlös anfällt).

1.2.2 Das Entscheidungsfeld bei gegebenem Betriebsmittelbestand und sein Einfluß auf die relevanten Kosten der Betriebsmittelnutzung

1.2.2.1 Das Entscheidungsfeld bei gegebenem Betriebsmittelbestand und seine modellmäßige Abbildung

Durch die Annahme gegebener Kapazitäten (Bestände an Potentialfaktoren) wird das der Investitionsplanung zugrunde liegende Entscheidungsfeld für die kurzfristigen Entscheidungsprobleme (Produktionsplanung) begrenzt. Hierdurch wird die Vielzahl der Interdependenzen reduziert und damit eine Vereinfachung erreicht. Dies darf jedoch nicht darüber hinwegtäuschen, daß noch viele wichtige Beziehungen zwischen kurz- und langfristigen Entscheidungsproblemen bestehen bleiben. In der Abbildung 3 sind die Zusammenhänge zwischen der Investitions- und der Produktionsplanung schematisch dargestellt. Aus den Entscheidungen, die im Rahmen der Investitionsplanung in früheren Zeitpunkten bereits getroffen wurden, ergeben sich für die Produktionsplanung innerhalb einer kurzfristigen Teilperiode Daten (Pfeil I) in Form gegebener Betriebsmittelbestände. Der unterbrochene Pfeil II soll andeuten, daß die Investitionsplanung bei der Festlegung dieser Parameter von bestimmten Annahmen über den Produktions- (und Absatz-)plan für diese Teilperiode ausgegangen ist. Pfeil III symbolisiert den Einfluß, den die Handlungsmöglichkeiten der Produktionsplanung auf das restliche Entscheidungsfeld der Investitionsplanung ausüben. Die Aktionsparameter dieses restlichen Feldes (z. B. Ersatzstrategie) sind zwar schon als Erwartungsgrößen in der Investitionsplanung als langfristiger Rahmenplanung enthalten, wegen ihrer Interdependenzen zu den bereits festgelegten Aktionsparametern der Investitionsplanung mußte über sie bei deren Planung in gewisser Weise vordisponiert werden. Sie sind jedoch noch nicht engültig festgelegt und stellen insofern Kosteneinflußgrößen für die Entscheidungen im Rahmen der Produktionsplanung dar (Pfeil IV), als ihre endgültige Ausprägung auch von diesen Entscheidungen beeinflußt wird.

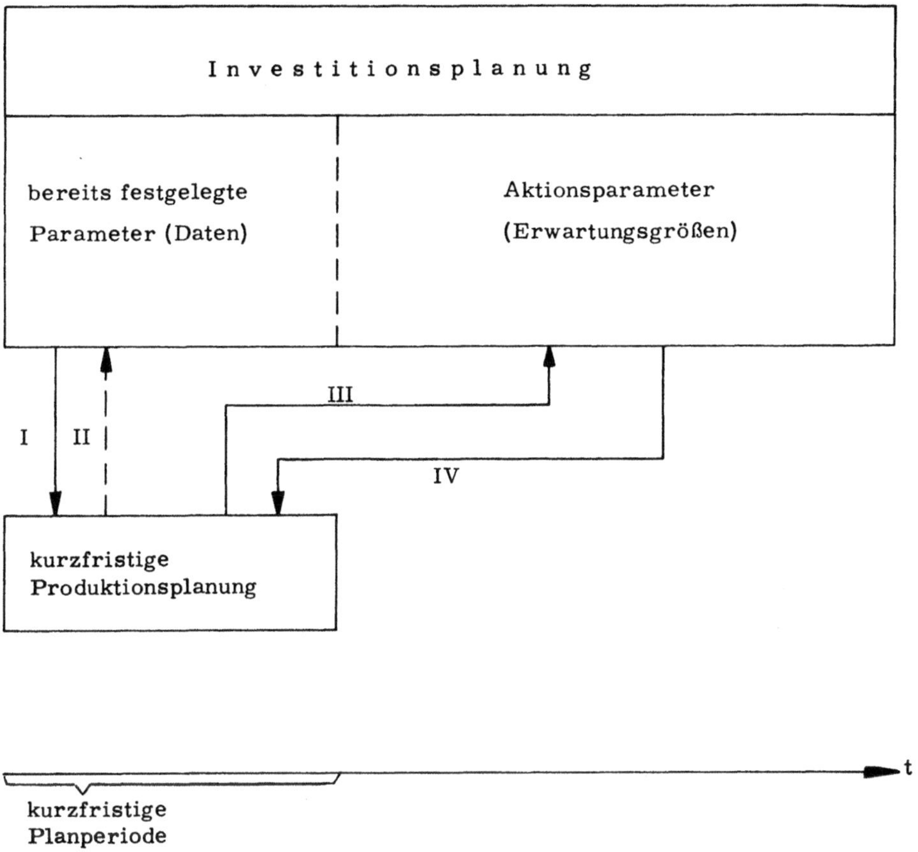

Abb. 3: Die Beziehungen zwischen Investitionsplanung und kurzfristiger Produktionsplanung

Solange zeitlicher Verbund zwischen den Betriebsmittelnutzungen in den einzelnen Perioden besteht und der Gebrauchsverschleiß die Nutzungsdauer und/oder die Instandhaltungspolitik beeinflußt, lassen sich die Entscheidungen über den Ersatz der vorhandenen Betriebsmittel sowie die hiermit in Verbindung stehenden Handlungsmöglichkeiten nicht einfach aus dem Entscheidungsfeld eliminieren, sie werden von den kurzfristigen Aktionsparametern direkt beeinflußt. Das Entscheidungsfeld bei gegebenem Betriebsmittelbestand unterscheidet sich also vom Entscheidungsfeld bei variablem Betriebsmittelbestand nur durch die Starrheit im Investitionsbereich bis zum frühesten in Betracht kommenden Ersatzzeitpunkt der vorhandenen Anlagen. Die Annahme gegebener Kapazitäten, unter der die wesentlichsten Teile der Produktions- und Kostentheorie sowie der Kostenrechnung ihre Aussagen ableiten, kann also nicht bedeuten, daß die kurzfristigen Aktionsparameter sich nicht auf den Anlagenbereich auswirken. Der Einfluß solcher Interdependenzen muß in der Zielfunktion des kurzfristigen Modells - also in den Kosten - berücksichtigt werden, damit die kurzfristige Planung auf das Unternehmensziel ausgerichtet ist. Somit wird allein durch die Prämisse gegebener Kapazitäten im Hinblick auf eine Vereinfachung des Modellansatzes wenig erreicht. Planungsprobleme bei gegebenen Kapazitäten brauchen zwar in den ersten Perioden nicht zwischen mehreren Investitionsaktivitäten zu wählen, materiell unterscheiden sie sich in ihrer Struktur und zeitlichen Ausdehnung ursprünglich noch nicht von Planungsproblemen bei variablen Kapazitäten. Investitionspläne mit gegebenen Anfangs-Kapazitäten lassen sich immer als Investitionspläne mit variablen Kapazitäten auffassen, bei denen die vorhandenen Betriebsmittel den Anschaffungswert von Null haben (und bei denen innerhalb der ersten Teilperiode keine anderen Investitionsvorhaben zur Auswahl stehen). Dies soll nicht bedeuten, daß sich die kurzfristige Planung in ihrem formalen Aufbau nicht von den Modellen der Investitionsplanung unterscheiden soll, vielmehr werden die kurzfristigen Planungsansätze auch spätere Aktivitäten im Investitionsbereich nicht mehr als explizite Variable auffassen [1]. Hierbei entsteht jedoch das Problem

---

1) So versteht es sich, daß beispielsweise das Problem der optimalen Nutzungsdauer eines Potentialfaktors nicht im Rahmen der Produktionsplanung (Kostenrechnung) gelöst werden soll, obwohl deren Variable Einfluß hierauf ausüben. Dies würde wieder auf die im letzten Abschnitt diskutierte Simultanplanung hinauslaufen.

der Bewertung von zeitlich elastischen Potentialfaktornutzungen, das sich nur auf der Grundlage des investitionsplanerischen Entscheidungsfeldes lösen läßt.

Wenn wir somit davon sprechen, daß die langfristige Planung (Investitionsplanung) für die kurzfristige Planung (Produktionsplanung) den Charakter einer Rahmenplanung trägt, so bedeutet dies nicht eine einseitige Abhängigkeit in der Weise, daß die langfristige Planung nur Daten für die kurzfristige Planung liefert, sondern hieraus folgt auch - und daraus resultieren die Abstimmungsprobleme zwischen beiden Ebenen - daß sie den Rahmen abgibt für die Bewertung der langfristigen Auswirkungen der kurzfristigen Aktionsparameter. So lassen sich aus dem Rahmenplan beispielsweise Anhaltspunkte dafür gewinnen, ob der kurzfristige Repetierfaktorverbrauch aus einem vorhandenen Bestand mit den Wiederbeschaffungspreisen zu bewerten ist (dann zeigt die Rahmenplanung, daß diese Faktorart wahrscheinlich auch später noch benötigt wird) oder ob hierdurch keine zusätzlichen Kosten entstehen (dann besteht später kein Bedarf mehr für diesen Faktor). In diesem Zusammenhang liegt die Bedeutung der going-concern-Hypothese für die kurzfristige Planung. Sie besagt:"... that the firm is a continuing, long-run entity with an established set of assets and an established production process." [1] Aus ihr lassen sich Bewertungsregeln für die Kostenrechnung ableiten [2]. Allerdings wäre es verfehlt, sie in den Rang eines Axioms zu erheben (oder, was dasselbe bedeuten würde, grundsätzlich nur mit den Werten zu rechnen, die der going-concern-Annahme

---

1) EDWARDS, Edgar O., BELL, Philip W., The Theory and Measurement of Business Income, Berkeley and Los Angeles 1967, S. 275.

2) So vertritt beispielsweise auch LEA die Auffassung, daß die going-concern-Annahme in Planungsmodellen zur kurzfristigen Produktionsplanung die Verwendung von Wiederbeschaffungspreisen erfordert, um vorhandene Vorräte zu bewerten. Der Gewinn wird dann unter der Annahme ermittelt, "that these or similar inputs will continue to be used in the system modeled. This profit therefore reflects a long-run or going-concern view of the firm." LEA, Richard B., A Note on the Definition of Cost Coefficients in a Linear Programming Model, The Accounting Review 1972, S. 347.

entsprechen), das immer gilt und weder bewiesen werden muß, noch bewiesen werden kann. Vielmehr kommt es darauf an, diese Hypothese immer wieder an der langfristigen Rahmenplanung zu überprüfen [1].

Um für die Produktionsplanung die richtigen Informationen bereitstellen zu können, muß die Kostenrechnung auf die jeweils zur Anwendung gelangenden Planungsverfahren ausgerichtet sein. Insbesondere soll sie die Zielkoeffizienten der Modellvariablen ermitteln. Die Art der bereitzustellenden Informationen hängt in erster Linie vom Grad der Differenzierung ab, mit dem das jeweilige Entscheidungsmodell arbeitet. Innerhalb der Produktionsplanung sind die einzelnen Produktarten Variable.

Ein Entscheidungsmodell der Produktionsplanung, das die Mengen der einzelnen Produkte festlegen soll, ist der Standardansatz der linearen Programmierung zur Bestimmung gewinnmaximaler (bzw. - bei gegebenen Absatzmengen - kostenminimaler) Produktionspläne [2][3]. Die hierfür benötigten Kosteninformationen werden in Form der Plangrenzselbstkosten für die Produkte von der Kostenrechnung bereitgestellt, und zwar durch die Plankalkulation der Grenzplankostenrechnung [4]. Wie KILGER im einzelnen nachgewiesen hat, geht der Standardansatz von sehr einschränkenden Prämissen im Produktionsbereich aus, insbesondere sieht er alle Verfahrenswahlprobleme und das Seriengrößenproblem als vorab gelöst an [5]. Entsprechend setzt die Plankal-

---

1) Vgl. zu der going-concern-Annahme im einzelnen FREMGEN, James M., The Going Concern Assumption: A Critical Appraisal, The Accounting Review 1968, S. 649 ff.; LEMKE, Kenneth W., Asset Valuation and Income Theory, The Accounting Review 1966, S. 32 ff.; STERLING, Robert R., The Going Concern ..., a. a. O., S. 481 ff.; YU, S. C., A Reexamination of the Going Concern Postulate, The International Journal of Accounting 1971, S. 37 ff.

2) Vgl. hierzu im einzelnen KILGER, Wolfgang, Optimale ..., a. a. O., S. 96 ff.

3) Der Standardansatz beinhaltet als Spezialfälle auch die vereinfachten Entscheidungskriterien bei Fehlen von Engpässen oder Auftreten nur eines Engpasses. Vgl. hierzu ebenda, S. 79 ff.

4) Vgl. KILGER, Wolfgang, Flexible ..., a. a. O., S. 569 ff.; ders., Optimale ..., a. a. O., S. 150 ff.

5) Vgl. KILGER, Wolfgang, Optimale ..., a. a. O., S. 159 ff.

kulation eine ganz bestimmte und gleichbleibende Ausprägung dieser produktionspolitischen Aktionsparameter voraus. Zu realistischen Ansätzen gelangt man erst, wenn man weitere Variable (z. B. für die Inanspruchnahme eines bestimmten Verfahrens durch eine bestimmte Produktart) in das Modell aufnimmt, was zur Folge hat, daß diese Variablen auch für sich bewertet werden müssen [1]. Es muß deshalb nicht unbedingt notwendigerweise sinnvoll sein, die Kostenrechnung grundsätzlich durch eine Kostenträgerrechnung abschließen zu wollen und dabei einseitig nur die Produkte als Kostenträger aufzufassen. Eine entscheidungsorientierte Kostenrechnung muß vielmehr eine aktivitätsbezogene Kostenrechnung sein, eine Rechnung also, in der die Aktivitäten des Produktionsbereichs als Kostenträger erscheinen. Zwar führt theoretisch auch die Plankalkulation in Form der Alternativkalkulation zum selben Ziel, denn hier werden ja nur jeweils mehrere Teilaktivitäten zu einer Variablen zusammengefaßt, was zur Folge hat, daß sich der Zielkoeffizient dieser Variablen aus der Summe der Zielkoeffizienten der den Teilaktivitäten entsprechenden Variablen bilden läßt. Allerdings ist dieses Verfahren bei den meisten praktischen Problemen viel zu umständlich. Materiell laufen also beide Vorgehensweisen bei richtiger Handhabung auf das gleiche hinaus, doch birgt die Plankalkulation die Gefahr in sich, daß man die durch sie ermittelten Plangrenzselbstkosten schlechthin als <u>die</u> durch das Produkt verursachten Kosten ansieht, ohne die jeweiligen Voraussetzungen hierfür zu nennen [2].

Auch noch aus einem anderen Grund kann es vorteilhaft sein, als Variable eines Produktionsplanungsmodells nicht einfach die Produktmengen anzusehen,

---

1) Eine andere Möglichkeit bietet der Ansatz bei Alternativkalkulation. Hierbei werden die in jeder denkbaren Verfahrenskombination hergestellten Produktmengen als Variable aufgefaßt und alternativ kalkuliert. Vgl. hierzu JACOB, Herbert, Produktionsplanung und Kostentheorie, in: Zur Theorie der Unternehmung, Festschrift zum 65. Geburtstag von Erich Gutenberg, hrsg. v. Helmut KOCH, Köln und Opladen 1962, S. 249 und 255; KILGER, Wolfgang, Optimale ..., a. a. O., S. 179 ff. Die Formulierung als Lösungsansatz bei Alternativkalkulation erfordert meist eine sehr aufwendige Datenaufbereitung. Vgl. KILGER, Wolfgang, ebenda, S. 181.

2) Diesem Irrtum unterliegt offenbar LASSMANN. Vgl. LASSMANN, Gert, Die Kosten- und Erlösrechnung ..., a. a. O., insbesondere S. 39 f und 55 f.

sondern diese Aktivitäten weiter zu untergliedern und dadurch weiter den tatsächlichen Handlungsmöglichkeiten anzunähern. Hierdurch wird das Entscheidungsmodell übersichtlicher, und die Beziehungen der einzelnen Aktionsparameter untereinander werden deutlich. Das erleichtert die Anwendung von Sensitivitätsanlaysen und parametrischer Programmierung [1)] und ermöglicht die Dekomposition des Entscheidungsmodells [2)].

Um die Abschreibungen als Kosten für die Aktivität "Inanspruchnahme eines Betriebsmittels" im kurzfristigen Partialmodell zu quantifizieren, sind zunächst ihre Bestimmungsfaktoren zu ermitteln und zu analysieren.

1) Vgl. DINKELBACH, Werner, Sensitivitätsanlaysen und parametrische Programmierung, Berlin, Heidelberg,New York 1969.
2) Vgl. hierzu z. B. DANTZIG, George B., Linear Programming ..., a. a. O., S. 448 ff.

1.2.2.2 Die Bestimmungsfaktoren der Abschreibungen als entscheidungsrelevante Kosten für die Nutzung der Betriebsmittel

Wegen der zeitlichen Interdependenzen sind die Bestimmungsfaktoren der Abschreibungen allgemein in den zukünftigen Zahlungsströmen zu suchen, bzw. in ihrer Veränderung durch die Inanspruchnahme der Betriebsmittel. Nun lassen sich die zukünftigen Zahlungsströme aber nicht ohne weiteres als eine Funktion der Betriebsmittelnutzung in der kurzfristigen Planungsperiode darstellen. Man könnte z.B. versucht sein, eine solche funktionale Abhängigkeit herzustellen, in der der Einfluß der Inanspruchnahme des Betriebsmittels auf seinen späteren Liquidationserlös eingefangen wird. In der Tat wird der Erlös aus einem möglichen späteren Verkauf des Betriebsmittels von den insgesamt verfahrenen Laufstunden abhängen, doch ist zunächst noch völlig offen, ob und gegebenenfalls wann (und damit: zu welchem Preis) die Maschine später verkauft werden wird, weshalb eine solche Funktion rein fiktiven Charakter trüge. Die zukünftigen Zahlungsströme hängen nämlich von einer Vielzahl von Aktionsparametern ab, über die noch nicht entschieden ist, deren optimale Ausprägung aber ihrerseits von der Entscheidung über das kurzfristige Planungsproblem beeinflußt wird. Die Abschreibungen richten sich somit danach, wie man sich im restlichen Entscheidungsfeld an die jetzige Inanspruchnahme des Betriebsmittels anpaßt. Damit lassen sich - wie in der Abbildung 4 veranschaulicht - grundsätzlich zwei Wirkungsebenen unterscheiden, durch deren Ineinandergreifen die Art dieser Anpassung, und damit die Abschreibungen, bestimmt werden.

Auf der einen Seite kann sich die Nutzung in der kurzfristigen Planungsperiode auf das Betriebsmittel bzw. seine Leistungsfähigkeit selbst auswirken, also in Form einer Änderung von Daten der langfristigen Rahmenplanung bemerkbar machen. Hierbei kann es sich um eine Verminderung der qualitativen oder der quantitativen Leistungsfähigkeit handeln. Im ersten Fall lassen sich grundsätzlich drei Möglichkeiten unterscheiden, die auch miteinander kombiniert auftreten können: Erstens kann die jetzige Nutzung zu einem Ansteigen der ausgabewirksamen Grenzkosten in späteren Teilperioden führen, z. B. durch erhöhten Werkstoff- oder Energieverbrauch sowie durch notwendig werdende Nachbesserungen der Produkte. Zweitens kann die verminderte qualitative Leistungsfähigkeit sich in einer geringeren Qualität der Produkte späterer Teilperioden oder auch in einem erhöhten Ausschuß niederschlagen, was zu einer Verringerung der späteren Erlöse führt. Schließlich werden in der Regel auch die potentiellen Liquidationserlöse beim Verkauf der Anlage durch die jetzige Inanspruchnahme sinken. Bei der Verminderung der quantitativen Leistungsfähigkeit sind zwei Fälle voneinander zu unterscheiden: Auf der einen Seite kann sie in einer Erhöhung der Stückzeiten zum Ausdruck kommen, wodurch natürlich die Ausbringungskapazitäten der späteren Teilperioden sinken [1]. Andererseits (oder auch gleichzeitig) kann die verminderte quantitative Leistungsfähigkeit zu einer Verkürzung der technischen Nutzungsdauer der Anlage führen.

Ob und in welcher Weise alle diese Faktoren die Abschreibung und damit die Wirtschaftlichkeit der Nutzungen in der kurzfristigen Planungsperiode beeinflussen, hängt ganz wesentlich von den Daten der langfristigen Rahmenpläne ab, die sich durch die kurzfristige Nutzung nicht ändern. In diesen Teilplänen werden die durch die kurzfristige Betriebsmittelnutzung induzierten Datenänderungen mit den restlichen relevanten Daten verzahnt, und das Zusammenspiel dieser beiden Wirkungsebenen determiniert das optimale Handlungsprogramm. Je nach dem Ausmaß der kurzfristigen Anlagennutzung und

---

1) Eine Verringerung der insgesamt verfügbaren Fertiungskapazitäten pro Periode in Form einer Verminderung des Laufzeitfaktors (etwa infolge von zusätzlichen kapazitätsvermindernden Reparaturarbeiten) fehlt in der obigen Aufzählung, weil hiermit bereits Anpassungsmaßnahmen der langfristigen Rahmenpläne (Reparatur- und Instandhaltungsplanung) verbunden sind und es sich somit nicht um eine Auswirkung der Nutzung handelt, die unmittelbar nur das Betriebsmittel- bzw. die dieses Betriebsmittel charakterisierenden Plandaten der langfristigen Rahmenpläne - betrifft.

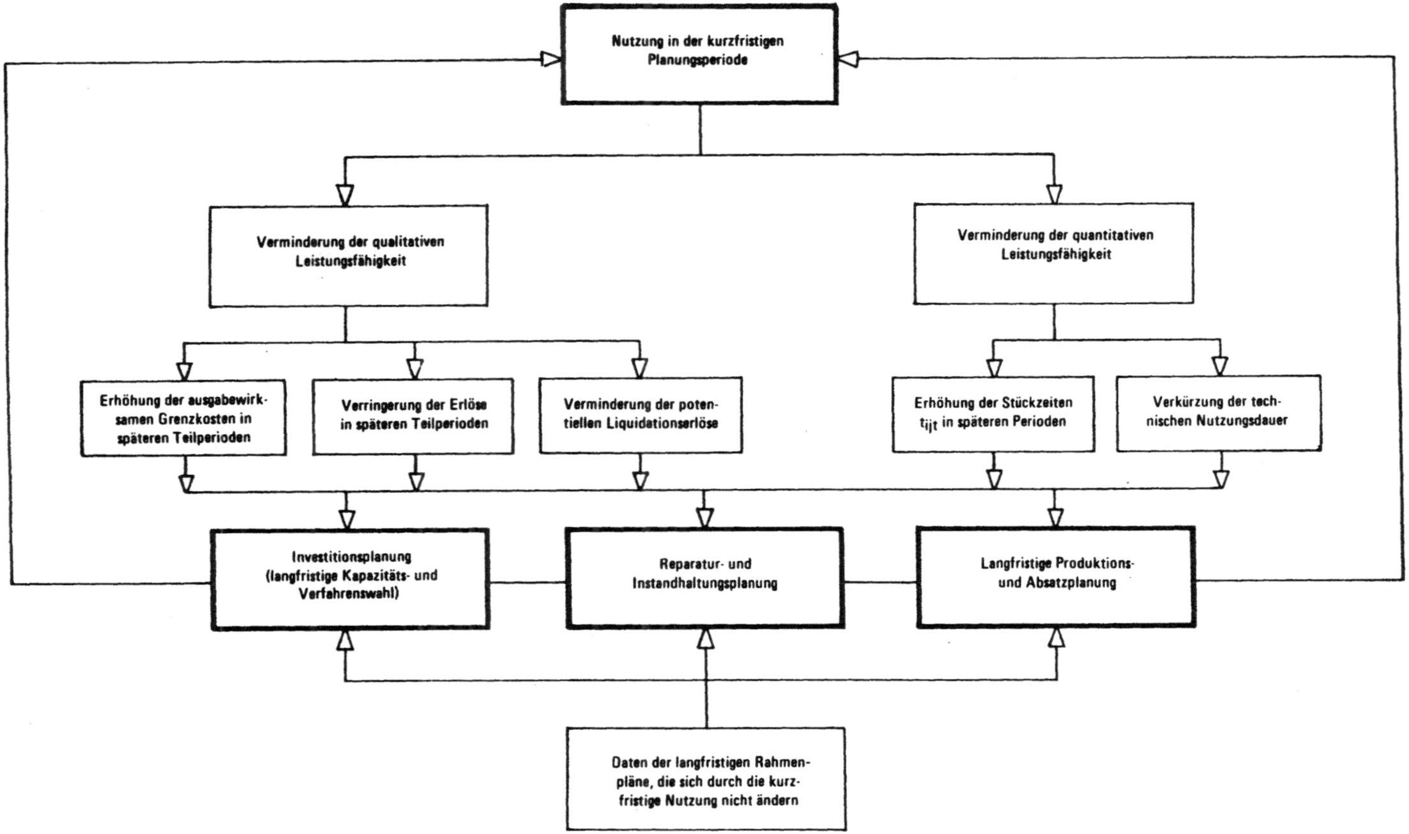

Abb. 4: Die Beziehungen zwischen der kurzfristigen Anlagennutzung und den langfristigen Rahmenplänen

der dadurch hervorgerufenen Datenänderungen, sowie in Abhängigkeit von den übrigen Daten, verändert sich damit das langfristige Handlungsprogramm, wodurch umgekehrt wieder die Zweckmäßigkeit der kurzfristigen Nutzung beeinflußt wird.

Innerhalb der langfristigen Rahmenpläne wollen wir drei große Gruppen von Teilplänen unterscheiden [1].

Der erste Bereich ergibt sich aus der langfristigen Kapazitäts- und Verfahrensplanung (Investitionsplanung). Hier werden die Investitionsaktivitäten nach Art, Umfang, Zeitpunkt und zeitlicher Erstreckung festgelegt. Daten der Investitionsplanung, die sich durch die kurzfristige Nutzung nicht ändern, sind beispielsweise alle Informationen über mögliche Ersatzanlagen, also auch Informationen über den technischen Fortschritt. Daß die Kostenwirksamkeit der kurzfristigen Nutzungen auch von der Ausprägung dieser Faktoren abhängt, zeigt folgendes Beispiel: Die jetzige Inanspruchnahme einer Anlage möge sich von dem Zeitpunkt t^+ ab in einer Verminderung der qualitativen und quantitativen Leistungsfähigkeit dieser Anlage niederschlagen. Ist es bereits vor diesem Zeitpunkt möglich und sinnvoll, die alte Anlage zu ersetzen, so kann sie kostenlos in Anspruch genommen werden. Ist die Ersatzanlage aber erst nach t^+ verfügbar, so muß zwischen t^+ und dem Ersatzzeitpunkt eine verminderte Leistungsfähigkeit der Anlage in Kauf genommen werden. Die Kosten hierfür sind den Nutzungen in der kurzfristigen Planungsperiode anzulasten. Die Interdependenzen im Bereich der langfristigen Kapazitäts- und Verfahrensplanung sind sehr komplexer Natur, weil stets

1) Wir beschränken uns hierbei auf den leistungswirtschaftlichen Bereich, sehen also von den wechselseitigen Interdependenzen zur Finanzplanung ab. Die Verbindung zu diesem Teilplan kann pauschal in der Berücksichtigung eines Kalkulationszinssatzes, mit dem die späteren Einzahlungsüberschüsse abgezinst werden, zum Ausdruck kommen. Auf die Probleme, die mit der Bestimmung des Kalkulationszinses verbunden sind, soll hier nicht weiter eingegangen werden, er wird hier als gegeben angenommen. Vgl. hierzu auch ROSS, Myron H., Depreciation and User Cost, The Accounting Review 1960, S. 424 ff. Unberücksichtigt bleiben hier auch die Beziehungen zur langfristigen Personalplanung sowie zur Forschungs- und Entwicklungsplanung.

der zeitliche und sachliche Verbund zwischen den einzelnen Betriebsmitteln und ihren möglichen Nachfolgern berücksichtigt werden muß [1].

In enger Beziehung zur Investitionsplanung steht der zweite Bereich der langfristigen Rahmenplanung, nämlich die Reparatur- und Instandhaltungsplanung. Die wesentlichen Daten dieses Teilplanes sind die Kosten und der Zeitbedarf für die alternativen zur Verfügung stehenden Reparatur- und Instandhaltungsmaßnahmen sowie ihre Wirksamkeit. Wird erwartet, daß die mit der Mehrnutzung einhergehende Verminderung der Leistungsfähigkeit zusätzliche Instandhaltungsmaßnahmen erforderlich machen wird oder daß bestimmte Anlagenteile vorzeitig repariert werden müssen, so sind die Kosten hierfür als Abschreibungen für die kurzfristige Inanspruchnahme anzusetzen.

Den dritten Teilbereich der langfristigen Rahmenplanung stellt die langfristige Produktions- und Absatzplanung dar, die eng mit den beiden übrigen Teilplänen verknüpft ist. Auch ihre Daten beeinflussen die Wirtschaftlichkeit der kurzfristigen Anlagennutzung. Ob nämlich beispielsweise die Verminderung der quantitativen Leistungsfähigkeit in Form von erhöhten Stückzeiten in späteren Perioden zu wegfallenden Deckungsbeiträgen führt, ob dann also die betreffende Anlage hierdurch zum Engpaß wird (bzw. die Engpaßwirkung sich noch verstärkt), richtet sich nach den Absatzhöchstmengen und den Verkaufspreisen der zu bearbeitenden Produkte in den späteren Teilperioden.

Die Bestimmungsfaktoren der Abschreibungen sind also in den Einflüssen zu erblicken, die aus den einzelnen interdependenten Teilplänen des restlichen Entscheidungsfeldes wirksam werden. Die Abschreibungsliteratur beschränkt sich bei der Darstellung der Abschreibungsursachen meist auf die Aufzählung aller Gründe, die das Ende der Nutzungsdauer der Maschine herbeiführen, wobei in der Regel technische (physische), wirtschaftliche und

---

1) Vgl. hierzu insbesondere SCHNEIDER, Dieter, Die wirtschaftliche..., a. a. O.

rechtliche Ursachen unterschieden werden [1]. Um den Einfluß der Inanspruchnahme auf die Nutzungsdauer zu isolieren, wird weiter nach Gebrauchs- und Zeitverschleiß unterschieden. Meist werden die einzelnen Faktoren jedoch nur getrennt voneinander und nicht - wie oben - in ihrem Zusammenwirken analysiert. Unser Haupteinwand gegen die herkömmliche Abhandlung der Abschreibungsursachen richtet sich gegen die Tatsache, daß diese Faktoren nicht konsequent aus den interdependenten langfristigen Rahmenplänen abgeleitet werden. Insbesondere wird nur die Beeinflussung der Lebensdauer als Grund für den Ansatz von Abschreibungen angesehen und damit die Abschreibungswirksamkeit von Veränderungen der Reparatur- und Instandhaltungs- sowie der langfristigen Produktions- und Absatzplanung auch bei gleichbleibender Nutzungsdauer negiert.

Unsere obige Einteilung berücksichtigt demgegenüber die Beziehungen der kurzfristigen Inanspruchnahme mit dem gesamten langfristigen Entscheidungsfeld. Dadurch, daß die Teilpläne dieses Entscheidungsfeldes auch untereinander vielfältige Interdependenzen aufweisen, wird die Ermittlung der Abschreibungen zusätzlich erschwert, denn es reicht damit

---

1) Die Literatur beschäftigt sich sehr eingehend mit den Abschreibungsursachen (die vielfach auch als Bestimmungsfaktoren der wirtschaftlichen Nutzungsdauer einer Maschine aufgefaßt werden), weshalb wir hier auf eine ausführliche Darstellung verzichten können. Vgl. z.B. BANSE, Karl, Abschreibung, in: Handwörterbuch des Rechnungswesens, Stuttgart 1970, Sp. 28; GUTENBERG, Erich, Abschreibungen, Handwörterbuch der Sozialwissenschaften, Bd. 1, Stuttgart-Tübingen-Göttingen 1956, S. 20 f.; HONKO, Jaako, Koneen Edullisin Pitoaika Ja Investointilaskelmat, The Economic Life of a Machine and Calculations Concerning The Economics of Captial Investments, Summary, Helsinki 1955, S. 255 ff.; LINTZHÖFT, Helge, Die Kosten ..., a.a.O., S. 42 f.; LOWE, Howard D., The Essentials of a General Theory of Depreciation, The Accounting Review 1963, S. 295; ROSS, Myron H., Depreciation ..., a.a.O., 1960, S. 422 ff.; SCHNEIDER, Dieter, Die wirtschaftliche ..., a.a.O., S. 33 ff.; SCOTT, A.D., Notes ..., a.a.O., S. 374 ff.; sowie die in diesen Werken angegebene Literatur.

strenggenommen nicht aus, die Einflußgrößen getrennt zu analysieren, sie müssen vielmehr simultan betrachtet werden. Hinzu kommt noch der Einfluß der Unsicherheit, die diesen Bestimmungsfaktoren der Abschreibungen anhaftet. Man könnte nämlich einwenden, es sei wenig sinnvoll, bestimmte Werte zu ermitteln unter der Annahme, daß man ganz bestimmte spätere Handlungsmöglichkeiten realisieren wird, obwohl man diese Handlungsmöglichkeiten wegen der Unsicherheit doch jetzt noch nicht festlegt, also praktisch schon davon ausgeht, daß man sich vielleicht später ganz anders verhalten wird. Allerdings bleibt für die kurzfristige Planung gar nichts anderes übrig, als von dem im Planungszeitraum verfügbaren Informationsstand auszugehen, der die Informationen, mit denen letztlich die Entscheidungen über die späteren Handlungsmöglichkeiten getroffen werden, notwendigerweise noch nicht umfassen kann. Entscheidend ist nicht, was man später tatsächlich tut, sondern was man jetzt erwartet, das man später tun wird [1]. Von einer differenzierteren Behandlung des Unsicherheitsproblems wollen wir im folgenden absehen. Wir gehen somit von gegebenen einwertigen Erwartungen aus, was unseres Erachtens auch der praktischen Vorgehensweise am ehesten entspricht [2].

---

1) In diesem Sinne auch BRIEF, Richard P., Depreciation Theory and Capital Gains, Journal of Accounting Research 1968, S. 151: "Depreciation is a function of planned fluctuations, unplanned fluctuation affect capital."
2) Vgl. hierzu auch S. 30.

1.2.2.3 Das Totalmodell und seine Bedeutung für die Ermittlung der entscheidungsrelevanten Abschreibungen

Bildet man die Bestimmungsfaktoren der Abschreibungen in ihrem wechselseitigen Zusammenhang in einem Totalmodell ab [1] und formuliert dieses Modell als lineares Programm, so besteht die Möglichkeit, für alternative Lösungen (also auch für die optimale Lösung) aus diesem Modell die jeweils entsprechenden Werte abzulesen, die den Restriktionen zuzuordnen sind. Sie fallen als Nebenprodukt bei der Rechnung an und sind in den Spalten der Nebenbasisvariablen zu suchen. Sie entsprechen den Variablen eines zum vorliegenden ("primalen") Programm "dualen" Programms [2]. Hierunter befinden sich auch die Werte für die kurzfristigen Nutzungspotentiale der Betriebsmittel, die sich als (zeitliche) Opportunitätskosten interpretieren lassen [3] und die (für das Optimum des Totalmodells) zu der für das gesam-

---

1) Hierbei läuft es grundsätzlich auf das gleiche hinaus, ob man den kurzfristigen Produktionsplan in dieses Modell integriert oder ob man diesen Plan hiervon trennt und das "Totalmodell", das dann nur das restliche Entscheidungsfeld umfassen würde, für alternative Nutzungen der Betriebsmittel in der Produktionsplanung lösen würde. Diese alternativen Inanspruchnahmen müßten dann dem Modell als Nebenbedingung vorgegeben werden. Letztere Vorgehensweise hat den Vorteil, daß die diesen Nebenbedingungen entsprechenden Dualvariablen nur die Opportunitätskosten der Anlagennutzung in zeitlicher Hinsicht - also den Wert für das restliche Entscheidungsfeld - angeben, während im anderen Fall darin auch die sachlichen Opportunitätskosten enthalten sind, die sich dann ergeben, wenn die vorhandene Kapazität in der Teilperiode der kurzfristigen Produktionsplanung knapp ist.

2) Zu den mathematischen Grundlagen und zur ökonomischen Interpretation dieser Zusammenhänge sei auf die umfangreiche einschlägige Literatur verwiesen. Vgl. z.B. BUHR, Walter, Dualvariable als Kriterien unternehmerischer Planung, Meisenheim am Glan 1967; COLLATZ, Lothar, WETTERLING, Wolfgang, Optimierungsaufgaben, 2. Aufl., Berlin, Heidelberg, New York 1970; DANTZIG, George B., Linear Programming ..., a.a.O.; KILGER, Wolfgang, Optimale ..., a.a.O., S. 112 ff.; KRELLE, Wilhelm, KÜNZI, Hans Paul, Lineare Programmierung, Zürich 1958.

3) Vgl. oben S. 35 ff.

te Entscheidungsfeld optimalen Aufteilung der Potentialfaktornutzung führen, wenn man im Entscheidungsfeld der kurzfristigen Produktionsplanung die Inanspruchnahme der Betriebsmittel hiermit bewertet. Sie stellen die gesuchten Abschreibungen dar, die das Partialmodell gesamtoptimal lösen.

Den Weg, Abschreibungen aus einem Totalmodell zu ermitteln, schlagen FRANKE und LAUX ein [1]. Sie formulieren in allgemeiner Form ein simultanes Produktions-, Investitions- und Finanzierungsmodell und versuchen, mit Hilfe des Preistheorems der linearen Programmierung [2] hieraus allgemeine Aussagen über die Bemessung der Abschreibungen herzuleiten. FRANKE und LAUX unterscheiden hierbei zwei Entscheidungssituationen: Im Fall A sind das Produktionsprogramm und das gesamte Investitionsprogramm zu bestimmen (es sind also noch keine Betriebsmittel vorhanden), während im Fall B das Investitionsprogramm bereits festgelegt ist (für alle Teilperioden) und nur noch über das Produktionsprogramm zu entscheiden ist [3]. Diese Fälle scheinen jedoch nicht geeignet für eine Diskussion des Abschreibungsproblems, weil sie nicht mit den Entscheidungssituationen übereinstimmen, in denen Abschreibungen benötigt werden. Der Fall A ist deshalb nicht repräsentativ, weil er die Investitionsaktivitäten selbst noch als Variable ansieht, während die Produktionsplanung (für die ja die Abschreibungen benötigt werden) von gegebenen Kapazitäten ausgeht. Andererseits trifft der Fall B nicht zu, weil die Produktionsplanung Investitionsaktivitäten späterer Teilpläne beeinflußt und deshalb nicht von einem gegebenen Investitionsprogramm für alle Teilperioden ausgegangen werden kann. Eine weitere Voraussetzung, die die Brauchbarkeit des Ansatzes von FRANKE und LAUX einschränkt, ist der Verzicht auf Ganzzahligkeitsbedingungen [4].

1) Vgl. FRANKE, Günter, LAUX, Helmut, Die Bemessung ..., a.a.O.
2) Das Preistheorem folgt unmittelbar aus den Dualitätsbeziehungen linearer Programme und gibt notwendige und hinreichende Optimumbedingungen an. Vgl. im übrigen hierzu die in Fußnote 2), S. 96 angegebene Literatur.
3) Vgl. FRANKE, Günter, LAUX, Helmut, Die Bemessung ..., a.a.O., S. 400 ff.
4) Vgl. ebenda, S. 403 ff.

Dieser Verzicht ist norwendig, weil das Preistheorem bei ganzzahligen Variablen nicht anwendbar ist [1]. Zwar lassen sich (gemischt-) ganzzahlige lineare Programme beispielsweise mit Hilfe der Schnittebenenverfahren durch die Einführung zusätzlicher Restriktionen in nichtganzzahlige lineare Programme umformen, deren Ecklösungen ganzzahlig sind, so daß deren Lösungen (nach der Simplexmethode) immer zulässig im Sinne des (gemischt-) ganzzahligen Ausgangsproblems sind [2]. Doch stößt die Interpretation der damit gewonnenen Dualvariablen auf Schwierigkeiten [3]. Hieraus folgt, daß sich nicht immer aus (gemischt-) ganzzahligen Totalmodellen Aussagen über die entscheidungsrelevanten Abschreibungen ableiten lassen.

Die angeführten Voraussetzungen, denen das Totalmodell von FRANKE und LAUX neben anderen unterliegt [4], sind so gravierend, daß sie die Bedeutung der Aussagen über die Bemessung der entscheidungsrelevanten Abschreibungen, die die Autoren hieraus entwickeln, in Frage stellen. Das gilt insbesondere für den Satz: "Im Optimum ist folglich der Anschaffungsbetrag einer Anlage gleich der Summe der auf den Anschaffungszeitpunkt abgezinsten Abschreibungsbeträge" [5]. Diese Schlußfolgerung ist nicht nur auf die Voraussetzung zurückzuführen, "daß alle Anlagen stets in beliebiger Zahl beschafft werden können" [6], sondern besitzt darüberhinaus nur im Fall A Gültigkeit, der eine Entscheidungssituation unterstellt, in der Abschreibungen gar nicht benötigt werden. Deshalb wäre es verfehlt, diesen

---

1) Vgl. FRANKE, Günter, LAUX, Helmut, Die Bemessung ..., a.a.O., S.420.
2) Vgl. BUHR, Walter, Dualvariable ..., a.a.O., S.26; DANTZIG, George B., Linear Programming ..., a.a.O., S.514ff.
3) Vgl. GOMORY, R.E., BAUMOL, W.J., Integer Programming and Pricing, Econometrica 1960, S.521ff.
4) Zu den weiteren Prämissen, die hier nicht im einzelnen diskutiert werden sollen, sowie zu den Möglichkeiten ihrer Aufhebung, vgl. FRANKE, Günter, LAUX, Helmut, Die Bemessung ..., a.a.O., S.402 f. und 416 f.
5) Ebenda, S.412.
6) Ebenda.

Gedankengang von FRANKE und LAUX als Rechtfertigung dafür heranzuziehen, daß man die entscheidungsrelevanten Abschreibungen in irgendeiner Form aus den Anschaffungsauszahlungen für die Betriebsmittel ableitet. Dieser Satz besagt nichts weiter, als daß im Optimum der Preis, den man für ein in beliebigen Mengen beschaffbares Gut bezahlt, gleich dem Wert dieses Gutes für das Entscheidungsfeld ist. Das eigentliche Abschreibungsproblem können somit weder die Ergebnisse des Falles A, noch die des Falles B lösen, denn diese sind unter der ebenfalls unzutreffenden Voraussetzung abgeleitet, daß die Inanspruchnahme der Betriebsmittel keinen Einfluß auf das spätere Investitionsprogramm ausübt [1].

Ein weiterer Nachteil der Modellformulierung von FRANKE und LAUX resultiert daraus, daß sie das kurzfristige Produktionsplanungsproblem als Teil des Totalmodells zur Abschreibungsermittlung auffassen. Dadurch können sie keine "reinen" Abschreibungen im Sinne zeitlicher Opportunitätskosten ermitteln, sondern in ihren Abschreibungen sind unter Umständen auch sachliche Opportunitätskosten für das beste verdrängte Produkt in der kurzfristigen Planungsperiode enthalten [2].

Es wäre sicherlich möglich, das Modell von FRANKE und LAUX weiter zu verbessern und Totalmodelle zu entwickeln, die immer mehr den Gegebenheiten der Realität angepaßt werden. Selbst wenn man die Schwierigkeiten gering einschätzt, die der Lösung solcher Modelle im Wege stehen [3], so scheitert ein solcher Ansatz grundsätzlich am Verrechnungspreisproblem, das wir bereits oben (vgl. S.44) allgemein für den entscheidungsorientierten Kostenbegriff aufgezeigt haben. Dieses Verrechnungspreispro-

1) Hier resultieren Abschreibungen nur aus wegfallenden Deckungsbeiträgen, die dadurch entstehen, daß wegen der Inanspruchnahme jetzt spätere Nutzungsmöglichkeiten entgehen.
2) Vgl. hierzu die Fußnote 1) auf S. 96.
3) Vgl. hierzu oben S. 77 ff.

blem [1] tritt auch bei der Abschreibungsermittlung auf. Selbst wenn es möglich wäre, "Totalmodelle" zu formulieren und zu lösen, in denen alle relevanten Abschreibungsfaktoren enthalten sind, wäre damit für die Lösung des Abschreibungsproblems wenig gewonnen, weil es dann gar nicht mehr existiert. Mit der Bestimmung der "richtigen" Abschreibung fällt gleichzeitig die Lösung des kurzfristigen Planungsproblems an, in das die Abschreibungen als relevante Daten eingehen sollten. Dieses Dilemma tritt unabhängig davon auf, ob man, wie FRANKE und LAUX, die kurzfristige Produktionsplanung in das Totalmodell integriert, oder ob man für vorgegebene alternative Nutzungen im Partialmodell das "restliche Totalmodell löst und somit für die kurzfristige Produktionsplanung gewissermaßen eine Abschreibungsfunktion in Abhängigkeit von der Beschäftigung ermittelt.

Im ersten Fall erhält man den optimalen Abschreibungssatz und die optimale Lösung des Totalmodells in einem Schritt, im zweiten Fall löst man zwar isoliert das Produktionsplanungsproblem unter Verwendung der Abschreibungsfunktion. Über den Grenz-Abschreibungssatz, der der optimalen Lösung des Produktionsplanungsproblems entspricht, läßt sich die optimale Lösung für das restliche Entscheidungsfeld identifizieren, woraus folgt, daß man damit auch das Optimum des Totalmodells kennt.

Damit ist der Weg, die Abschreibungen jeweils aus einem "Totalmodell" abzuleiten, von vornherein zum Scheitern verurteilt. Das gilt auch für den Versuch, die Abschreibungssätze durch schrittweises Herantasten zu bestimmen, indem man die Werte für die Abschreibungen und die Produktionsmen-

---

1) Wir beleuchten hier nur einen Teil des Verrechnungspreisproblems, das in seiner allgemeinen Form neben dem formalen entscheidungstheoretischen Aspekt insbesondere auch noch organisationstheoretische und kontrollbedingte Fragen umfaßt. Vgl. dazu im einzelnen POENSGEN, Otto H., Zentralisation und Dezentralisation im Lichte dreier moderner Entwicklungen, ZfB 1967, S. 373 ff.; RIEBEL, Paul, PAUDTKE, Helmut, ZSCHERLICH, Wolfgang, Verrechnungspreise für Zwischenprodukte, Opladen 1973, S. 28 ff.

gen so lange verändert, bis sie die Relationen des Preistheorems erfüllen [1].

Der Beitrag, den die Programmierungsverfahren des Operations Research zur Lösung des Verrechnungspreisproblems und damit auch zur Lösung des Abschreibungsproblems leisten, liegt darin, daß sie ganz allgemein die Bestimmungsfaktoren der Verrechnungspreise bzw. der Abschreibungen in ihrem Zusammenhang aufzeigen. Allerdings zeigen sie keinen Ausweg aus dem Verrechnungspreisdilemma, das bei der praktischen Anwendung relevant wird. Sie bestätigen weitgehend nur das Gedankengut SCHMALENBACHS, der Jahrzehnte vor der Entwicklung dieser Verfahren bereits das Verrechnungspreisproblem grundsätzlich erkannte und analysierte [2]. Allerdings gestatten es erst die Methoden des Operations Research, die Existenz solcher Verrechnungspreise unter bestimmten Bedingungen nachzuweisen [3]. Sie können zwar zeigen, wie die "theoretisch richtigen" Abschreibungen auszusehen hätten, für ihre praktische Bestimmung ist damit aber nicht viel gewonnen.

---

1) Diesen Weg schlagen FRANKE und LAUX bei der Lösung ihres Falles B ein. Vgl. FRANKE, Günter, LAUX, Helmut, Die Bemessung ..., a. a. O., S. 418 ff. Hierbei handelt es sich um ein reines Probierverfahren, für das eine Konvergenznotwendigkeit nicht nachgewiesen ist. Diese Methode bereitet vor allem beim Vorliegen vieler Variablen sehr große Schwierigkeiten und erfordert hohe Geschicklichkeit, sodaß die Lösung des Ausgangsmodells unter Umständen noch einfacher ist (vgl. ebenda, S. 420). Vor allem gibt es kein Kriterium für die Güte einer noch nicht optimalen Lösung.

2) Vgl. SCHMALENBACH, Eugen, Pretiale Wirtschaftslenkung, Bd. 1, Die optimale Geltungszahl, Bremen-Horn 1947. Zu einer Gegenüberstellung von SCHMALENBACHs Betriebswertrechnung und den Methoden der linearen Programmierung vgl. KILGER, Wolfgang, Schmalenbachs Beitrag zur Kostenlehre, ZfbF 1973, S. 533 ff.

3) Die Existenz geeigneter Verrechnungspreise wird durch das Kuhn-Tucker-Theorem,bzw. für den Spezialfall der linearen Programmierung durch das Preistheorem bewiesen. Vgl. hierzu DANTZIG, George B., Linear Programming ..., a. a. O., S. 471 ff und HAX, Herbert, Die Koordination ..., a. a. O., S. 156 ff und 184 ff.

1.2.3 Die Notwendigkeit der Bildung von Entscheidungshypothesen bei der Ermittlung der entscheidungsrelevanten Abschreibungen

Die Forderung nach einer exakten gesamtoptimalen Ermittlung der Abschreibungen für die Zwecke der entscheidungsorientierten Kostenrechnung ist ein Widerspruch in sich, weil sie die Lösung des Totalmodells verlangt, wodurch gleichzeitig die Kostenrechnung ihren Sinn verlieren würde. Andererseits kann die Kostenrechnung nicht auf die Berücksichtigung der Abschreibungen verzichten, wenn sie ihre Aufgabe erfüllen will, die kurzfristigen Entscheidungen im Hinblick auf die unternehmerische Zielsetzung optimal zu gestalten. Somit ergibt sich die Notwendigkeit, unter bewußtem Verzicht auf die "theoretisch richtige" Abschreibungsermittlung dennoch Wertansätze für die Betriebsmittelnutzung in kurzfristigen Partialmodellen zu finden, die diesen "richtigen" Werten möglichst nahekommen. Hier bleibt nur die Möglichkeit, aus Hypothesen über die Struktur und Ausprägung der Beziehungen, die im Optimum des Totalmodells gelten würden, pauschalisierte Abschreibungssätze zu ermitteln [1)]. Diese Hypothesen müssen im Bewußtsein um die zeitliche Interdependenz getroffen werden und müssen sich an den entscheidungsrelevanten Bestimmungsfaktoren orientieren, ohne daß dafür Simultanmodelle herangezogen werden, die (alle) diese interdependenten Faktoren abbilden.

Hierbei kann es sich nicht um Hypothesen im streng erkenntnistheoretischen (wissenschaftstheoretischen) Sinne handeln, die als universelle Sät-

---

1) In einer solchen oder ähnlichen Vorgehensweise scheinen grundsätzlich auch folgende Autoren den einzigen Ausweg aus dem Verrechnungspreisdilemma zu sehen: ENGELS, Wolfram, Exakte Kalkulation und eine praktikable Näherungslösung, ZfB 1963, S. 167 ff.; HASENACK, Wilhelm, Kostenbewertung, in: Handwörterbuch des Rechnungswesens, Stuttgart 1970, Sp. 944; HAX, Herbert, Investitions- und Finanzplanung ..., a. a. O., S. 438; HEINEN, Edmund, Betriebswirtschaftliche ..., a. a. O., S. 358 ff.; MATTESSICH, Richard, Die wissenschaftlichen Grundlagen des Rechnungswesens, Düsseldorf 1970, S. 259 ff.; MEFFERT, Heribert, Betriebswirtschaftliche ..., a. a. O., S. 90 ff.; SCHNEIDER, Dieter, Investition ..., a. a. O., S. 159, 212, 546 f.

ze "Behauptungen über empirische Invarianzen (Regelmäßigkeiten, Konstanzen, die sogenannten 'Gesetzmäßigkeiten') im Bezugsbereich der Theorie(n)" [1] aufstellen sollen [2]. Vielmehr werden Hypothesen benötigt, die Entscheidungen treffen helfen und die Entscheidungsfindung erleichtern sollen, die also Aussagen über mutmaßliche entscheidungsrelevante Zusammenhänge machen sollen und deren Bestätigungsgrad sich auf die Wahrscheinlichkeit bezieht, mit der das Eintreffen eines Ereignisses erwartet wird [3]. In Anlehnung an MATTESSICH wollen wir diese Art von Hypothesen als "Entscheidungshypothesen" bezeichnen [4]. Eine Entscheidungshypothese wird - im Gegensatz zur Erkenntnishypothese - auch dann beibehalten, wenn sie (einmal) nicht eingetroffen ist, sofern ihr geschätzter oder erwarteter Nutzen größer ist als der Aufwand, den sie verursacht, und ihr Nettonutzen höher geschätzt wird als jener der alternativen Hypothesen [5]. Demgegenüber gilt eine Erkenntnishypothese als falsifiziert, sobald sie in der Wirklichkeit nicht eingetroffen ist. Das Wesen der Entscheidungshypothese ergibt sich vor allem daraus, "daß in allen Entscheidungsfällen, ob mit oder ohne formellen Apparat, das Fällen der Entscheidung unvermeidlich ist - die Entscheidung 'gar nicht zu handeln' oder sie zu vertagen, ist ja ebenfalls eine Entscheidung." [6] Die Hauptfrage ist also, auf welchen Hypothesen man eine Entscheidung aufbauen soll, denn die Hypothesenwahl selbst ist an sich ein Optimierungsproblem [7], weil man unterschiedlich viel Zeit, Mühe und Kosten beim Aufstellen der Hypothesen aufwenden kann,

---

1) FISCHER-WINKELMANN, Wolf F., Methodologie der Betriebswirtschaftslehre, München 1971, S. 36.
2) Zum Hypothesenbegriff der Wissenschaftstheorie vgl. im einzelnen CHMIELEWICZ, Klaus, Forschungskonzeptionen der Wirtschaftswissenschaft, Stuttgart 1970, S. 10 ff.; FISCHER-WINKELMANN, Wolf F., Methodologie ..., a. a. O.; MATTESSICH, Richard, Die wissenschaftlichen ..., a. a. O., S. 241 ff., sowie die von diesen Autoren angegebene Literatur.
3) Vgl. MATTESSICH, Richard, Die wissenschaftlichen ..., a. a. O., S. 262 ff.
4) Zum Begriff der Entscheidungshypothese sowie zur Abgrenzung gegenüber der sogenannten "Erkenntnishypothese" vgl. im einzelnen ebenda, S. 253 ff.
5) Vgl. MATTESSICH, Richard, Die wissenschaftlichen ..., S. 266.
6) Ebenda.
7) Vgl. ebenda.

und weil man mit "einfachen" Hypothesen, die allerdings die Güte der Entscheidung mindern können, leichter arbeiten kann als mit komplexeren. Weiterhin unterscheiden sich beide Arten von Hypothesen in den für sie gültigen Annahmekriterien. Entscheidungshypothesen können mit viel niedrigeren Bestätigungsgraden auskommen als Erkenntnishypothesen [1].

Mit der Auffassung, daß Entscheidungshypothesen notwendig für die Lösung des Abschreibungsproblems sind, wollen wir keineswegs ausdrücken, daß Erkenntnishypothesen für die Betriebswirtschaftslehre keine Bedeutung hätten, noch die von FISCHER-WINKELMANN kritisierte Meinung vertreten, im sozialwissenschaftlichen Bereich "sei jede Möglichkeit a priori zu verneinen, theoretische Systeme der gleichen explikativen und prognostischen Kraft zu entwickeln, die den streng allgemeinen Aussagen und Aussagesystemen der oben gekennzeichneten Art, wie zum Beispiel in den sogenannten Naturwissenschaften zukommt." [2] Möglicherweise hat FISCHER-WINKELMANN mit seiner Auffassung recht, daß "sozialwissenschaftliche Theorien strikter Universalität möglich sind", die "sich in eine empirisch überprüfbare Form bringen lassen." [3] Allerdings sollte sich eine Entscheidungswissenschaft wie die Betriebswirtschaftslehre nicht damit begnügen, erst dann Handlungsempfehlungen für konkrete, jederzeit anstehende Entscheidungsprobleme zu entwickeln, wenn dieser Idealzustand einmal erreicht ist, und in der Zwischenzeit die Entscheidungsträger ihrem Schicksal überlassen. Dieser Zeitpunkt wird wohl noch sehr lange auf sich warten lassen, sollte er überhaupt jemals eintreten [4].

Die Betriebswirtschaftslehre kann auf Entscheidungshypothesen grundsätzlich nicht verzichten. Auf solchen Hypothesen müßte auch ein sämtliche Ab-

---

1) Vgl. hierzu im einzelnen MATTESSICH, Richard, Die wissenschaftlichen ..., S. 266.
2) FISCHER-WINKELMANN, Wolf F., Methodologie ..., a. a. O., S. 42.
3) Ebenda, S. 43.
4) "Die mangelnde Realisation des theoretischen bedeutet aber keine Akzeptierung des essentialistischen Wissenschaftsziels. Die theoretische Wissenschaft ist als Ziel prinzipiell akzeptiert, nur (noch) nicht realisiert und wohl auch - wenn überhaupt - nur in einem generationenumfassenden Forschungsprozess schrittweise und unvollkommen realisierbar." CHMIELEWICZ, Klaus, Forschungskonzeptionen ..., a. a. O., S. 22.

schreibungsfaktoren umfassendes Totalmodell aufbauen. Gegenüber diesen sind die Entscheidungshypothesen bei der Abschreibungsermittlung (unter Verzicht auf das Totalmodell) notwendigerweise noch pauschaler, werden sie doch unter Verzicht auf das formale mathematische Instrumentarium abgeleitet, durch das die Simultanität der Einflußgrößen erfaßt wird.

Aus der Forderung, daß die Abschreibungen aus den entscheidungsrelevanten Bestimmungsfaktoren abzuleiten sind, also letztlich aus Teilplänen, die mit Zahlungsströmen arbeiten, darf nicht der Schluß gezogen werden, daß eine Rechnung auf der Basis von Kosten und Erlösen überflüssig oder verfehlt sei und deshalb eine Zahlungsstromrechnung zu fordern sei. Diesem Fehlschluß scheinen H. HAX [1] und stellenweise auch D. SCHNEIDER [2] zu unterliegen. Im Gegenteil soll hier die Notwendigkeit des Rechnens mit Kosten und Erlösen betont werden. Zwar orientiert sich die unternehmerische Zielsetzung primär an Zahlungsströmen, zwar sind entscheidungsrelevante Kosten nur Hilfsgrößen zur Annäherung an Zahlungsströme, doch sind solche Hilfsgrößen für die Lösung kurzfristiger Planungsprobleme notwendig, weil die Berücksichtigung der mit den Aktivitäten verbundenen exakten Ein- und Auszahlungswirkungen viel zu kompliziert würde. Die Kosten als Annäherung an die theoretisch richtigen Zahlungsströme sind Ausdruck für die Entscheidungshypothesen oder ver-

---

1) "Entscheidungsprobleme, für die die Höhe der Abschreibungen relevant ist, lassen sich eher mit Hilfe investitionstheoretischer Modellansätze behandeln." HAX, Herbert, Bewertungsprobleme ..., a. a. O., S. 754.

2) "Der Pfad betriebswirtschaftlicher Tugend folgt allein den Zahlungsströmen." SCHNEIDER, Dieter, Investition ..., a. a. O., S. 509. Vgl. aber auch S. 546: "Das Problem der Theorie der Unternehmensrechnung lautet deshalb nicht, richtige Wertansätze zu suchen; richtig sind nur die tatsächlichen Zahlungen in einem Gesamtmodell des Unternehmensgeschehens. Das Problem der Theorie der Unternehmungsrechnung lautet: Welche vereinfachenden Pauschalannahmen sind unter bestimmten Umweltbedingungen zulässig? Es ist der Grad zulässiger Vereinfachungen zu suchen, den man bei praktischen Planungsproblemen hinnehmen kann (im Original kursiv gedruckt) ... Weil man nur unter Vereinfachungen theoretische und praktische Probleme bewältigen kann, deshalb ist eine operationale Theorie der Unternehmung so schwierig."

einfachenden Pauschalannahmen" im Sinne SCHNEIDERs [1], ohne die eine kurzfristige Planung nicht auskommt, ja sogar ihren Sinn verliert, weil das Zahlungsstrom-Totalmodell sie sonst erübrigt.

Als Lösung des Abschreibungsproblems wird somit eine funktionale Abhängigkeit gesucht zwischen dem wichtigsten Aktionparameter der Produktionsplanung, also zwischen alternativen Beschäftigungsgraden eines Betriebsmittels [2] (unabhängige Variable) und den zugehörigen wertmäßigen Kosten für die Inanspruchnahme (abhängige Variable). Aus dem Opportunitätskostencharakter der Abschreibungen folgt zwar, daß alle herzustellenden Produkteinheiten im Optimum mit dem einen marginalen Abschreibungssatz für die letzte beanspruchte Nutzungseinheit bewertet werden müssen, dennoch ist die Kenntnis der gesamten Abschreibungskurve notwendig, wenn man die herzustellende Gesamtmenge vorher nicht kennt.

Als Bezugsbasis für die alternativen Abschreibungswerte soll - wie in der Kostenrechnung üblich - die Nullaktivität (Beschäftigung von Null) bzw. der ihr entsprechende Kostenwert dienen und nicht etwa die aus der Investitionsplanung abgeleitete Planbeschäftigung für die betreffende Teilperiode. Im letzteren Fall würden nur die Mehr- oder Minderbeschäftigungen gegenüber der Planbeschäftigung zu positiven oder negativen Abschreibungen führen, und es würde unterstellt, daß die der Planbeschäftigung entsprechende Nutzung - die ja dem Optimum des Investitionsplanes entspricht - (grenz-)kostenlos zur Verfügung steht [3]. Kosten treten nicht erst dann auf, wenn man mehr als geplant produziert, denn in der gegebenen Entscheidungsitua-

---

1) Vgl. hierzu das zweite Zitat in der Fußnote 2) auf S. 105.
2) Auch die Beschränkung auf die kurzfristigen Aktionsparameter des Produktionsbereichs als Variable innerhalb der kurzfristigen Planung (Planung bei gegebenen Kapazitäten) stellt eine Vereinfachung dar, die in Kauf genommen werden muß in Anbetracht der Schwierigkeiten, die einer Simultanplanung entgegenstehen. Sie bedeutet zwar nicht, daß der Rest des Entscheidungsfeldes vollständig außer Betracht bleibt, doch immerhin deutet sie darauf hin, daß seine Einbeziehung nur in vereinfachter, pauschaler Form geschehen soll.
3) Auf diese Weise geht zum Beispiel D. SCHNEIDER vor. Vgl. SCHNEIDER, Dieter, Kostentheorie ..., a. a. O., S. 699 ff.

tion entsteht das Problem, die Inanspruchnahme eines vorhandenen Potentialfaktors optimal auf die Planperiode und auf das restliche Entscheidungsfeld zu verteilen. Außerdem werden inzwischen eingetretene Datenänderungen dafür gesorgt haben, daß die im Investitionsplan optimal geplante Beschäftigung der gegenwärtigen Teilperiode auf der Basis des neuen Informationsstandes gar nicht mehr optimal ist.

ADAM vertritt die Auffassung, daß keine vollständig zielgerechte Entscheidung mehr möglich ist, wenn die wertmäßigen Kosten mit Hilfe von Schätzverfahren (also über Entscheidungshypothesen beziehungsweise vereinfachende Pauschalannahmen) bestimmt werden [1]. Dem möchten wir mit KILGER entgegenhalten: "Hierbei ist nicht verständlich, wieso er die Anwendung solcher Verfahren als bewußte Abkehr von der Zielsetzung der Gewinnmaximierung interpretiert. Wir meinen, daß eine Zielvorstellung nicht dadurch beeinträchtigt wird, daß entscheidungsrelevante Daten geschätzt werden müssen. Zuzustimmen ist dem Verfasser jedoch, wenn er sich dem Vorschlag Heinens anschließt, Kostenwerte aus zentralen Rahmenplanungen mit einer nur groben Berücksichtigung von Detaileinflüssen abzuleiten." [2]

Das Abschreibungsproblem ist notwendigerweise und existentiell verbunden mit der Ermittlung von vereinfachenden Pauschalnannahmen. Somit sind bestehende Vorschläge zur Abschreibungsermittlung daraufhin zu analysieren, ob sie auf sinnvollen Annahmen basieren und wie sie gegebenenfalls zu verbessern sind.

---

1) Vgl. ADAM, Dietrich, Entscheidungsorientierte ..., a. a. O., S. 180.
2) KILGER, Wolfgang, Entscheidungsorientierte Kostenbewertung, Bemerkungen zu dem gleichnamigen Buch von Dietrich Adam, ZfB 1971, S. 408.

2. Die Beurteilung der herkömmlichen kostenrechnerischen Abschreibungsverfahren unter entscheidungsorientierten Aspekten

2.1 Die Grundlagen der herkömmlichen kostenrechnerischen Abschreibungsverfahren

Die Diskussion um das Abschreibungsproblem ist Gegenstand einer kaum übersehbaren Fülle von Abhandlungen der betriebswirtschaftlichen Literatur [1)2)]. Die Ermittlung der kalkulatorischen Abschreibungen gehört auch heute noch zu den umstrittensten Kapiteln der Kostenrechnung und wird vielfach immer noch als ungelöst [3)] oder auch als unlösbar [4)] angesehen. Insgesamt läßt sich in der Literatur, die sich mit diesem Problem befaßt, keine einheitliche, klare Entwicklung feststellen, die konsequent auf einmal erarbeiteten Erkenntnissen aufbaut. Der Hauptgrund hierfür liegt unseres Erachtens in der Tatsache, daß die Ansichten über die Aufgaben der Kostenrechnung bei den einzelnen Autoren und im Laufe der Zeit differieren [5)], daß vielfach diese Aufgaben entweder gar nicht klar definiert

---

1) Vgl. KÄFER, Karl, Fragen der Abschreibung, Die Unternehmung 1947, S. 145; SCHNEIDER, Dieter, Die wirtschaftliche ..., a. a. O., S. 1.
2) Zu einem Überblick über die Behandlung des Abschreibungsproblems in der Literatur vgl. BRIEF, Richard P., Nineteenth Century Accounting Error, Journal of Accounting Research 1965, S. 12 ff.; HORN, C. A., Changing Attitudes to Obsolescence and Depreciation, The Accountant 1968, S. 619 ff.; MARZIN, Gerta, Die Entwicklung der Abschreibungslehre in der betriebswirtschaftlichen Literatur, Diss. München 1961; SCHNEIDER, Dieter, Die wirtschaftliche ..., a. a. O., S. 16 ff.
3) Vgl. z. B. ALBACH, Horst, Zur Verbindung ..., a. a. O., S. 179; HEINEN, Edmund, Betriebswirtschaftliche ..., a. a. O., S. 255; LUKE, Werner R., Die Ermittlung ..., a. a. O., S. 3f und die dort angegebene Literatur; SCHNEIDER, Dieter, Investition ..., a. a. O., S. 515.
4) Vgl. die bei SCHNEIDER, Dieter, Die wirtschaftliche ..., a. a. O., auf S. 1 f. in der Fußnote 4 angegebene Literatur.
5) Einige Autoren halten sich nicht einmal an den von ihnen selbst vorgetragenen Rechnungszweck. Vgl. z. B. LUKE, Werner R., Die Ermittlung ..., a. a. O. Zunächst wird als Hauptaufgabe der Kostenrechnung die "Ermittlung des Betriebs-(Leistungs-)erfolges" angesehen (S. 29 ff.);"Aufgabe der Ermittlungsrechnung ist die rechnerische Ermittlung eines aussagekräftigen Zahlenausdrucks" (?) (S. 30). Später (S. 186 f.) wird der Dispositionscharakter der Kostenrechnung in den Vordergrund gestellt. Auf S. 202 f. sollen die Wertansätze in der Kostenrechnung dagegen eine Substanzerhaltung gewährleisten. Noch verwirrender ist die Handhabung der Kostenrechnungszwecke bei KÜHNEMUND, Klaus, Bikausale Deckungsbeitragsrechnung, Zürich 1971. Vgl. hierzu unsere Ausführungen auf S. 118 ff.

werden oder daß gleichzeitig mehrere Aufgaben gestellt werden, die aber in sich heterogen sind, sodaß jede einzelne Aufgabe einen eigenen Wertansatz erfordern würde [1]. Häufig werden auch Aufgaben der Kostenrechnung formuliert (z. B.: "Ermittlung des Erfolgs") [2], die für sich betrachetet gar kein Selbstzweck sind, sondern nur in Verbindung mit anderen Zielen (z. B.: "Ermittlung des nach Produktarten differenzierten Erfolgs für Zwecke der Produktionsplanung") Berechtigung finden könnten. Damit ist die - zum Teil auch unausgesprochene - Ansicht verbunden, Kosten seien ein Phänomen an sich, das heißt eine objektive, reale Erscheinung [3]; die Kosten lassen sich aber nicht auf ihre Richtigkeit hin überprüfen, wenn nicht der Rechnungszweck vorab festgelegt ist. Diese Denkweise läßt sich häufig auch bei der Begründung der Abschreibungsverfahren in der Literatur feststellen. Wegen des besonderen Charakters der Abschreibungen als Kostenkategorie (Periodenabgrenzungsproblem, Unteilbarkeitsproblem) werden hierzu Überlegungen herangezogen, die gar nicht näher daraufhin untersucht werden, ob sie für die Bestimmung der Abschreibungen überhaupt maßgeblich sind, das heißt, ob sie im Einklang mit dem eigentlichen Rechnungszweck stehen [4].

So läßt sich trotz aller Verschiedenartigkeit eine gemeinsame Grundlage erkennen, auf der die in der Literatur diskutierten Abschreibungsverfahren zum überwiegenden Teil auch heute noch aufbauen: Der Verteilungsaspekt [5].

---

1) Vgl. MOEWS, Dieter, Zur Aussagefähigkeit neuerer Kostenrechnungsverfahren, Berlin 1969, S. 34 ff.
2) Vgl. ebenda, S. 36 f.
3) Vgl. z. B. KÄFER, Karl, Kostentheoretische Grundlagen der Standardkostenrechnung, Die Unternehmung 1963, S. 180. KÄFER definiert die Kosten "als eine objektive Erscheinung ..., die unabhängig von ihrer Feststellung oder Verrechnung existiert. Abgelehnt sind also Auffassungen, die in den Kosten eine rein rechnungstechnische Größe sehen und die Kosteneigenschaft betrieblicher Vorgänge von der Einbeziehung derselben in die Kostenrechnung abhängig machen wollen."
4) Vgl. WELLS, M. C., A Note on the Amortization of Fixed Assets, The Accounting Review 1968, S. 374.
5) Vgl. hierzu BANSE, Karl, Abschreibung, a. a. O., Sp. 26; RUCHTI, Hans, Abschreibung, Abschreibungsarten und -verfahren, in: Handwörterbuch der Betriebswirtschaft, 3. Aufl., Stuttgart 1956, Sp. 41 ff.; SCHNEIDER, Dieter, Die wirtschaftliche ..., a. a. O., S. 18 und die dort angegebene Literatur.

Hiernach wird die Abschreibung aufgefaßt als die "Verteilung von Ausgaben für mehrfach nutzbare Wirtschaftsgüter ('Anlagegüter') auf einzelne Perioden oder Leistungseinheiten" [1]. Die Kosten einzelner Nutzungseinheiten oder einzelner Teilperioden aus der gesamten Lebensdauer werden somit als Anteil am Preis für das gesamte Wirtschaftsgut bestimmt. Hieraus geht hervor, daß sich die kostenrechnerischen Abschreibungsverfahren grundsätzlich durch drei Komponenten charakterisieren lassen [2]:

- Abschreibungsausgangsbetrag (Wertbasis) [3],
- Lebensdauer des Betriebsmittels (Abschreibungsdauer),
- Abschreibungsmethode.

Bereits über den zu wählenden Abschreibungsausgangsbetrag gehen die Meinungen immer noch weit auseinander. Als grundsätzliche Alternativen stehen der Anschaffungswert des Abschreibungsgegenstandes, sein voraussichtlicher Wiederbeschaffungswert oder sein aktueller Tageswert zur Wahl [4]. Hinzu kommen weitere spezielle Probleme, z.B. die Frage, "welche Ausgaben neben dem eigentlichen Rechnungsbetrag noch ... mit abzuschreiben sind" [5],

---

1) SCHNEIDER, Dieter, Die wirtschaftliche ..., a.a.O., S.18.
2) Vgl. z.B. BANSE, Karl, Abschreibung, a.a.O., Sp.26 f.; MELLEROWICZ, Konrad, Die Abschreibung in Erfolgs- und Kostenrechnung, Heidelberg 1957, S.53; SCHNEIDER, Dieter, Die wirtschaftliche ..., a.a.O., S.19.
3) Den von BANSE (ebenda) gewählten Begriff "Abschreibungssumme" halten wir für die Zwecke der Kostenrechnung für ungeeignet, weil man in der Kostenrechnung auch häufig über die jeweilige Wertbasis hinaus abschreibt (wenn die Anlage nach Ablauf der geschätzten Nutzungsdauer noch weiter eingesetzt wird) beziehungsweise den Ausgangsbetrag nicht vollständig in den Abschreibungen verrechnet (wenn die effektive Lebensdauer kürzer ist als die geschätzte).
4) Wiederbeschaffungswert und Tageswert fallen zusammen, wenn man unterstellt, daß die Anlage im Zeitpunkt der Bewertung wiederbeschafft wird. So meinen einige Autoren den Tageswert eines Anlagegutes, wenn sie vom Wiederbeschaffungswert schreiben. Vgl. z.B. Arbeitskreis DIERCKS der SCHMALENBACH-GESELLSCHAFT, Der Verrechnungspreis in der Plankostenrechnung, ZfbF 1964, S.638 f.; HARRMANN, Alfred, Betriebswirtschaftliche Probleme der kalkulatorischen Abschreibung, KRP 1972, S.73 ff.; KASCHIG, Rudolf, Betriebswirtschaftliche Probleme der kalkulatorischen Abschreibung, KRP 1972, S.247 ff.
5) SCHNEIDER, Dieter, Die wirtschaftliche ..., a.a.O., S.19.

sofern man sich für den Anschaffungswert entscheidet. Weiterhin: Soll man - ganz gleich für welche der drei Wertbasen man sich entscheidet - eventuell den Restverkaufserlös davon abziehen und in welcher Höhe? Wie soll man verfahren, wenn sich nachträglich herausstellt, daß man den Wiederbeschaffungswert falsch geschätzt hat [1]?

Die Lebensdauer einer Anlage kann sowohl in Kalenderzeiteinheiten als auch in Nutzungseinheiten (z. B. Stück, Fertigungsminuten) gemessen werden, je nachdem auf welche Größen man den Abschreibungsausgangsbetrag verteilen will. Die Kostenrechnungsliteratur setzt die Nutzungsdauer meist als bekannt voraus [2].

Die Abschreibungsmethode als dritte Komponente des Abschreibungsverfahrens gibt an, auf welche Art und Weise der Abschreibungsausgangsbetrag verteilt werden soll und ob die Verteilung auf die einzelnen Teilperioden und/oder auf die Nutzungseinheiten vorgenommen werden soll. Diese beiden Aspekte der Abschreibungsmethode (Art der Zurechnung und Zurechnungsobjekt) werden in der Literatur nicht klar voneinander getrennt. Üblicherweise unterscheidet man lineare, (arithmetisch oder geometrisch) degressive, progressive und leistungsmäßige (Abschreibung nach der Inanspruchnahme) Abschreibungsmethoden und unterstellt bei letzterer, daß die Verteilung auf die Nutzungseinheiten linear (also in konstanten Beträgen) vorgenommen wird, während bei den ersten drei Methoden auf die Teilperioden zugerechnet wird [3]. Grundsätzlich sind aber auch bei der leistungsmäßigen Abschreibung degressive und progressive Verteilungsmethoden möglich. Die Zurechnung des Abschreibungsausgangsbetrages kann nicht nur entweder ganz auf die Teilperioden oder ganz auf die Nutzungseinheiten erfolgen, darüber hinaus existieren auch Zwischenformen [4]. So können die insgesamt

---

1) Diese Frage erhebt sich auch bei falsch geschätzter Lebensdauer.
2) Vgl. z. B. KILGER, Wolfgang, Flexible ..., a. a. O., S. 401 ff.; KUBE, Volker, Die Grenzplankostenrechnung, Wiesbaden 1974, S. 106.
3) Vgl. z. B. BANSE, Karl, Abschreibung, a. a. O., Sp. 35 ff.; GUTENBERG, Erich, Abschreibungen, a. a. O., S. 21 ff.; RUCHTI, Hans, Abschreibung ..., a. a. O., Sp. 46 ff.
4) Vgl. z. B. KILGER, Wolfgang, Flexible ..., a. a. O., S. 401 ff.; SCHNEIDER, Dieter, Die wirtschaftliche ..., a. a. O., S. 24 f. und die dort angegebene Literatur.

in einer Teilperiode zu verrechnenden Abschreibungen schematisch in einen periodenfixen und in einen leistungsabhängigen Teil aufgespalten werden, oder die Abschreibungsmethode macht die Frage, worauf in einer Teilperiode zugerechnet wird, davon abhängig, ob eine bestimmte kritische Leistungsmenge über- oder unterschritten wird (gebrochene Abschreibung). Damit lassen sich die Abschreibungsmethoden folgendermaßen aufteilen:

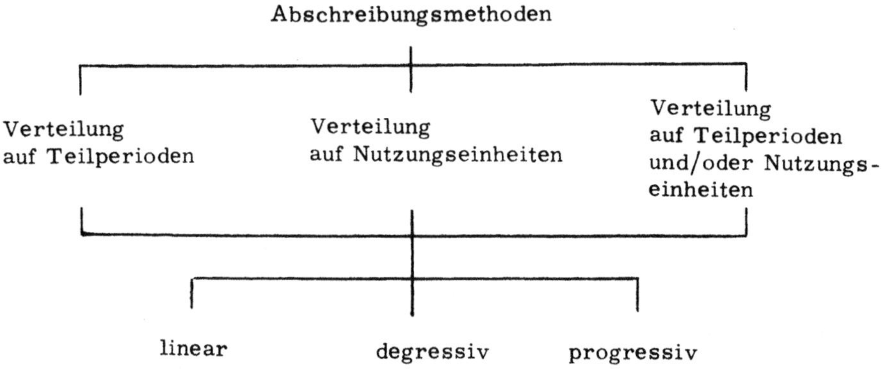

Abb. 5: Übersicht über die Abschreibungsmethoden

Wir wollen in den folgenden Abschnitten die Frage untersuchen, welche Bedeutung die herkömmlichen kostenrechnerischen Abschreibungsverfahren für die entscheidungsorientierte Kostenrechnung besitzen. Dies soll in der Weise geschehen, daß zunächst die einzelnen Komponenten dieser Verfahren sowie ihre jeweiligen Inhalte daraufhin überprüft werden, ob sie an den entscheidungsrelevanten Bestimmungsfaktoren ausgerichtet sind. Im Anschluß daran läßt sich beurteilen, ob diese Verfahren insgesamt als brauchbare Annäherungen an die "theoretisch richtigen" Abschreibungen angesehen werden können.

2.2 Alternative Abschreibungsmethoden und ihre Beurteilung unter entscheidungsorientierten Gesichtspunkten

2.2.1 Abschreibungsverfahren, die keine Zurechnung auf die Produkte vornehmen

Teilweise werden die Abschreibungen in der Kostenrechnung als fixe Kosten angesehen, die nicht auf die Einsatzmengen der betreffenden Betriebsmittel (und damit nicht auf die Produkte) zuzurechnen sind [1], sondern nur auf die einzelnen Teilperioden der Lebensdauer verteilt werden. Die Frage, welche Art der Zuteilung auf die Perioden am zweckmäßigsten ist, braucht für die entscheidungsorientierte Kostenrechnung nicht untersucht zu werden, weil sie sich hier gar nicht stellt und die Auswahl einer solchen Methode auf das zu lösende Entscheidungsproblem keinerlei Einfluß ausübt. Es ist hier unerheblich, ob die Abschreibungen periodenfix verrechnet werden oder überhaupt nicht angesetzt werden [2]. Die Entscheidungsirrelevanz fixer Abschreibungen ergibt sich schon daraus, daß diese Beträge in keiner Form mit den Aktivitäten des Planungsproblems verknüpft werden, sondern nur als "Korrekturposten" anzusehen sind, der aus Gründen der größeren Geschlossenheit der Kostenrechnung als Abrechnungssystem eingeführt werden mag, wobei diese Forderung aber zunächst einmal als Rechnungszweck begründet werden müßte. Für die entscheidungsorientierte Kostenrechnung kommt es nur darauf an, die relevanten Kosten zu ermitteln, also jene Kosten, die sich in Abhängigkeit von den einzelnen Aktionsparametern ändern [3]. Deshalb läßt

---

1) Gleicher Auffassung ist SCHNEIDER, Dieter, Die wirtschaftliche ..., a.a.O., S. 24. Vgl. z.B. KÜHNEMUND, Klaus, Bikausale Deckungsbeitragsrechnung, Zürich 1971.

2) Folgerichtig werden periodenfixe Abschreibungen auch gar nicht in die Zielfunktionen der Programmansätze zur Produktions- und Absatzplanung integriert. Vgl. z.B. die Programmansätze bei KILGER, Wolfgang, Optimale ..., a.a.O.

3) Dabei kann es sich durchaus auch um fixe Kosten (in bezug auf die Beschäftigung) handeln (z.B. sprungfixe Kosten). Dann müssen aber die Aktionsparameter, die ihre Höhe beeinflussen, Variable des Entscheidungsmodells sein (z.B. Rüstaktivitäten, periodenweises Mieten einer Maschine). Für alle anderen fixen Kostenarten ist in eintscheidungsorientierten Kostenrechnungen kein Platz,

sich auch aus dem System der entscheidungsorientierten Kostenrechnung kein Kriterium dafür ableiten, welche Abschreibungsmethode, die aus einem Abschreibungsausgangsbetrag periodenfixe Kosten ableitet, als zweckmäßig anzusehen ist. Wir brauchen uns deshalb nicht näher mit der Beurteilung der verschiedenen Möglichkeiten, die Abschreibungen periodenfix zu verteilen, zu befassen.

Hier bleibt somit nur noch die Frage zu klären, ob es richtig ist, grundsätzlich auf eine Zurechnung von Abschreibungen auf die Einsatzmengen der Potentialfaktoren zu verzichten. Mit diesem Problemkreis hat sich sehr eingehend RIEBEL beschäftigt [1]. Sein Rechnungssystem ist dadurch gekennzeichnet, daß die Kosten jeweils nur solchen Bezugsgrößen zugerechnet werden, für die sie Einzelkosten darstellen. Diese Vorgehensweise begründet RIEBEL mit dem "Identitätsprinzip", durch das er das Verursachnungsprinzip [2] ablösen will: "Zeigt es sich, daß ein Güterverzehr nicht mit der Entstehung nur eines, sondern mehrerer Leistungsgüter (Einheiten oder Arten) gekoppelt ist, dann kann er auch nur der Gesamtheit dieser entstandenen Leistungsgüter (Einheiten oder Arten) eindeutig zugerechnet werden, nicht aber den einzelnen Leistungseinheiten oder Leistungsarten." [3] Das bedeu-

---

zumindest sind sie überflüssig. Diese Ansicht wird auch von folgenden Autoren vertreten: ENGELS, Wolfram, Betriebswirtschaftliche ..., a. a. O., S. 163, 165; KRUSCHWITZ, Lutz, Der Wiederbeschaffungswert als Basis der kalkulatorischen Abschreibung, KRP 1973, S. 52; MEFFERT, Heribert, Betriebswirtschaftliche ..., a. a. O., S. 143; WEBER, Helmut Kurt, Fixe ..., a. a. O., S. 42 ff.

1) Vgl. hierzu RIEBEL, Paul, Einzelkosten- und Deckungsbeitragsrechnung, a. a. O. und die dort angegebene Literatur.

2) Zur Diskussion über das Verursachungsprinzip vgl. auch EHRT, Robert, Die Zurechenbarkeit von Kosten auf Leistungen auf der Grundlage kausaler und finaler Beziehungen, Stuttgart, Berlin, Köln, Mainz 1967; KURZ, Ingolf, Das Wesen der verschiedenen Fixkostentheorien und ihre Verwertungsmöglichkeiten für die betriebliche Preispolitik, Berlin 1969; PRESSMAR, Dieter B., Kosten- und Leistungsanalyse ..., a. a. O., S. 149 ff.; SCHNEIDER, Dieter, Kostentheorie ..., a. a. O., S. 683 ff.; WEBER, Helmut Kurt, Fixe ..., a. a. O., S. 12 ff.

3) RIEBEL, Paul, Die Fragwürdigkeit des Verursachungsprinzips im Rechnungswesen, in: Rechnungswesen und Betriebswirtschaftspolitik, Festschrift für G. Krüger, hrsg. v. M. LAYER, H. STREBEL, Berlin 1969, S. 61.

tet für die Betriebsmittel, daß sich die für ihre Anschaffung getätigten Ausgaben nur als Einzelkosten der erst im nachhinein bekannten Gesamtnutzungsdauer beziehungsweise der Gesamtheit von Leistungen auffassen lassen [1]. Jede Zurechnung auf einzelne Leistungseinheiten oder auch auf einzelne Perioden lehnt RIEBEL kategorisch ab, weil sie "zwangsläufig mehr oder weniger willkürlich ist" [2].

RIEBEL selbst bezeichnet seinen Kostenbegriff als "entscheidungs- und ausgabenorientiert" und behauptet ohne nähere Begründung, dieser ließe "sich zwar in den sogenannten 'wertmäßigen' allgemeinen Kostenbegriff einfügen, ist aber sehr viel enger und spezifischer" [3]. Beide Kostenbegriffe unterscheiden sich durch die Opportunitätskostenkomponente, durch die der wertmäßige Kostenbegriff die Verbindung zum restlichen Entscheidungsfeld herzustellen versucht und die dem RIEBELschen Kostenbegriff fehlt [4]. Die hierfür vorgetragene Begründung, Opportunitätskosten leiteten sich nicht aus Ausgaben ab "und sollten auch terminologisch als das behandelt werden, was sie sind: ein nicht realisierter Bruttogewinn (Deckungsbeitrag) aus einer nicht wahrgenommenen Gelegenheit (Opportunitätsgewinn bzw. Opportunitätsbeitrag)" [5] überzeugt keineswegs, ist es doch für die Zielwirksamkeit unerheblich, ob eine Wertminderung des Entscheidungsfeldes durch eine Ausgabe oder durch eine wegfallende Einnahme verursacht wird.

---

1) Vgl. RIEBEL, Paul, Einzelkosten- und Deckungsbeitragsrechnung, a. a. O., S. 78.
2) Ebenda, S. 25. In früheren Veröffentlichungen hielt RIEBEL noch eine periodenweise Zurechnung von Abschreibungen für möglich, wies aber bereits darauf hin, daß es sich hierbei strenggenommen nicht mehr um die "reine Kostenrechnung" sondern um eine "Ausgabenverteilungsrechnung" handelt. Vgl. ebenda, S. 154.
3) RIEBEL, Paul, Die Fragwürdigkeit ..., a. a. O., S. 62, Fußnote 50.
4) Vgl. ebenda: "Insbesondere enthält er keine Nutzenwerte oder entgehende Gewinne aus anderweitiger Verwertung vorhandener Kräfte und Mittel, die in Anlehnung an den amerikanischen Sprachgebrauch neuerdings gerne als Opportunitätskosten deklariert werden." Vgl. auch ebenda, S. 58.
5) Ebenda, S. 62, Fußnote 50.

Konsequent fortgeführt läuft RIEBELs Gedankengang unweigerlich auf das Totalmodell hinaus. Als wertmäßig läßt sich sein Kostenbegriff nämlich nur dann interpretieren (was er selbst anstrebt), wenn er in Planungsrechnungen Verwendung findet, die simultan die Handlungsmöglichkeiten des gesamten Entscheidungsfeldes abbilden. Sofern die Handlungsmöglichkeiten auch außerhalb des Entscheidungsfeldes Einfluß auf das Unternehmensziel nehmen, fordert der wertmäßige Kostenbegriff die Bewertung dieser Auswirkungen. Dies kann aber nur durch Opportunitätskostenbestandteile geschehen, weil die ausserhalb des Entscheidungsfeldes liegenden Handlungsalternativen nicht Variable des Entscheidungsmodells sind. Eine Totalbetrachtung möchte jedoch auch RIEBEL offensichtlich vermeiden. Wenn er somit einerseits auf den Ansatz von Opportunitätskosten grundsätzlich verzichten will, andererseits die Kosten für Betriebsmittel nur als Einzelkosten für die Gesamtheit der Leistungen oder für die Gesamtlebensdauer ansetzen will, dann bleibt ihm bei Partialplanung nur noch eine Möglichkeit offen: Er muß notwendigerweise die Potentialfaktoreinsatzmengen als im Rahmen der kurzfristigen Planung kostenlos verfügbar ansehen. Hiermit scheint sich RIEBEL abzufinden, obwohl er die Problematik erkennt: "Ob sich von diesen Beschaffungsausgaben auch Kosten, die für die Einsatz- und Nutzungsentscheidungen relevant sind, ableiten lassen, hängt ... davon ab, ob die Nutzungen speicherbar (zeitelastisch) sind, also zwischen heutiger und späterer Verwendung gewählt werden muß ... Die Entscheidung für den Einsatz heute bedeutet zugleich den Verzicht auf eine äquivalente Einsatzmöglichkeit zu einem späteren Zeitpunkt, wenn diese Wirkung nicht durch erhöhten künftigen Erhaltungsaufwand oder eine vorzeitige Ersatzbeschaffung kompensiert wird." [1] RIEBEL legt damit die abschreibungsrelevanten Zusammenhänge in richtiger Weise offen, doch hält er es wegen der Schwierigkeiten bei der zahlenmäßigen Erfassung

---

1) RIEBEL, Paul, Einzelkosten- und Deckungsbeitragsrechnung, a.a.O., S. 72 und 79.

dieser Zusammenhänge für empfehlenswert, "in der weitgehend zweckneutralen Grundrechnung auf Wertansätze für die Nutzungsdispositionen zu verzichten und diese von Fall zu Fall zu berücksichtigen" [1].

Ein Fall, in dem dies notwendig wird, ist zweifellos bei der kurzfristigen Planung des Produktionsprogramms gegeben. In seinem Abschnitt über "Produktbeurteilung und Programmwahl" [2] entwickelt RIEBEL ein Beispiel, in dem die Kosten für die Inanspruchnahme der Betriebsmittel durch die Produkte jedoch nicht enthalten sind. Bei der Diskussion dieses Beispiels schreibt RIEBEL: "... die gegenwärtige Nutzung der Anlage ... müßte (Hervorhebung vom Verfasser) in diesem Falle mit den diskontierten künftig entgehenden Deckungsbeiträgen bewertet werden. Es läge (Hervorhebung vom Verfasser) zwar nahe, sich beim Ansatz des kalkulatorischen Äquivalents der Anlagennutzung an der (in der jeweiligen Periode) subjektiv wahrscheinlichen Entwicklungsmöglichkeit zu orientieren, doch darf dieses Vorgehen nicht darüber hinwegtäuschen, daß in der Regel erst in der letzten Periode der Anlagennutzung entschieden werden kann, welche der Alternativen endgültig realisiert werden soll." [3]

Hiergegen ist zweierlei einzuwenden: Erstens ist es nicht zutreffend, daß vor der letzten Periode der Anlagennutzung in der Regel keine Möglichkeiten zur Anpassung an die jetzige Nutzung bestehen, man denke nur an Verzicht auf an sich mögliche Inanspruchnahme der Betriebsmittel (die Nutzung wird also praktisch nur früher realisiert) oder an zusätzliche Reparatur- und Instandhaltungsmaßnahmen. Es ist also keineswegs so, daß sich die jetzige Inanspruchnahme erst in der letzten Periode der Anlagennutzung auswirken wird. Gewichtiger ist der zweite Einwand: Man kann dem Abschreibungsproblem nicht dadurch gerecht werden, daß man die Schwierigkeiten seiner Lö-

---

1) RIEBEL, Paul, Einzelkosten- und Deckungsbeitragsrechnung, a. a. O., S. 79.
2) Ebenda, S. 277 ff.
3) Ebenda, S. 281.

sung aufzeigt und dann die Augen vor ihm verschließt. Um eine Bewertung kommt man in keinem Fall herum, und die Schwierigkeiten bei der Abschreibungsbestimmung sind noch kein Grund dafür, sie grundsätzlich zu vernachlässigen, also mit dem Wert Null zu quantifizieren. Damit würden alle Betriebsmittelnutzungen von vornherein als zeitunelastisch angesehen. RIEBEL verstößt somit gegen die langfristige Zielsetzung, wenn er auch bei zeitelastischen Nutzungen alle Produkte in das Programm aufnehmen will, deren Deckungsbeiträge über die Grenzkosten ohne Berücksichtigung von Abschreibungen (zeitlichen Opportunitätskosten) größer oder gleich Null sind. Unsere Überlegungen haben damit gezeigt, daß das RIEBELsche Rechnungssystem zur Lösung kurzfristiger Entscheidungsprobleme grundsätzlich nicht geeignet ist. Der Hauptgrund hierfür liegt wohl in dem Bestreben RIEBELs, den Rechnungsinhalt aus dem Kostenrechnungsprinzip abzuleiten, das er für das einzig richtige hält, nämlich dem Identitätsprinzip. Demgegenüber tritt bei ihm der Rechnungszweck als Bestimmungsfaktor des Rechnungsinhaltes in den Hintergrund. Auch hierfür trifft die von D. SCHNEIDER in anderem Zusammenhang geäußerte Feststellung zu, "... daß es gar kein einheitliches Kostenrechnungsprinzip geben kann. Die einzige allgemeingültige Aussage ist die, daß der Rechnungszweck das Zurechnungsprinzip und damit den Rechnungsinhalt festlegt" [1].

Im Rahmen seiner "Bikausalen Deckungsbeitragsrechnung" - einem neuen Konzept der Kostenrechnung, wie es im Untertitel heißt - möchte KÜHNEMUND die Leistungsfähigkeit der herkömmlichen Kostenrechnungssysteme als Dispositionshilfe dadurch verbessern, daß er die bisherige Abschreibungsrechnung durch die sogenannte Anlagendeckungsrechnung ablöst, die den Kern seiner Arbeit bildet [2]. Nach seiner Ansicht lassen sich die Kosten für die

---

1) SCHNEIDER, Dieter, Kostentheorie ..., a. a. O., S. 693 (im Original kursiv gedruckt).

2) Vgl. KÜHNEMUND, Klaus, Bikausale ..., a. a. O. Einige Unstimmigkeiten in den Ausführungen KÜHNEMUNDs resultieren unseres Erachtens aus der Tatsache, daß seine Bemerkungen zu den Aufgaben der Kostenrechnung viel

über mehrere Perioden zu gebrauchenden Nutzungsfaktoren gemäß den Grundsätzen der faktorbezogenen Kausalität [1] weder auf die einzelnen Leistungseinheiten (sachliche Kausalität) noch auf die Abrechnungsperiode (zeitliche Kausalität) zurechnen. Für diese Faktoren wählt KÜHNEMUND die "marktbezogene Kausalität" als Zurechnungskriterium: Er sieht das abgesetzte Fertigprodukt als Ursache "für den aus dem Faktornutzenpotential (P_{FN}) einer Anlage abfließenden und auf dem Markt realisierten Nutzen" an [2]. Die Nutzungskosten - diesen Begriff verwendet KÜHNEMUND an Stelle des Begriffs "Abschreibungen" [3] - stellen somit "den mit dem Absatz der Fertigerzeugnisse realisierten Wertverzehr aus dem betrieblichen Faktornutzenpotential" [4] dar. Sie sind als eine Istgröße aufzufassen, die entsprechend dem Realisationsprinzip "erst dann als realisiert und somit als quantifizierbar angesehen werden (kann), wenn die ... Leistungen auf dem Markt abgesetzt und die in ihnen enthaltenen Nutzeneinheiten für den Betrieb in Nutzen umgewandelt worden sind" [5]. Vor der Leistungsverwertung ist die endgültige Höhe des in den Produkten enthaltenen unrealisierten Nutzens noch unsicher. "Unrealisierter Nutzen ist daher grundsätzlich auch nicht quantifizierbar" [6]. Hierbei über-

---

zu wenig konkret sind (vgl. ebenda, S. 22 ff.) und daß er den ursprünglich postulierten Rechnungszweck ("Unterlagen für unternehmerische Entscheidungen zu liefern", S. 23) im Laufe seiner Ausführungen aus dem Auge verliert und durch einen anderen ersetzt (Vgl. S. 66: "... liegt der Schwerpunkt des Gewinnbegriffes der bikausalen Deckungsbeitragsrechnung im Gegensatz zum traditionellen Gewinnbegriff ausdrücklich auf der Verwendungsbezogenheit und dem Finanzcharakter des Gewinns.").

1) Vgl. KÜHNEMUND, Klaus, Bikausale ..., a.a.O., S. 30 ff.
2) Ebenda, S. 36.
3) Vgl. ebenda, S. 62, 67.
4) Ebenda, S. 47.
5) Ebenda, S. 35.
6) Ebenda. Das Realisationsprinzip ist nach herrschender Meinung jedoch kein Prinzip der Kostenrechnung, weil es mit der Dispositionsfunktion unvereinbar ist. Bei KÜHNEMUND wären auch dann noch keine Nutzungskosten für das Betriebsmittel entstanden, wenn die Nutzungsdauer schon beendet ist und bis dahin nur auf Lager produziert wurde.

sieht KÜHNEMUND, daß auch ein Ansatz von Null implizit eine Quantifizierung darstellt. Bei seinem Bestreben nach "objektiver Quantifizierbarkeit" vernachlässigt er den eigentlichen Rechnungszweck, denn die Güte eines Kostenbewertungsverfahrens richtet sich nicht danach, ob die Werte objektiv quantifizierbar sind, sondern nach dem Grad ihrer Zweckerreichung.

Im Mittelpunkt steht bei KÜHNEMUND nicht die Frage, wie die Kosten anzusetzen sind, damit optimale Entscheidungen zustande kommen, sondern der Verteilungsaspekt: Wie sind die um die nach faktorbezogener Kausalität zurechenbaren Kosten verminderten, bereits realisierten Erlöse auf folgende Komponenten aufzuteilen:

- planmäßig festgelegte Gewinngröße
- Nutzungskosten (Abschreibungen) [1].

Die in der Grundrechnung als Restgröße ermittelten Nutzungskosten werden in der sich anschließenden Anlagendeckungsrechnung auf die einzelnen Kostenstellen verteilt. Hierbei muß KÜHNEMUND notgedrungen eine Schlüsselung vornehmen [2], obwohl er vorher die herkömmlichen Kostenrechnungskonzepte ablehnt, weil sie seiner Meinung nach nicht ohne Schlüsselung auskommen [3]. Damit läßt sich die bikausale Deckungsbeitragsrechnung als ein ex post-Abrechnungssystem kennzeichnen, das letztlich Zwecken dient, die nicht Kostenrechnungszwecke sind und dessen verwendungsorientierter Gewinnbegriff gar kein Begriff der Kostenrechnung sondern vielmehr der Finanzbuchhaltung ist. Aus diesem Grunde erübrigt es sich hier, auf weitere Einzelheiten der Anlagendeckungsrechnung einzugehen. Hier kommt es vor allem auf die Frage an, welche Konsequenzen sich aus der Vorgehensweise KÜHNEMUNDs für die dispositiven Zwecke der Kostenrechnung ergeben. Wie RIEBEL wendet sich auch KÜHNEMUND gegen die Berücksichtigung von

---

1) Vgl. KÜHNEMUND, Klaus, Bikausale ..., a.a.O., S. 32 ff. Zur Ergänzung auch S. 57 ff.
2) Vgl. ebenda, S. 97 ff.
3) Vgl. ebenda, S. 26 ff.

Nutzungskosten (Abschreibungen) bei der Planung des Produktionsprogramms, doch führt er andere Argumente hierfür an. Er erkennt selbst, wozu die Nichteinbeziehung von Abschreibungen führt: "Damit verliert in diesem besonderen Zusammenhang das Entscheidungskriterium der Gewinnmaximierung seine beherrschende Bedeutung. Daneben tritt die Forderung nach einer möglichst schnellen Realisation des in dem betrieblichen FN-Potential enthaltenen Faktor-Nutzens, das heißt nach Minimierung der Deckungsdauer." [1] KÜHNEMUND kehrt die Zusammenhänge zwischen Zielsetzung und Bewertung in der Kostenrechnung um: Bei ihm richtet sich nicht etwa die Bewertung nach der Zielsetzung, sondern eine unter bestimmten Gesichtspunkten als "richtig" erkannte Bewertungsmethode bedingt die Wahl der unternehmerischen Zielsetzung.

Sieht man von dieser unhaltbaren Argumentationsweise einmal ab, dann bleibt noch die Frage zu klären, welche Bedeutung der Minimierung der Deckungsdauer als Zielsetzung der kurzfristigen Produktionsplanung überhaupt beizumessen ist. KÜHNEMUND begründet weder diese von ihm postulierte Zielsetzung näher, noch äußert er sich dazu, inwieweit sie "neben" die Gewinnmaximierung als Entscheidungskriterium tritt, beziehungsweise in welcher Beziehung beide Zielsetzungen zueinander stehen. Er begnügt sich mit dem Hinweis, daß das mit der Investition verbundene Risiko minimiert werden soll und daß insoweit eine "Analogie zur Amortisationsrechnung bzw. Pay-off-Methode" besteht [2].

Im Rahmen der Deckungsdauerminimierung werden in der Planperiode alle Nutzungsmöglichkeiten realisiert, deren Brutto-Deckungsbeiträge (Deckungsbeiträge ohne Berücksichtigung von Abschreibungen) positiv sind. Dies gilt jedenfalls unter der Voraussetzung, von der KÜHNEMUND regelmäßig ausgeht, daß am Ende der Nutzungsdauer die Deckung immer erreicht ist. Läßt man diese Voraussetzung fallen, dann gilt die obige Aussage nur noch so lange,

---

1) KÜHNEMUND, Klaus, Bikausale ..., a. a. O., S. 47.
2) Ebenda, S. 48.

wie die jetzigen Nutzungen nicht spätere Nutzungen verhindern, die eine frühere oder weitergehende Deckung der Anschaffungsausgaben ermöglichen würden. Das wäre etwa der Fall, wenn die späteren Nutzungsmöglichkeiten höhere Bruttodeckungsbeiträge erbringen würden als die jetzigen Nutzungen. Handelt man in diesem Fall gewinnmaximierend, so würde man gegebenenfalls die Nutzungsdauer durch weiteren Verzicht auf die vergleichsweise ungünstigen Nutzungsmöglichkeiten jetzt weiter verlängern, um dadurch mehr von den günstigeren Nutzungsmöglichkeiten später realisieren zu können, obwohl dadurch unter Umständen erst eine spätere Deckung der Anschaffungsausgaben erreicht wird.

Die Gewinnmaximierung führt immer dann zu gleichen Ergebnissen wie die Deckungsdauerminimierung, wenn die entscheidungsrelevanten Abschreibungen für die letzte der in der Teilperiode in Betracht kommenden Nutzungsmöglichkeiten nicht größer sind als die zugehörigen Brutto-Deckungsbeiträge. In diesem Fall besteht auch bei Gewinnmaximierung keine Präferenz, Nutzungsmöglichkeiten bis später aufzuschieben. Sind jedoch die Netto-Deckungsbeiträge (Deckungsbeiträge mit Berücksichtigung von Abschreibungen) bei Gewinnmaximierung negativ bei positiven Brutto-Deckungsbeiträgen, so weichen die Planungsergebnisse bei beiden Zielsetzungen voneinander ab: Unter dem Aspekt der Deckungsdauerminimierung wäre es immer noch günstiger, die Nutzungsmöglichkeiten jetzt zu realisieren, obwohl man dadurch immer mehr vom Gewinnmaximum abweicht. Bei sicheren Erwartungen sind somit beide Zielsetzungen nicht miteinander vereinbar, die Deckungsdauerminimierung kann gegen die Gewinnmaximierung verstoßen.

Nun ist aber die Deckungsdauerminimierung als Zielsetzung vor allem unter dem Gesichtspunkt der Unsicherheit zu diskutieren: Weil die späteren Nutzungsmöglichkeiten ungewiß sind, sollte man lieber alle gegenwärtigen Möglichkeiten zur Deckung der Anschaffungsausgaben ausnutzen. Es zeigt sich jedoch, daß die Zielsetzung "Minimierung der Deckungsdauer" das Unsicherheitsproblem in sehr einseitiger und extremer Form in die Planung einbezieht: Sie unterstellt völlige Risikoscheu des Unternehmers, weil sie grundsätzlich einen zwar sehr kleinen, aber sicheren Gewinn jetzt einem sehr hohen, aber unsicheren Gewinn später vorzieht. Zweifellos spielt die unternehmerische Risikoneigung bei der Entscheidung zwischen heutigen und späteren Verwendungsmöglichkeiten eine Rolle, doch darf darüber nicht der Einfluß übersehen werden, den die unterschiedliche Höhe des heutigen und möglichen späteren Deckungsbeitrages auf die Entscheidung ausübt. Man muß also zwischen der Höhe der zu erwirtschaftenden Beträge und dem Grad der Unsicherheit, mit der sie behaftet sind, unterscheiden, aber beide Aspekte sind für die Entscheidung wichtig. Die Minimierung der Deckungsdauer als kurzfristige Zielsetzung unter Unsicherheit ist somit unseres Erachtens abzulehnen, weil sie nur auf den Grad der Unsicherheit abstellt [1]. Zwar wird mit zunehmender Risikoscheu die Vorziehenswürdigkeit späterer möglicher Gewinne zunehmend geringer, und damit werden auch die entscheidungsrelevanten Abschreibungen als Maß für die zeitliche Präferenz von Nutzungsmöglichkeiten immer kleiner (sie machen dadurch jetzige Nutzungen attraktiver), doch ist das noch kein Grund dafür, generell die Risikominimierung als relevante Zielsetzung, und damit Abschreibungen von Null, zu postulieren [2]. Wenn diese Zielsetzung dennoch eine gewisse praktische Bedeutung besitzt, so sicherlich vor allem deshalb, weil sie die Planung wesentlich vereinfacht (eine dynamische Analyse ist nicht mehr erforderlich), wobei man unseres Erachtens allerdings stillschweigend unterstellt, daß der Wert der Nutzungsmöglichkeiten im Zeitablauf nicht steigt, also nicht gegen die Gewinnmaximierung verstoßen wird. So läßt sich beispielsweise die Bemerkung von

---

1) Zur Kritik der Zielsetzung "Risikominimierung" vgl. SCHNEIDER, Dieter, Investition ..., a. a. O., S. 63 ff.

2) Vgl. auch ROSS, Myron H., Depreciation ..., a. a. O., S. 425: "If the businessman is bullish regarding the future of the trucking business, the user cost of the truck will rise, conversely, if he is bearish, user cost will fall ... Uncertainty is not a sufficient reason for disregarding user cost. To argue against a cost because of uncertainty is to argue against considering all costs."

VÄSTHAGEN interpretieren, die sich auf eine Befragung einiger größerer schwedischer Unternehmen stützt: "Nicht zuletzt mit Rücksicht auf die schnelle technische Entwicklung sollte man mit möglichst kurzfristigen Laufzeiten bei Investitionen rechnen. Man trachtet deshalb danach, die Anlagen möglichst intensiv auszunutzen." [1] Hier deutet die Vermutung der schnellen technischen Entwicklung darauf hin, daß die Wirtschaftlichkeit späterer Nutzungen immer geringer wird.

Unsere Ausführungen zu den Abschreibungsverfahren, die grundsätzlich keine Zurechnung auf die Produkte oder Leistungsabgaben der Betriebsmittel vornehmen, zeigen, daß diese Verfahren nur in manchen Fällen zum richtigen Ergebnis führen. Sie sind deshalb generell und in der Allgemeingültigkeit, die sie beanspruchen, in der entscheidungsorientierten Kostenrechnung nicht brauchbar.

---

1) VÄSTHAGEN, Nils, Maßnahmen der Unternehmenspolitik in Schweden zur Einschränkung des Fixkostenrisikos, ZfhF 1958, S. 129.

2.2.2 Abschreibungsverfahren, die eine Zurechnung auf die Produkte vornehmen

Aus der Tatsache, daß die Abschreibungsverfahren ohne Zurechnung auf die Produktionsaktivitäten nur in manchen Fällen zum richtigen Ergebnis führen, folgt, daß umgekehrt alle Verfahren, die grundsätzlich eine solche Zurechnung vornehmen, ebenfalls für die Zwecke der entscheidungsorientierten Kostenrechnung nicht geeignet sind, denn es gibt durchaus Situationen, in denen die entscheidungsrelevanten Abschreibungen gleich Null sind (zeitunelastische Nutzungen). Damit können wir aus der weiteren Untersuchung vorab alle jene Abschreibungsverfahren ausklammern, die grundsätzlich Abschreibungen auf die Produkte verteilen, unabhängig davon, ob hierbei die Abschreibungen vollständig auf die Produkte oder teilweise auch auf die Perioden zugerechnet werden. Gegenstand dieses Abschnittes sind somit nur noch solche Verfahren, die grundsätzlich offen sind sowohl für eine Zurechnung von Abschreibungen auf die Leistungen als auch für leistungsbezogene Abschreibungen von Null. Dabei soll hier die Frage im Mittelpunkt stehen, ob diese Verfahren die Differenzierung in variable Abschreibungen und Abschreibungen von Null nach - im Sinne der wertmäßigen Kostenkonzeption - sinnvollen Kriterien vornehmen. Fällt diese Untersuchung positiv aus, so können wir sagen, daß das zugehörige Abschreibungsverfahren von einer für die entscheidungsorientierte Kostenrechnung geeigneten Abschreibungsmethode ausgeht, soweit dies die Frage des Zurechnungsobjektes betrifft. Es bliebe dann noch zu prüfen, ob die Höhe der relevanten Abschreibungen in sinnvoller Weise bestimmt wird, ein Problem, das sowohl die Art der Abschreibungsverteilung (linear, degressiv oder progressiv) als auch die beiden restlichen Abschreibungskomponenten (Wertbasis und Nutzungsdauer) betrifft.

Abschreibungsverfahren, die sowohl fixe (Abschreibungen von Null) als auch variable Abschreibungen ermöglichen, werden vor allem unter dem

Stichwort "Gebrochene Abschreibung" diskutiert [1]. Diese Verfahren gehen von der Überlegung aus, daß mehrere Verbrauchs- bzw. Entwertungsursachen am Wertverzehr einer Anlage beteiligt sind oder sein können, die jedoch nur zum Teil beeinflußbar sind und insofern auch nur teilweise zu kostenwirksamem Verbrauch führen.

Die grundsätzliche Vorgehensweise der gebrochenen Abschreibung sei am Verfahren von KILGER aufgezeigt [2]. KILGER geht von dem Grundgedanken aus, daß die Nutzungsdauer einer Anlage erst bei Überschreiten einer bestimmten kritischen Beschäftigung $b^{(k)}$ vom Gebrauchsverschleiß beeinflußt wird [3]. Liegt die Beschäftigung darunter, so wird nur Zeitverschleiß wirksam, das heißt, die Inanspruchnahme der Anlage wirkt sich noch nicht auf die Lebensdauer der Anlage aus, hier handelt es sich noch um zeitunelastische Nutzungen. Dementsprechend sind die Abschreibungen hier als fixe Kosten zu verrechnen, und zwar pro Periode in Höhe des durch die Gesamtnutzungsdauer (des Zeitverschleißes) geteilten Abschreibungsausgangsbetrages. Erst bei Überschreiten der kritischen Beschäftigung wird die effektive Nutzungsdauer nicht mehr durch die Nutzungsdauer des Zeitverschleißes, sondern durch die Nutzungsdauer des Gebrauchsverschleißes beendet, und deshalb werden neben dem fixen Abschreibungsbe-

---

1) Vgl. hierzu Arbeitskreis DIERCKS der SCHMALENBACH-GESELLSCHAFT, Der Verrechnungspreis ..., a. a. O, S. 639; BAIN, Joe S., Depression Pricing and the Depreciation Function, The Quarterly Journal of Economics, 1936/37, S. 705 ff.; BRUHN, Ernst-Egon, Die Bedeutung ..., a. a. O., S. 147; KILGER, Wolfgang, Flexible ..., a. a. O., S. 401 ff.; KOSIOL, Erich, Kalkulatorische Buchhaltung, 5. Aufl., Wiesbaden 1953, S. 180; KUBE, Volker, Die Grenzplankostenrechnung, a. a. O., S. 107 f.; LEWIS, W. Arthur, Depreciation and Obsolescence as Factors in Costing, in: Depreciation and Replacement Policy, hrsg. v. J. L. MEIJ, Amsterdam 1961, S. 16; LINTZHÖFT, Helge, Die Kosten ..., a. a. O.; LUKE, Werner R., Die Ermittlung ..., a. a. O.; MELLEROWICZ, Konrad, Kosten ..., Band II, Erster Teil, a. a. O., S. 308 ff.; RUMMEL, Kurt, Einheitliche Kostenrechnung, 3. Aufl., Düsseldorf 1949, S. 123 ff.; SCHNEIDER, Dieter, Kostentheorie ..., a. a. O., S. 700 ff.

2) Vgl. KILGER, Wolfgang, Flexible ..., a. a. O., S. 401 ff.

3) KILGER bezieht sich hierbei auf die Ausführungen von BAIN, Joe S., Depression Pricing ..., a. a. O.

trag proportionale Abschreibungen verrechnet, die sich nach der zusätzlichen Inanspruchnahme und damit nach dem Ausmaß der Verkürzung der effektiven Nutzungsdauer richten. Hierdurch ergibt sich für die geplante Abschreibung pro Planungsperiode $a^{(p)}$ in Abhängigkeit von der Beschäftigung b der Kurvenverlauf ABC in Abbildung 6 [1].

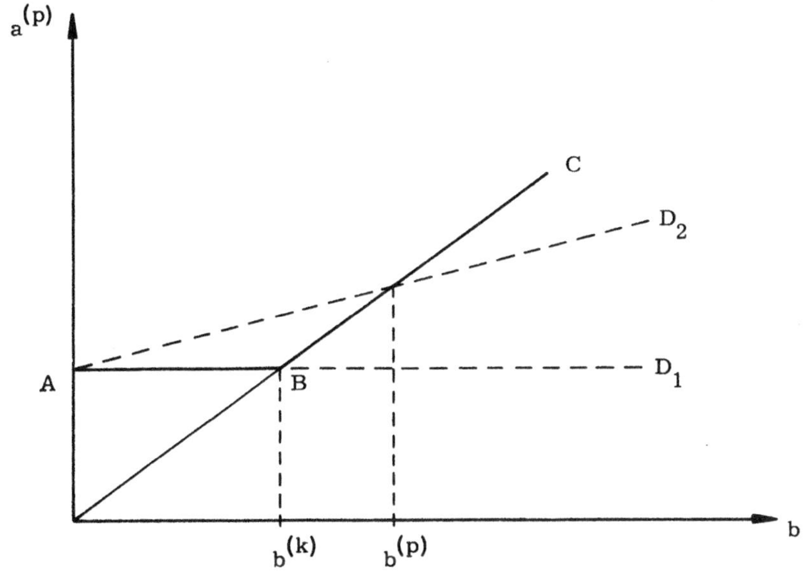

Abb. 6: Die gebrochene Abschreibung nach KILGER

Da jedoch gebrochene Sollkostenfunktionen bei der Plankalkulation und bei der praktischen Durchführung des Soll-Ist-Kosten-Vergleichs Schwierigkeiten bereiten, schlägt KILGER folgende Näherungslösung vor [2]: Kann er-

1) Vgl. KILGER, Wolfgang, Flexible ..., a.a.O., S. 404.
2) Vgl. ebenda, S. 403 ff.

wartet werden, daß die Planbeschäftigung grundsätzlich unter der kritischen Beschäftigung liegt, so wird die Sollkostenkurve AD_1 vorgegeben. Für den Fall, daß die Planbeschäftigung höher ist als die kritische Beschäftigung, soll die Gerade AD_2 als Näherungslösung dienen. Diese aus rechentechnischen Gründen vorgenommene Vereinfachung ändert jedoch nichts an der Grundkonzeption.

Während bei KILGER die Einteilung in Gebrauchs- und Zeitverschleiß noch sehr global erfolgt, ebenso wie die Bestimmung der kritischen Beschäftigung, von der aus die Inanspruchnahme der Anlage (grenz-) kostenwirksam wird, nehmen LINTZHÖFT und LUKE eine sehr eingehende Analyse der einzelnen Verbrauchsarten und ihres Zusammenwirkens sowie ihres Einflusses auf die Beendigung der Anlagennutzungsdauer vor [1]. Allerdings berücksichtigen auch diese Verfahren nicht die dynamischen Abhängigkeiten, die zwischen Gebrauchs- und Zeitverschleiß bestehen können. So mag beispielsweise die Intensität des Zeitverschleißes in einem bestimmten Zeitpunkt von der Beanspruchung der Maschine in der Vergangenheit abhängig sein. Im Grundgedanken stimmen ihre Ansätze mit dem Konzept von KILGER überein, sieht man einmal davon ab, daß sich bei LINTZHÖFT gemäß seinem entscheidungsorientierten Ansatz gar nicht die Frage nach fixen Abschreibungsbestandteilen stellt. Übereinstimmung herrscht insbesondere darüber, daß entscheidungsrelevante Abschreibungen erst dann anzusetzen sind, wenn sich die Inanspruchnahme der Anlage auf ihren Ersatzzeitpunkt bzw. auf spätere Nutzungsmöglichkeiten auswirkt.

Der investitionstheoretische Bezug des Abschreibungsproblems wird von allen Vertretern der gebrochenen Abschreibung klar erkannt [2]. Weitgehende Einigkeit herrscht auch darüber, daß die einzelnen Verbrauchsursachen

---

1) Vgl. LINTZHÖFT, Helge, Die Kosten ..., a.a.O., LUKE, Werner R., Die Ermittlung ..., a.a.O.

2) Zum investitionstheoretischen Bezug des Abschreibungsproblems vgl. auch ALBACH, Horst, Zur Verbindung ..., a.a.O.; ANTON, Hector R., Depreciation, Cost Allocating and Investment Decisions, Accounting Re-

gleichzeitig auf das Betriebsmittel einwirken, dies haben die investitionstheoretischen Überlegungen von HONKO in eindeutiger Weise gezeigt [1]. In der Literatur wird ausdrücklich darauf hingewiesen, daß hieraus nicht gefolgert werden darf, daß sich die Verbrauchsursachen in ihren Auswirkungen notwendigerweise addieren müssen und daß deshalb eine Aufteilung der Abschreibungen in einen ein für alle Male fixen und einen variablen Teil nicht gerechtfertigt sei [2]. Die Erkenntnis von der Simultanwirkung der Verbrauchsursachen besagt nichts weiter, als daß alle relevanten Zahlungsströme, die die Anlage betreffen, bei der Bestimmung des Ersatzzeitpunktes berücksichtigt werden müssen. Die viel weiter differenzierende Aussage, daß etwa in bestimmten Situationen nur Zeitverschleiß vorliegt, verkennt diese Forderung keineswegs, sondern geht von der Einsicht aus, daß in diesen speziellen Fällen die Veränderung der Zahlungsströme durch zusätzliche Nutzung, die natürlich im allgemeinen Fall berücksichtigt ist, nicht wirksam wird, bzw. daß diejenigen Zahlungsströme, die die wirtschaftliche Nutzungsdauer bestimmen, sich durch zusätzliche Nutzungen nicht ändern. Eine solche Aussage trifft also Annahmen über die Ausprägungen gewisser Zahlungsströme, wohingegen die Feststellung von der Simultanwirkung der Abschreibungsfaktoren rein formaler Natur ist. Nur

---

search 1956, S. 117-134; BRUHN, Ernst-Egon, Die Bedeutung ..., a. a. O., S. 195 ff. und 208 ff.; FRANKE, Günter, LAUX, Helmut, Die Bemessung ..., a. a. O.; HEINEN, Edmund, Betriebswirtschaftliche ..., a. a. O., S. 252 und 510; HOTELLING, Harold, A General Mathematical Theory of Depreciation, The Journal of the American Statistical Association 1925, S. 340 ff.; NEAL, Alfred C., Marginal Cost ..., a. a. O.; PREINREICH, Gabriel A. D., Annual Survey of Economic Theory: The Theory of Depreciation, Econometrica 1938, S. 219 ff.; ders., Note on the Theory of Depreciation, Econometrica 1941, S. 80 ff.; ROSS, Myron H., Depreciation ..., a. a. O., S. 423 f.; SCHNEIDER, Dieter, Kostentheorie ..., a. a. O., S. 700 ff.; SCOTT, A. D., Notes ..., a. a. O., bes. S. 378 f.; WRIGHT, F. K., Towards A General Theory of Depreciation, Journal of Accounting Research 1964, bes. S. 83 f.

1) Vgl. HONKO, Jaakko, Koneen Edullisin ..., a. a. O., S. 255 ff. sowie VIRKKUNEN, Henrik, Zur Frage der Investitionskalküle und der optimalen Lebensdauer von langlebigen Produktionsmitteln, Erörterungen über die Habilitationsschrift von J. Honko, in: Ifo-Studien 1957, S. 119 ff.

2) Vgl. Z. B. MEFFERT, Heribert, Betriebswirtschaftliche ..., a. a. O., S. 187; SCHNEIDER, Dieter, Kostentheorie ..., a. a. O., S. 701.

unter diesem Gesichtspunkt ist die Auffassung zu verstehen, daß sich die Verbrauchsursachen in ihren Auswirkungen nicht notwendigerweise addieren müssen. Hieraus läßt sich jedoch noch keine Kritik am Konzept der gebrochenen Abschreibung ableiten, wie FRANKE und LAUX es versuchen: "Das Ende der Nutzungsdauer kann für eine Anlage entweder ausschließlich durch den Gebrauchs- oder ausschließlich durch den Zeitverschleiß herbeigeführt werden." [1] "Die Verschleißursachen Gebrauch und Ablauf der Kalenderzeit können sich in ihrer Wirksamkeit gegenseitig beeinflussen. So kann zum Beispiel die Gesamtkapazität von der Nutzungsdauer abhängig sein. Aber auch bei gegenseitiger Abhängigkeit der Verschleißursachen gilt im allgemeinen, daß am Ende der Nutzungsdauer entweder alle Kapazitätseinheiten oder nicht alle Kapazitätseinheiten genutzt worden sind, das heißt entweder Gebrauchsverschleiß oder Zeitverschleiß wirksam geworden ist. Somit ist eine Aufteilung der Abschreibung in gebrauchs- und zeitabhängige Bestandteile, wie sie zum Beispiel von Bain, Kilger und D. Schneider beschrieben wird, zumindest für Entscheidungsrechnungen nicht sinnvoll." [2] Nach dieser Auffassung sind die Abschreibungen entweder nur als fixe oder nur als variable Kosten anzusetzen.

Unseres Erachtens handelt es sich hierbei jedoch nur um ein Scheinproblem: In einer entscheidungsorientierten Kostenrechnung stellt sich gar nicht die Frage, wie die Abschreibungen in einen fixen und variablen Teil aufzuspalten sind, weil es hier unerheblich ist, wieviel fixe Kosten angesetzt werden; sie haben auf die Lösung keinerlei Einfluß. Deshalb läßt sich unter entscheidungstheoretischen Gesichtspunkten über die Abschreibungsaufteilung gar nicht diskutieren. Die einzig relevante Alternative lautet hier: Entweder <u>hat</u> eine zusätzliche Nutzung Einfluß auf den Ersatzzeitpunkt oder sie hat keinen, bzw.: Entweder es entstehen durch die zusätzli-

---

1) FRANKE, Günter, LAUX, Helmut, Die Bemessung ..., a.a.O., S. 412.
2) Ebenda, Fußnote 10). Unter "alle Kapazitätseinheiten" verstehen FRANKE und LAUX die Gesamtkapazität, nach deren Erschöpfung die Anlage nicht mehr nutzbar ist. Sie bildet zusammen mit der maximalen Nutzungsdauer infolge technischen Zeitverschleißes eine "doppelte Obergrenze für die Nutzbarkeit einer Anlage". Ebenda, S. 403.

che Nutzung entscheidungsrelevante Kosten oder es entstehen keine. Dabei kann auch im ersten Fall Zeitverschleiß wirksam sein, denn eine Eliminierung aller mit dem Zeitverschleiß in Verbindung stehenden Zahlungsströme kann zu einem anderen Ergebnis führen. Insofern sind die Ausführungen von FRANKE und LAUX noch kein Argument gegen die gebrochene Abschreibung im Sinne von KILGER, LUKE und LINTZHÖFT. Auch ihre Verfahren differenzieren nach Situationen, in denen die Nutzungen mit Abschreibungen bewertet werden und solchen, in denen sie kostenlos sind. Daß im ersten Fall neben den variablen Abschreibungen auch fixe Abschreibungen verrechnet werden, ist grundsätzlich ohne Belang, es kommt nur auf folgende Punkte an:

- Wird die Frage, wann Abschreibungen entscheidungsrelevant werden, wann also eine Berücksichtigung von Abschreibungen in Planungsrechnungen erfolgen muß, richtig gelöst?
- Werden hierfür dann die richtigen Wertansätze ermittelt?

Unsere Ausführungen haben gezeigt, daß das Konzept der gebrochenen Abschreibung wegen seines investitionstheoretischen Bezugs vom Ansatzpunkt her grundsätzlich geeignet ist, die erste Frage in zufriedenstellender Weise zu lösen. Das heißt, daß dieses Konzept von der - unter entscheidungstheoretischen Gesichtspunkten - richtigen Abschreibungsmethode ausgeht, soweit dies das Problem des Zurechnungsobjektes betrifft [1]. Was die zweite Frage anbetrifft, so gehen die gebrochenen Abschreibungsverfahren üblicherweise von der linearen Verteilungsmethode aus, das heißt, daß die Aufteilung des Abschreibungsausgangsbetrages auf die einzelnen Leistungseinheiten zu gleichen Teilen erfolgt (entsprechend bleibt auch der fixe Abschreibungsbetrag von Periode zu Periode grundsätzlich gleich). Ob diese Vorgehensweise sinnvoll ist, soll im folgenden Abschnitt bei der Diskussion der verschiedenen Abschreibungsausgangsbeträge untersucht werden, derer sich die herkömmlichen kostenrechnerischen Abschreibungsverfahren bedienen.

1) Hierbei ist unterstellt, daß die investitionstheoretischen Probleme, d.h. die Ermittlung der Nutzungsdauer und ihrer Beziehung zur Inanspruchnahme in richtiger Weise gelöst werden.

2. 3 Alternative Abschreibungsausgangsbeträge und ihre entscheidungstheoretische Beurteilung

2. 3. 1 Abschreibungsverfahren auf der Basis von Anschaffungswerten

Die auf Anschaffungswerten basierenden Abschreibungsverfahren sehen als Abschreibungsausgangsbetrag den historischen Anschaffungspreis des betreffenden Betriebsmittels an, der in der Regel um einen eventuell erzielten Rabatt und um den voraussichtlichen Netto-Liquidationserlös [1] vermindert wird, und zu dem die Beschaffungsnebenkosten wie Fracht-, Versicherungs- und Verpackungskosten sowie die Kosten für Montage und Installation addiert werden. Der so ermittelte Betrag wird entsprechend der gewählten Abschreibungsmethode auf die einzelnen Leistungsabgabemengen und/oder auf die einzelnen Teilperioden der Nutzungsdauer verteilt.

Im wesentlichen werden in der Literatur folgende Begründungen zur Verwendung des Anschaffungspreises als Bemessungsgrundlage der kostenrechnerischen Abschreibungen vorgetragen:

1) Abschreibungsverfahren auf der Basis von Anschaffungswerten sind einfach zu handhaben: Die Anschaffungswerte sind eindeutig fixiert, bei ihrer Ermittlung entstehen keine Probleme, außerdem sorgen sie für eine gute Vergleichbarkeit der Abschreibungen, da die Anschaffungswerte im Gegensatz zu den sich im Zeitablauf ändernden Tages- und Wiederbeschaffungswerten eine feststehende Größe sind [2].

---

1) Der Netto-Liquidationserlös ergibt sich als Differenz aus dem effektiven Verkaufserlös und den Abbruch-, Transport- und Verkaufskosten.

2) Vgl. BOSSHARDT, Erik, Leistungsmäßige ..., a. a. O., S. 40, der im übrigen aber die Anschaffungswerte als Abschreibungsausgangsbetrag ablehnt. HENZEL hält den Anschaffungswert als Abschreibungsgrundlage für geeignet in Anbetracht der Tatsache, "daß die Behandlung der Abschreibung ihrem ganzen Wesen nach keine exakte mathematische Lösung ermöglicht, sondern daß dabei in besonderem Maße mit Schätzungen gearbeitet werden muß, die zahlreiche Fehlerquellen einschließen." HENZEL, Friedrich, Die Kostenrechnung, a. a. O., S. 74. Vgl. auch BRUHN, Ernst-Egon, Die

2) Die Ableitung der kostenrechnerischen Abschreibungen aus den Anschaffungswerten der Betriebsmittel entspricht dem pagatorischen Kostendenken. Danach wird der Wert einer Anlage aus ihren Anschaffungsausgaben abgeleitet [1]. Nur eine Abschreibung vom Anschaffungswert gewährleistet, daß in der Kostenrechnung genau soviel verrechnet wird, wie die Anlage tatsächlich gekostet hat [2].

3) Die Abschreibung vom Anschaffungswert ermöglicht die Erhaltung des Nominalkapitals [3].

Bedeutung ..., a.a.O., S. 136 ff.; KALVERAM, Wilhelm, Industrielles Rechnungswesen, 5. Aufl., Wiesbaden 1961, S. 153.

1) Vgl. z.B. BRUHN, Ernst-Egon, Die Bedeutung ..., a.a.O., S. 136 f.

2) Vgl. HARRMANN, Alfred, Betriebswirtschaftliche ..., a.a.O., S. 77; JONAS, Heinrich, Zur betriebswirtschaftlichen Problematik der kalkulatorischen Abschreibung, ZfhF 1962, S. 635.

3) Vgl. BOSSHARDT, Erik, Leistungsmäßige ..., a.a.O., S. 41; JONAS, Heinrich, Zur betriebswirtschaftlichen ..., a.a.O., S. 636 ff. Zu den Arten und Aufgaben der Kapitalerhaltung vgl. im übrigen SCHMIDT, Ralf-Bodo, Kapitalerhaltung und Rechnungswesen, in: Handwörterbuch des Rechnungswesens, Stuttgart 1970, Sp. 772 ff. und die dort angegebene Literatur.

2.3.2 Abschreibungsverfahren auf der Basis von Wiederbeschaffungswerten

Die enge Bindung der Abschreibungen an die historischen Anschaffungskosten der Anlagegüter, die den handels- und steuerrechtlichen Bewertungsvorschriften entspricht, steht nach der Ansicht des überwiegenden Teils der Literatur nicht im Einklang mit den Zielen der Kostenrechnung [1]. Insbesondere wird hiergegen eingewandt, daß die historischen Kosten als "sunk cost" keinerlei Bedeutung mehr für Entscheidungen besitzen [2]. Der Wert einer Anlage - und damit auch ihre Wertminderung infolge Nutzung - läßt sich nur aus der Zukunft ableiten, unabhängig davon, zu welchem Preis sie beschafft wurde [3], denn ihr Wert für den Betrieb bestimmt sich nach ihrer Eignung zur Hervorbringung von Produktionsleistungen. In der Regel geht man im Rahmen der Produktionsplanung davon aus, daß die zur Verfügung stehenden Anlagen nach Beendigung ihrer Nutzungsdauer wiederbeschafft werden sollen (going-concern-Annahme) [4]. Eine Bewertung auf der Basis der Anschaffungswerte steht mit dieser Annahme nicht im Einklang [5]. Weiterhin wird einge-

---

1) Vgl. z.B. BOSSHARDT, Erik, Leistungsmäßige ..., a.a.O., S. 40 ff.; HORNGREN, A Contribution Margin Approach to the Analysis of Capacity Utilization, The Accounting Review 1967, S. 254 ff.; KOSIOL, Erich, Anlagenrechnung, Wiesbaden 1955, S. 26: "Der Abschreibungsaufwand trägt daher begrifflich Ausgabencharakter, während die Abschreibungskosten grundsätzlich von dem Zahlungsvorgang unabhängig zu denken sind." NEAL, Alfred C., Marginal Cost ..., a.a.O.; WILLIAMS, Michael D., Asset Valuation and Recognition, Cost and Management, 1969, S. 33 ff.; WÖHE, Günter, Einführung ..., a.a.O., S. 888 ff.

2) Vgl. z.B. DEAN, Joel, The Measurement of Profit, reprinted from The Accounting Review, in: Managerial Economics and Operations Research, hrsg. v. Edwin MANSFIELD, New York 1966, S. 43; NEAL, Alfred C., Marginal Cost ..., a.a.O.

3) Vgl. LEWIS, W. Arthur, Depreciation ..., a.a.O., S. 17.

4) Vgl. z.B. LEA, Richard B., A Note ..., a.a.O., S. 347.

5) Vgl. FREMGEN, James M., The Going Concern Assumption ..., a.a.O., S. 649-656; LEA, Richard B., A Note ..., a.a.O., S. 347.

wandt, daß man mit dieser Vorgehensweise in Zeiten steigender Preise zu niedrig bewerte: hier sei die Ersatzbeschaffung gefährdet und damit die Substanzerhaltung nicht mehr gewährleistet. Deshalb sei eine Abschreibung vom Wiederbeschaffungswert der Anlage zu fordern [1)2)]. Dabei wird die Tatsache, daß die effektiven Wiederbeschaffungspreise noch unbekannt sind, nicht als Gegenargument gelten gelassen, weil "alle Entscheidungen in der Unternehmung auf Daten basieren, die in der Zukunft liegen und deswegen notwendigerweise ebenfalls immer unsicher sind" [3)]. Die Wiederbeschaffungspreise müssen somit geschätzt werden, wobei unter Umständen die Möglichkeit besteht, die benötigten Informationen im Wege der Lieferantenbefragung zu gewinnen [4)].

---

1) Vgl. z. B. GROSSMANN, H., Die Abschreibung vom Standpunkt der Unternehmung, insbesondere ihre Bedeutung als Kostenfaktor, Berlin, Wien 1925, S. 81 ff.; MAHLBERG, W., Bilanztechnik und Bewertung bei schwankender Währung, Leipzig 1922, S. 52.
2) Vgl. zur weiteren Kritik am Anschaffungswert als Abschreibungsausgangsbetrag TRAWCZYNSKI, Jeri, FESMIRE, Walker, Historic Cost Versus Current Cost for Fixed Asset Valuation, Cost and Management 1971, S. 32 ff.
3) KRUSCHWITZ, Lutz, Der Wiederbeschaffungswert ..., a. a. O., S. 56.
4) Vgl. ebenda.

2.3.3 Abschreibungsverfahren auf der Basis von Tageswerten

In der Kostenrechnung ist die Abschreibung vom Tageswert [1] die wohl am weitesten verbreitete Vorgehensweise [2]. Die meisten Autoren führen hierfür insbesondere als Begründung an, die Wiederbeschaffungswerte seien zu unsicher und nicht objektiv nachprüfbar [3]. Eine solche Argumentation kann aber nicht überzeugen, wenn man vorher die Wiederbeschaffungswerte als theoretisch richtig anerkannt hat. Wenn man dann trotzdem vom Tageswert ausgeht, so bedeutet das, daß man diesen Wert als beste Annäherung an den noch nicht genau bekannten Wiederbeschaffungswert ansieht. Gerade aber in Zeiten allgemeiner Preissteigerungen wäre ein grobes Schätzen der Wiederbeschaffungswerte immer noch besser als eine solch willkürliche Vorgehensweise.

Als weiteres Argument gegen Wiederbeschaffungswerte als Abschreibungsbasis wird von den Vertretern der Tagespreisbewertung die Ansicht vorgetragen, die Kostenrechnung sei eine kurzfristige Rechnung, der ein Planungszeitraum zugrunde liege, der viel kürzer sei als die Nutzungsdauern der Anlagegüter, und die infolgedessen keine Aussagen über den Ersatzzeitpunkt und den dann gültigen Wiederbeschaffungspreis machen könne [4]. Dem

---

1) Zu den möglichen Bezugszeitpunkten der Tageswerte vgl. LUKE, Werner R., Die Ermittlung ..., a. a. O., S. 191 ff. Am verbreitetsten dürfte der Verbrauchstag als Bezugszeitpunkt sein; vgl. z. B. MELLEROWICZ, Konrad, Kosten und Kostenrechnung, Band II, Zweiter Teil, 4. Aufl., Berlin 1968, S. 228. Eine jeweilig erforderliche Umbewertung bei schwankenden Preisen läßt sich vermeiden, wenn man näherungsweise die durchschnittlichen Tagespreise der Rechnungsperiode ansetzt.

2) Vgl. z. B. KUBE, Volker, Die Grenzplankostenrechnung, a. a. O., S. 105; SCHMIDT, Ralf-Bodo, Kapitalerhaltung ..., a. a. O., Sp. 777; SCHÖNFELD, Hanns-Martin, Kostenrechnung, 3. Aufl., Stuttgart 1966, S. 27.

3) Vgl. z. B. BOSSHARDT, Erik, Leistungsmäßige ..., a. a. O., S. 49; KILGER, Wolfgang, Flexible ..., a. a. O., S. 175 ff.; LUKE, Werner R., Die Ermittlung ..., a. a. O., S. 203; MELLEROWICZ, Konrad, Kosten ..., Band II, Zweiter Teil, a. a. O., S. 227 f.; OBERLI, Fritz, Die kalkulatorische und die bilanzmäßige Abschreibung, Bern 1945, S. 39; SCHÖNFELD, Hanns-Martin, Kostenrechnung, a. a. O., S. 27.

4) Vgl. KILGER, Wolfgang, Flexible ..., a. a. O., S. 178.

ist jedoch entgegenzuhalten, daß in der Regel Interdependenzen zwischen dem Entscheidungsfeld der kurzfristigen Planung und dem restlichen Entscheidungsfeld bestehen und daß deshalb auch die kurzfristige Planung immer auf die Erreichung des langfristig geltenden Unternehmensziels ausgerichtet sein muß. Es wäre somit verfehlt, eine kurzfristige Gewinnmaximierung zu betreiben, wenn die Gewinngröße nicht die langfristigen Auswirkungen der kurzfristigen Aktionsparameter berücksichtigt. Wie ADAM nachgewiesen hat, führt in dynamischen Entscheidungssituationen nur eine Bewertung zu Wiederbeschaffungspreisen zu richtigen Entscheidungen: eine Tagespreisbewertung zieht Fehldispositionen nach sich [1].

Bei der Bestimmung der Tageswerte bedient man sich vielfach der Indexrechnung [2], daneben besteht die Möglichkeit, die Tagespreise beim Hersteller zu erfragen [3]. Da gestiegene Preise oft nicht alleine auf die Geldentwertung sondern daneben auch auf den technischen Fortschritt zurückzuführen sind, wird häufig der um einen bestimmten Betrag (in dem die Werterhöhung infolge technischen Fortschritts zum Ausdruck kommen soll) verminderte Tagespreis als Abschreibungsbasis angesehen [4].

1) Vgl. ADAM, Dietrich, Entscheidungsorientierte ..., a. a. O., S. 150 ff.
2) Vgl. Arbeitskreis DIERCKS der SCHMALENBACH-GESELLSCHAFT, Der Verrechnungspreis ..., a. a. O., S. 638; HARRMANN, Alfred, Betriebswirtschaftliche Probleme ..., a. a. O., S. 73 f.; KASCHIG, Betriebswirtschaftliche Probleme ..., a. a. O., S. 274 ff.; KRUSCHWITZ, Lutz, Der Wiederbeschaffungswert ..., a. a. O., S. 56 f.; KUBE, Volker, Die Grenzplankostenrechnung, a. a. O., S. 105 ff.
3) Vgl. KRUSCHWITZ, Lutz, Der Wiederbeschaffungswert ..., a. a. O., S. 56.
4) Vgl. die in Fußnote 2) zitierte Literatur.

2.3.4 Die Beurteilung der Anschaffungs-, Wiederbeschaffungs- und Tageswerte als Grundlage für die Ermittlung der kostenrechnerischen Abschreibungen

2.3.4.1 Das Verrechnungsdenken bei der Abschreibungsermittlung

Allen herkömmlichen Abschreibungsverfahren wohnt der Grundgedanke inne, den Wert für einzelne Potentialfaktorverbrauchsmengen aus dem Preis für den Potentialfaktor (also für das gesamte Bündel von Potentialfaktorverbrauchsmengen) abzuleiten. Das gilt auch für solche Abschreibungsmethoden, bei denen die Summe der verrechneten Abschreibungen nicht unbedingt mit dem Potentialfaktorpreis (Abschreibungsbasis) übereinstimmen muß, etwa wenn die tatsächliche Nutzungsdauer nicht mit der geschätzten übereinstimmt [1]. In jedem Fall orientieren sich die Abschreibungen an dem Preis für das ganze Nutzungsbündel [2]. Das gilt auch für die Verfahren der gebrochenen Abschreibung. Zwar erkennen sie - wie unsere Ausführungen im Abschnitt 2.2.2 gezeigt haben - klar den investitionstheoretischen Bezug des Abschreibungsproblems, wenn sie die Frage lösen, wann Abschreibungen als entscheidungsrelevante Kosten anzusetzen sind, doch werden diese Erkenntnisse nicht konsequent bei der Bestimmung der

---

1) Dies hat zur Folge, daß entweder die Anlage noch weiter genutzt werden kann, obwohl sie schon ganz abgeschrieben ist, oder daß ihre tatsächliche Lebensdauer beendet ist, bevor sie ganz abgeschrieben ist. In beiden Fällen ist es in der Kostenrechnung üblich, von der Forderung abzugehen, daß die Summe der Abschreibungen mit dem Abschreibungsausgangsbetrag übereinstimmen muß, das heißt, daß man im ersten Fall Abschreibungen weiter verrechnet und im zweiten Fall den Abschreibungsausgangsbetrag nicht voll in den Abschreibungen verrechnet.

2) Vgl. z.B. MELLEROWICZ, Konrad, Kosten ..., Band II, Erster Teil, a.a.O., S. 311: "Ist z.B. ein Anlagegut innerhalb von fünf Jahren wirtschaftlich entwertet, so stellt der Gesamtwert der Anlage Fixkosten dieser Fünf-Jahresperiode dar. Man muß die Abschreibungen also (wie Käfer übrigens auch nicht in Zweifel zieht) in diesem Zeitraum voll verrechnet (Hervorhebung vom Verfasser) haben."

Höhe der Abschreibungen verwertet. Gemäß dem Verrechnungsdenken, das den herkömmlichen Abschreibungen innewohnt, sehen die meisten Verfahren der gebrochenen Abschreibung das Abschreibungsproblem unter dem Gesichtspunkt, wie ein bestimmter Abschreibungsbetrag in fixe und variable Bestandteile aufzuspalten ist [1], anstatt losgelöst vom Verrechnungsdenken zu fragen, wie hoch der durch die Inanspruchnahme bedingte Wertverzehr ist, der sich in der Investitionsplanung bemerkbar macht.

Dieses Verteilungsdenken findet sich auch unterschwellig noch bei D. SCHNEIDER, der an sich die Eignung der herkömmlichen Abschreibungsverfahren für Planungsrechnungen in Frage stellt, wenn er schreibt: "Gelingt es jedoch, die 'user cost'-Abschreibungsbestandteile (Hervorhebung vom Verfasser) zu ermitteln, so sind sie in die kostenmäßige Berechnung der 'differentiellen' Preisuntergrenze einzubeziehen." [2] Unter entscheidungstheoretischen Gesichtspunkten läßt sich überhaupt kein Abschreibungsbetrag erklären, den man in irgendwelche Bestandteile zerlegen muß, sondern es geht ausschließlich darum, die entscheidungsrelevanten Kosten für die Inanspruchnahme der Betriebsmittel (user cost) zu ermitteln.

Am stärksten ausgeprägt ist dieses Verteilungsdenken bei den Abschreibungsverfahren auf der Basis von Anschaffungswerten, die für die Istkostenrechnung typisch sind. Ziel ist hierbei meist "die unbedingte Deckung der für Anlagebeschaffung einmal gemachten Ausgaben ... Man bemüht sich, alle Ausgaben um jeden Preis zu überwälzen" [3]. Dieses in der buchhalterischen Denkweise verwurzelte Vorgehen widerspricht jedoch den Zwecken der entscheidungsorientierten Kostenrechnung, da es sich hierbei um eine reine Abrechnungstechnik handelt. Ihr liegt die Ansicht zugrunde, daß die Abschreibungen

---

1) Vgl. SCHNEIDER, Dieter, Die wirtschaftliche ..., a.a.O., S. 24 f. Zur Kritik dieser Vorgehensweise vgl. auch BOSSHARDT, Erik, Leistungsmäßige ..., a.a.O., S. 78 f.
2) SCHNEIDER, Dieter, ebenda, S. 25.
3) BOSSHARDT, Erik, Leistungsmäßige ..., a.a.O., S. 29.

eine Periodisierung der Anschaffungsausgaben darstellen (bzw. eine Verteilung auf die Nutzungseinheiten), daß sich also diese und die Summe der Abschreibungen entsprechen sollten [1]. Diese Forderung ist jedoch kein selbständiger Rechnungszweck und läßt sich auch nicht aus dem Rechnungszweck "Dispositionsvorbereitung" ableiten. Das Argument für eine solche Verrechnung von Abschreibungen, irgenwie müßten ja die Ausgaben für die Anlage gedeckt werden (über den Leistungserstellungsprozeß wieder erwirtschaftet werden), deshalb gelte es, in die Kosten anteilige Anschaffungsausgaben (oder auch Wiederbeschaffungsausgaben für notwendigen Ersatz) einzubeziehen, besitzt für die Kostenrechnung, das heißt für kurzfristige Planungsprobleme, für die die Ausgaben für vorhandene Betriebsmittelbestände sunk cost darstellen, keine Gültigkeit. Nur im Rahmen der langfristigen Planung muß die Deckung der Anschaffungsausgaben gewährleistet sein, und diese Frage wird im Rahmen der Investitionsplanung untersucht. In der Kostenrechnung würde die Verrechnung eines Teils der Anschaffungsausgaben jedoch zu Dispositionsfehlern führen, erhöht sich doch hierdurch die Preisuntergrenze entsprechend. Das würde bedeuten, daß ein Produkt, dessen erzielbarer Erlös niedriger ist als die Grenzkosten unter Einbeziehung des Abschreibungsbetrages, selbst bei freien Kapazitäten nicht mehr hergestellt würde, weil es einen negativen Deckungsbeitrag bekäme. Die Entscheidung, nicht zu produzieren, wäre jedoch dann falsch, wenn die Potentialfaktornutzungen zeitunelastisch sind und die Erlöse über den Grenzkosten ohne Berücksichtigung von Abschreibungen liegen; ebenso wenn die durch die jetzige Nutzung verursachte Wertminderung des späteren Entscheidungsfeldes geringer ist als die Differenz aus Erlö-

---

1) Diese Ansicht wird auch von ALBACH vertreten: "Der von der Leistungserstellung einer Periode verursachte Aufwand ist der Anteil an den Anschaffungs- oder Herstellungskosten der Anlage, der der Verminderung des gesamten Leistungspotentials der Anlage durch die Leistungserstellung in der Periode entspricht." ALBACH, Horst, Die degressive Abschreibung, Wiesbaden 1967, S.62. Damit trifft die hier vorgetragene Kritik an den herkömmlichen Abschreibungsverfahren auch auf das ALBACH'sche Konzept zu. Zur Kritik an ALBACH vgl. ferner: HAX, Karl, Was ist die betriebswirtschaftlich notwendige Abschreibung? In: Beiträge zur Lehre von der Unternehmung, Festschrift für Karl Käfer, hrsg. v. O.ANGEHRN und H.P.KÜNZI, Stuttgart 1968, S.147-168.

sen und Grenzkosten. In beiden Fällen würde man bei Nichtproduktion auf mögliche Deckungsbeiträge verzichten. Die Verrechnung eines Abschreibungsbetrages in der dargestellten Weise kann nur per Zufall nicht zum falschen Ergebnis führen: Entweder wenn der Abschreibungsbetrag zufällig genauso hoch ist wie die Wertminderung des Entscheidungsfeldes oder aber wenn die Verkaufspreise der Produkte immer über der Summe aus Grenzkosten und Abschreibungen liegen und kein Engpaß wirksam wird (bzw. im Engpaßfall: Wenn es für die Wertminderung der Anlage unerheblich ist, welche Produkte sie bearbeitet). Doch ließe sich eine solche Handhabung des Abschreibungsproblems nicht damit rechtfertigen, daß der systematische Fehler möglicherweise durch eine zufällige Übereinstimmung im Ergebnis nicht wirksam wird.

Im Prinzip ändert sich an der Behandlung des Abschreibungsproblems als Verteilungsproblem und damit an der ihr entgegenzubringenden Kritik auch nichts, wenn man statt vom Anschaffungs- vom Wiederbeschaffungs- oder Tageswert abschreibt. Zwar ist unter entscheidungstheoretischen Gesichtspunkten die Ausrichtung der Abschreibungen am Wiederbeschaffungswert noch am ehesten zu vertreten [1] - dies geht schon aus der Tatsche hervor, daß sich die Betriebsmittelnutzung nur noch auf die Ersatzbeschaffung auswirken kann, weshalb weder die Anschaffungswerte noch die Tageswerte relevant sein können - aber auch hier dient der (Wiederbeschaffungs-)Preis für den Potentialfaktor als Ganzes als Grundlage für die Bewertung der einzelnen Leistungseinheiten. Dies ist jedoch eine reine Fiktion.

Als einer der wenigen Autoren, die das Verrechnungsdenken in den herkömmlichen Abschreibungsverfahren erkennen und kritisieren, sei BOSSHARDT erwähnt [2]. Allerdings gelingt es auch ihm letztlich nicht, sich

---

1) Dieser Ansicht sind auch ADAM, Dietrich, Entscheidungsorientierte ..., a. a. O., S. 151; LINTZHÖFT, Helge, Die Kosten ..., a. a. O., S. 148 ff.; MELLEROWICZ, Konrad, Kosten ..., Band II, Zweiter Teil, a. a. O., S. 227 f.; OBERLI, Fritz, Die kalkulatorische ..., a. a. O., S. 37 ff.; SCHMIDT, Ralf-Bodo, Kapitalerhaltung ..., a. a. O., Sp. 777.

2) Vgl. BOSSHARDT, Erik, Leistungsmäßige ..., a. a. O., S. 78 ff. Vgl. in diesem Sinne auch RIEBEL, Paul, Einzelkosten- und Deckungsbeitragsrechnung, a. a. O., S. 35 ff.

grundsätzlich von dieser Sichtweise freizumachen. Zwar erkennt er, daß es in der Kostenrechnung nur um die Ermittlung der relevanten variablen Kosten geht und daß es sich bei den fixen Kosten um ein "Relikt der periodisch orientierten Buchhaltung" [1] handelt. So vertritt BOSSHARDT entgegen der herrschenden Meinung die Auffassung, daß sich die Abschreibungen nicht aus fixen und variablen Teilen zusammensetzen [2]. "Überhaupt sehen wir in der Einteilung der Kosten in fixe und proportionale eine der unglücklichsten Unterscheidungen der neueren Betriebswirtschaftslehre, die speziell die Probleme der Kostenrechnung in eine ganz falsche, unfruchtbare Richtung gedrängt hat." [3] Allerdings ist diese Erkenntnis bei BOSSHARDT entscheidungstheoretisch noch kaum fundiert [4], womit verständlich wird, daß er bei seinem eigenen Vorschlag zur Lösung des Abschreibungsproblems letztlich vom Verteilungsdenken selbst noch nicht loskommt. So fordert BOSSHARDT aus einer Vermengung von volkswirtschaftlichen und betriebswirtschaftlichen Überlegungen heraus eine leistungsmäßige Abschreibung vom Tagespreis, weil sich in diesem Preis die augenblickliche Wertschätzung durch den Markt wiederspiegelt [5]. BOSSHARDT sieht also eine leistungsmäßige Verteilung des Tageswertes auf die einzelnen Leistungseinheiten als Lösung des Abschreibungsproblems an und kann sich damit vom herkömmlichen Verrechnungsdenken noch nicht entscheidend lösen.

---

1) BOSSHARDT, Erik, Leistungsmäßige ..., a.a.O., S. 78 ff.
2) Vgl. ebenda.
3) Ebenda.
4) So scheint BOSSHARDT noch den objektiven Wertbegriff zu vertreten: Er leitet den Wert einer Maschine für die Unternehmung aus dem jeweiligen Marktpreis des Gutes ab, in dem die "augenblickliche Wertschätzung" des Gutes zum Ausdruck komme. Vgl. ebenda S. 55.
5) Vgl. ebenda.

2.3.4.2 Das Streben nach Kapitalerhaltung bei der Abschreibungsermittlung

Die Verwendung der Anschaffungs-, Wiederbeschaffungs- und Tageswerte als Abschreibungsgrundlage wird vielfach damit zu begründen versucht, daß durch den Ansatz solcher Werte eine (nominale oder reale) Kapitalerhaltung gewährleistet werde [1]. Es stellt sich jedoch die Frage, ob dies ein eigenständiges Ziel ist und inwieweit dieses Ziel bei der entscheidungsorientierten Kostenrechnung berücksichtigt werden muß. Bei der Substanzerhaltungsdiskussion sind grundsätzlich zwei Aspekte zu unterscheiden:

Im Rahmen der "Gewinnverteilungs- und Kapitalausstattungssphäre" [2] geht es dabei um die Frage, wieviel Gewinne die Unternehmung ausschütten kann, ohne ihre - wie auch immer definierte - Substanz zu gefährden. Dies ist ein Problem der Finanzplanung und Bilanzpolitik und steht somit im Rahmen unserer Untersuchungen nicht zur Diskussion.

Für die "Gewinnerwirtschaftungssphäre" [3] ist das Streben nach Substanzerhaltung ein Steuerungskriterium: Welche Werte sind in Planungsrechnungen anzusetzen, damit keine Entscheidungen getroffen werden, die die Substanzerhaltung gefährden? Wie die Untersuchungen von ENGELS und ADAM gezeigt haben, läßt sich die Substanzerhaltung als eigenständige Zielsetzung der Gewinnerwirtschaftungssphäre nicht rechtfertigen [4]. "Es ist unmöglich, gewinnmaximierend zu handeln und damit gegen das Substanzerhaltungsprin-

---

1) Vgl. LUKE, Werner R., Die Ermittlung ..., a.a.O., S.203 f. und die dort angegebene Literatur. Auch PLAUT verfolgt mit seiner Auffassung von Abschreibungen Substanzerhaltungsziele: "Die Abschreibungen haben die Aufgabe, für den Ersatzbeschaffungsfall eine Rückstellung zu bilden." PLAUT, Hans-Georg, Die Grenz-Plankostenrechnung, ZfB 1953, S. 403; vgl. auch ders., Die Grenzplankostenrechnung, ZfB 1955, S. 35.

2) ADAM, Dietrich, Entscheidungsorientierte ..., a.a.O., S. 139 ff.

3) Ebenda, S. 142 ff.

4) Vgl. ADAM, Dietrich, Entscheidungsorientierte ..., a.a.O., S. 142 ff.; ENGELS, Wolfram, Betriebswirtschaftliche ..., a.a.O., S. 75 ff.

zip zu verstoßen ... Das Substanzerhaltungsprinzip ist also überflüssig; es geht entweder im Gewinnmaximierungs- oder im Sicherheitsprinzip unter, oder, falls es beide berührt, so tritt an seine Stelle die komplexe Zielfunktion." [1]

Damit ist es auch nicht erforderlich, für die Lösung von Entscheidungsproblemen besondere substantielle Kostenwerte zu bilden, unter bestimmten Voraussetzungen würde ihre Verwendung sogar zu Fehlentscheidungen führen. Substantielle Kosten sind grundsätzlich beschaffungsmarktorientiert [2]. Deshalb können sie immer nur dann mit den wertmäßigen Kosten übereinstimmen, wenn für diese die Beschaffungspreise der zu bewertenden Faktoren maßgeblich sind (wobei es sich immer nur um Wiederbeschaffungspreise handeln kann), wenn also durch den Faktorverbrauch eine Wiederbeschaffung ausgelöst wird [3]. Das ist bei Repetierfaktoren immer dann nicht der Fall, wenn Beschaffungshemmnisse wirksam werden oder wenn sich eine Wiederbeschaffung nicht lohnt. Die wertmäßigen Kosten für die Inanspruchnahme von Potentialfaktoren lassen sich höchstens insofern als beschaffungsmarktorientiert bezeichnen, als ihre Bestimmungsfaktoren grundsätzlich auch die Daten des Beschaffungsmarktes für den Potentialfaktor als Ganzes umfassen, soweit diese für die Ersatzbeschaffung relevant werden. Darüber hinaus sind jedoch ganz andere Faktoren für die Höhe der relevanten Abschreibungen von Bedeutung [4]. Diese Überlegungen zeigen, daß sich die auf Anschaffungs-, Wiederbeschaffungs- und Tagespreisen basierenden herkömmlichen kostenrechnerischen Abschreibungsverfahren keineswegs mit Substanz-

---

1) ENGELS, Wolfram, Betriebswirtschaftliche ..., a. a. O., S. 76 und 77. Ebenso ADAM, Dietrich, ebenda, S. 142: "Die langfristige Gewinnmaximierung umschließt somit die Substanzerhaltung. Anders formuliert: die Substanz wird durch das Streben nach einer auf Dauer gerichteten langfristigen Gewinnmaximierung bereits in bester Weise gesichert." Vgl. auch KILGER, Wolfgang, Entscheidungsorientierte ..., a. a. O., S. 408: "Vor marktbedingten Substanzverlusten, die als normales unternehmerisches Risiko in einer Markt wirtschaft anzusehen sind, kann sich kein Unternehmer durch Substanzerhaltungsrechnungen schützen."
2) Vgl. ADAM, Dietrich, ebenda, S. 149.
3) Vgl. ebenda.
4) Vgl. hierzu im einzelnen Abschnitt 1.2.2.2.

erhaltungsüberlegungen begründen lassen.

Deshalb weisen - unseres Erachtens zu Recht - die Verfechter der Tagespreisbewertung darauf hin, daß die Forderung nach realer Substanzerhaltung kein Argument für die Verwendung von Wiederbeschaffungspreisen bei der Abschreibungsermittlung sein kann [1]. Doch kann die häufig hierfür vorgetragene Begründung, die Kostenrechnung könne und brauche gar nicht für die Ersatzbeschaffung zu sorgen, alleine nicht ganz überzeugen, weil die Kostenrechnung, insofern als sie gewinnmaximale Entscheidungen ermöglichen soll, automatisch die besten Voraussetzungen für eine Ersatzbeschaffung herstellt. Die richtige Begründung lautet vielmehr, daß die Substanzerhaltung als eigenständiger Rechnungszweck der Kostenrechnung keine Berechtigung hat, wenn die Kostenrechnung gewinnmaximale Entscheidungen herbeiführen soll. Allerdings läßt sich hieraus auch noch keine Berechtigung für die Tagespreise als Wertbasis ableiten.

---

1) Vgl. z.B. BOSSHARDT, Erik, Leistungsmäßige ..., a.a.O., S. 51 ff.; LUKE, Werner R., Die Ermittlung ..., a.a.O., S. 203 f.

2.4 Die Berücksichtigung der Nutzungsdauer als Bestimmungsfaktor der Abschreibungen bei den herkömmlichen Abschreibungsverfahren

Die Analyse der Abschreibungsmethoden und Abschreibungsausgangsbeträge lassen die herkömmlichen kostenrechnerischen Abschreibungsverfahren bereits als für die entscheidungsorientierte Kostenrechnung ungeeignet erscheinen. Zum Teil gehen sie zwar bei der Festlegung der Abschreibungsmethode noch von Überlegungen aus, die sich unter entscheidungsorientierten Gesichtspunkten grundsätzlich rechtfertigen lassen, doch sind die vorgeschlagenen Abschreibungsausgangsbeträge unter diesem Aspekt nicht mehr zu vertreten. Dies gilt auch für die Ansätze von TAYLOR, HOTELLING und PREINREICH sowie für das Konzept von TERBORGH und den Vorschlag von MEIJ [1]. Allen diesen Ansätzen ist gemeinsam, daß sie die Ermittlung der Nutzungsdauer -oder wie TERBORGH und MEIJ zusätzlich auch die Ermittlung der Verteilungsfunktion innerhalb der Lebensdauer - in den Vordergrund stellen, um den richtigen Abschreibungszeitraum zu bestimmen [2]. Dabei wird das eigentliche Abschreibungsproblem, d.h. die Bewertung der Nutzungseinheiten, vernachlässigt. Da die herkömmlichen Abschreibungsverfahren damit für Dispositionszwecke grundsätzlich unbrauchbar werden, ist es hier nicht notwendig, detailliert auf die Frage einzugehen, in welcher Weise diese Verfahren die

---

1) Vgl. TAYLOR, J.S., A Statistical Theory of Depreciation, Journal of the American Statistical Association 1923, S. 1010-1023; HOTELLING, Harold, A General..., a.a.O., S.340 ff.; PREINREICH, Gabriel A.D., Annual Survey...,a.a.O., S.219ff.; ders., Note on the Theory..., a.a.O., S.80ff.; TERBORGH, George, Dynamic Equipment Policy, New York 1949; ders., Leitfaden der betrieblichen Investitionspolitik. Deutsche Übersetzung und Bearbeitung von H.ALBACH, Wiesbaden 1969; KLAASSEN, L.H., KOYCK, L.M., MEIJ, J.L., BOUMA, J.L., The Theory of Depreciation...,a.a.O., S. 187 ff.

2) Hierauf weist z.B. PREINREICH selbst hin: "An unlimited number of methods (Verteilungsmehtoden, Anm.d.Vf.) can also be had by considering my rules of economic life as schemes of depreciation, provided it be clearly understood that the economic significance of these rules is limited to the determination of T (Lebensdauer, Anm.d.Vf.). How to distribute the costs incurred within that period remains purely a matter of pen and ink." PREINREICH, Gabriel A.D., Note on the Theory..., a.a.O., S.87.

Nutzungsdauer als dritten Bestimmungsfaktor der Abschreibungen berücksichtigen. Hier sei nur darauf hingewiesen, daß sich die Vorschläge der Literatur zu diesem Problem stark voneinander unterscheiden; sie reichen von dem undifferenzierten Vorschlag, die Nutzungsdauer pauschal zu schätzen [1] bis hin zu den Versuchen, die effektive Nutzungsdauer in Abhängigkeit von den verschiedenen simultan betrachteten Entwertungsursachen zu bestimmen [2]. Mit den Problemen der wirtschaftlichen Nutzungsdauer von Anlagegütern "als Bestimmungsgrund der Abschreibungen" hat sich sehr eingehend D. SCHNEIDER befaßt, auf seine Ausführungen sei an dieser Stelle verwiesen [3].

Gemäß dem Verteilungsdenken wird das Nutzungsdauerproblem bei der Abschreibungsermittlung vor allem unter dem Gesichtspunkt diskutiert, auf wieviele Teilperioden bzw. Leistungseinheiten der Abschreibungsausgangsbetrag gemäß der gewählten Abschreibungsmethode zu verteilen ist [4]. Daneben wird immer mehr die Frage, ob Abschreibungen als variable Kosten anzusetzen sind, von der Lösung des Nutzungsdauerproblems, das heißt von der Ursache, die zur Beendigung der effektiven Nutzungsdauer führt, abhängig gemacht [5]. Hierbei liegt die Erkenntnis zugrunde, daß die beiden Bestimmungsfaktoren der Abschreibung, nämlich die Abschreibungsmethode und die Nutzungsdauer, nicht unabhängig voneinander zu planen sind, sondern sich gegenseitig bedingen. Daß die Bewertung der Anlagennutzung, also die Wahl des Abschreibungsausgangsbetrages, in ebenso enger Beziehung zur Nutzungsdauer und damit auch zur Abschreibungsmethode steht, wird von den

---

1) Vgl. z.B. KUBE, Volker, Die Grenzplankostenrechnung, a.a.O., S. 106.
2) Vgl. z.B. HONKO, Jaakko, Koneen ..., a.a.O., S. 255 ff.; LINTZHÖFT, Helge, Die Kosten ..., a.a.O., S. 39 ff.; LUKE, Werner R., Die Ermittlung ..., a.a.O., S. 86 ff.
3) Vgl. SCHNEIDER, Dieter, Die wirtschaftliche ..., a.a.O.
4) Vgl. BANSE, Karl, Abschreibung ..., a.a.O., Sp. 36; BOSSHARDT, Erik, Leistungsmäßige ..., a.a.O., S. 26 ff.; KÄFER, Karl, Fragen ..., a.a.O., S. 146.
5) Vgl. LINTZHÖFT, Helge, Die Kosten ..., a.a.O.; LUKE, Werner R., Die Ermittlung ..., a.a.O.; KILGER, Wolfgang, Flexible ..., a.a.O., S. 401 ff.

kostenrechnerischen Abschreibungsverfahren bisher übersehen; die Wertbasis wird unabhängig von den übrigen Abschreibungskomponenten festgelegt. Wenn man nämlich das Nutzungsdauerproblem gelöst hat, so setzt das voraus, daß man angeben kann, wie sich jetzige Nutzungen auf die zukünftigen Zahlungsströme auswirken. Damit sind aber gleichzeitig die Kosten der Inanspruchnahme, also die Abschreibungen, bekannt, denn sie ergeben sich aus der durch die jetzige Nutzung hervorgerufenen Veränderung in den zukünftigen Zahlungsströmen. Insofern birgt die Lösung des Nutzungsdauerproblems implizit die Lösung des Bewertungsproblems der Abschreibungen in sich, und es ist überflüssig, ja falsch, nach der Nutzungsdauerbestimmung in einem zweiten - unabhängigen - Schritt die einzelnen Leistungsabgabemengen zu bewerten. Umgekehrt bedeutet dies aber auch, daß das Problem der Nutzungsdauer in der Regel unabhängig vom Bewertungsproblem gesehen wird. Dies kommt darin zum Ausdruck, daß die Nutzungsdauer vorab pauschal geschätzt wird, ohne dabei ihre dynamische Abhängigkeit von der Höhe der Inanspruchnahme zu beachten [1]. Aber auch solche Abschreibungsverfahren wie etwa die Abschreibung nach der Inanspruchnahme, welche die Auswirkungen alternativer Leistungsabgabemengen auf die Nutzungsdauer beachten, sehen das Bewertungsproblem losgelöst von diesen Zusammenhängen [2].

---

1) Vgl. z.B. MELLEROWICZ, Konrad, Kosten ..., Band II, Erster Teil, a.a.O., S. 313.

2) Vgl. LINTZHÖFT, Helge, Die Kosten ..., a.a.O., S. 148 ff.; LUKE, Werner R., Die Ermittlung ..., a.a.O., S. 185 ff.

2.5 Die herkömmlichen kostenrechnerischen Abschreibungsverfahren als Annäherung an die "theoretisch richtigen" Abschreibungen?

Das wichtigste Kriterium, an dem sich die Brauchbarkeit von Abschreibungsverfahren überprüfen läßt, ist die Frage, inwieweit diese Verfahren sinnvolle Annäherungen an die "theoretisch richtigen", aus einem Totalmodell abzuleitenden Abschreibungen darstellen, inwieweit sie also versuchen, die mit den Betriebsmittelnutzungen verbundenen Wertminderungen des Entscheidungsfeldes zu beziffern [1].

Die Literatur zum Abschreibungsproblem geht größtenteils von der Erkenntnis aus, daß eine exakte Ermittlung der Abschreibungen schon wegen der Zukunftsbezogenheit der Abschreibungsfaktoren grundsätzlich nicht möglich ist, daß man also um Schätzungen und Näherungslösungen nicht umhinkommt und daß hierbei Ungenauigkeiten immer in Kauf genommen werden müssen [2]. Nun ließe sich über die Güte von Schätzverfahren, insbesondere über die Frage, wie aufwendig ein solches Verfahren sein sollte, damit es einen größtmöglichen Nettonutzen stiftet (Problem des Informationsoptimums) viel diskutieren. Unsere Kritik an den herkömmlichen Abschreibungsverfahren ist jedoch grundsätzlicher Natur: Diese Verfahren sind deshalb für die entscheidungsorientierte Kostenrechnung unbrauchbar, weil sie Größen schätzen, die für die eigentliche Problemlösung überhaupt nicht relevant sind. Das trifft insbesondere für die Wertkomponente der Abschreibungen zu: Weder die Anschaffungswerte der Maschinen noch ihre Tageswerte sind überhaupt relevante Bestimmungsfaktoren der Abschreibungen, und auch die Wiederbeschaffungswerte besitzen hierfür - zumindest in der Weise, wie sie von diesen Verfahren als Abschreibungsfaktor behandelt werden - keine Bedeutung. Wie unsere Ausführungen im ersten Hauptteil gezeigt haben, sind es ganz andere Grös-

1) Vgl. hierzu die Abschnitte 1.2.2 und 1.2.3.
2) Vgl. z.B. LASSMANN, Gert, Die Produktionsfunktion ..., a.a.O., S. 63; LINTZHÖFT, Helge, Die Kosten ..., a.a.O., S. 102, Fußnote 1); ROSS, Myron H., Depreciation ..., a.a.O., S. 425; RUMMEL, Kurt, Die kalkulatorische Bewertung von Anlagegütern, ZfB 1950, S. 565; SCHNEIDER, Dieter, Kostentheorie ..., a.a.O., S. 705.

sen, die die Höhe der Abschreibungen bestimmen, nämlich vor allem zusätzliche Zinsen als Kosten für die Vorverlegung des Ersatzzeitpunktes [1], Kosten für zusätzliche Reparatur- und Instandhaltungsmaßnahmen oder aber spätere entgangene Deckungsbeiträge. So kann die praktische Unmöglichkeit der richtigen Abschreibungsermittlung nicht als Begründung für diese Vorgehensweise herangezogen werden, denn "es sind immer noch Grenzen abzustecken, jenseits derer die 'Willkür' zum Unsinn wird" [2]. Unter diesem Aspekt halten wir selbst ganz pauschales Schätzen, das sich an den wirklich entscheidungsrelevanten Maßgrößen orientiert, den herkömmlichen Verfahren für überlegen. Wegen der Einbeziehung nicht relevanter Abschreibungsfaktoren bergen die herkömmlichen Abschreibungsverfahren einen systematischen Fehler in sich, das heißt, sie können nur per Zufall im Ergebnis zu Beträgen führen, die in Übereinstimmung mit den Knappheitswerten des Totalmodells stehen, nämlich dann, wenn der aus den Anschaffungs-, Wiederbeschaffungs- und Tageswerten abgeleitete Abschreibungsbetrag zufällig genau gleich den entscheidungsrelevanten Abschreibungen ist [3]. Außerdem kann es auch richtig sein, Abschreibungen gar nicht

---

1) Dies ist der einzige Fall, in dem der Wiederbeschaffungswert für die Abschreibungsermittlung eine Rolle spielt. Allerdings wird er von den herkömmlichen Abschreibungsverfahren als Abschreibungsfaktor falsch behandelt, weil er grundsätzlich auf die Nutzungseinheiten und/oder Perioden verteilt wird.

2) SCHNEIDER, Dieter, Die wirtschaftliche ..., a. a. O., S. 1.

3) Vgl. SCHNEIDER, Dieter, Produktionstheorie ..., a. a. O., S. 229: "Die Aufteilung des Anschaffungspreises eines Faktorvorratsbündels auf eine Faktoreinheit ist dann noch richtig, wenn jeder Einsatz (Verzehr) einer Einheit zusätzliche Ausgaben (oder Gewinnentgang) in gleicher Höhe mit Sicherheit folgen läßt." Die Tatsache, daß mit jeder Bewertung notwendigerweise Annahmen über die Zusammenhänge im restlichen Entscheidungsfeld gemacht werden, klingt auch bei BOITEUX deutlich an: "La méthode de l'amortissement par nièmes ... ne conduit à des annuités acceptables que dans une hypothèse très particulière concernant l'évolution des dépenses et des services rendues." "Que l'on le veuille ou non, un calcul de prix de revient repose nécessairement sur un certain nombre d'estimations - et les procédés d'estimation les plus simples n'ont guère de raison d'être les plus significatifs." BOITEUX, M., Comment calculer l'amortissement?, Revue d'Economie Politique 1956, S. 43 und S. 74.

den Produkten oder Nutzungen zuzurechnen, sondern sie als fixe Kosten anzusehen oder (was dasselbe bedeutet) sie in der Kostenrechnung überhaupt nicht erscheinen zu lassen. Dies ist der Fall, wenn die Nutzungen in zeitlicher Hinsicht nicht knapp sind, also grenzkostenlos zur Verfügung stehen.

Grundsätzlich läßt sich feststellen, daß bei der Diskussion des Abschreibungsproblems in der Literatur die Mengenkomponente und das Nutzungsdauerproblem zu stark im Vordergrund stehen [1], denn eine solche detaillierte aber einseitige Untersuchung bringt solange nichts, wie man anschliessend von falschen Wertansätzen ausgeht.

Die detaillierte Analyse der Mengenkomponente bei gleichzeitiger Vernachlässigung der Wertkomponente ist nicht gerechtfertigt. Überhaupt stellt sich die Frage, ob eine solche Zerlegung in Mengen- und Wertkomponente, bzw. ob die Bestimmung des mengenmäßigen Potentialfaktorverbrauchs mit dem Instrumentarium der Produktionstheorie sinnvoll ist. Diese Vorgehensweise resultiert daraus, daß die Produktionstheorie allgemein als Basis für die Ermittlung der Kostenwerte angesehen wird. Für die entscheidungsorientierte Bewertung der Potentialfaktornutzungen ist es nicht richtig, a priori die Produktionstheorie als Grundlage zu betrachten. Denn die Entscheidungsrelevanz des Potentialfaktorverbrauchs läßt sich nur aus der langfristigen Rahmenplanung beurteilen. Abschreibungen sind Knappheitswerte für die Inanspruchnahme von Betriebsmitteln. Sie lassen sich nicht aus der produktionstheoretischen Verbrauchsmengenbestimmung und ihrer anschließenden Bewertung - etwa mit einem Basiswert [2] - bestimmen.

Es wurde bisher offenbar übersehen, daß sich Mengen- und Wertproblem nur simultan lösen lassen und daß man eigentlich das Bewertungsproblem

---

1) Vgl. z. B. die ausführlichen Verbrauchsanalysen von LINTZHÖFT, Helge, Die Kosten ..., a. a. O., S. 39 ff. und LUKE, Werner R., Die Ermittlung ..., a. a. O., S. 53 ff.
2) Vgl. LINTZHÖFT, Helge, Die Kosten ..., a. a. O., S. 148 ff.

schon gelöst haben muß, wenn man das Mengenproblem als gelöst ansieht [1].

Die herkömmlichen kostenrechnerischen Abschreibungsverfahren unterscheiden sich in ihrem Wesen von den entscheidungstheoretisch zu fordernden Abschreibungen so grundlegend, und der Abschreibungsbegriff ist so sehr auf die Grundgedanken dieser Verfahren fixiert, daß der Begriff "Abschreibung" für das, was in Planungsrechnungen als Wert für die Inanspruchnahme der Betriebsmittel anzusetzen ist, kaum noch geeignet erscheint [2]. Trotz aller Unterschiede zu den herkömmlichen Abschreibungsverfahren haben wir bewußt den Begriff "Abschreibung" beibehalten und nicht durch "Anlagennutzungskosten" oder etwas Ähnliches ersetzt. Damit soll zum Ausdruck kommen, daß der entscheidungsorientierte Abschreibungsbegriff den herkömmlichen Abschreibungsbegriff für Dispositionsrechnungen überflüssig macht und nicht etwa eine Zusammenfassung aus den "alten" Abschreibungen, den Reparatur- und Instandhaltungskosten usw. ist. Deshalb möchten wir weiterhin von "Abschreibungen" sprechen, dabei muß jedoch klar erkannt werden, daß für die herkömmliche Interpretation des Abschreibungsbegriffes in der entscheidungsorientierten Kostenrechnung kein Platz ist [3].

---

1) Vgl. in diesem Sinne auch SCHNEIDER, Dieter, Grundlagen ..., a.a.O., S. 371 f.; STERLING, Robert R., The Going Concern ..., a.a.O., S. 501: "Value in Accounting is a product of a p and a q, and they ought to be temporally consistent." Hierbei ist mit q die Menge und mit p der Preis gemeint.

2) Gegen die Verwendung des Abschreibungsbegriffes in der Kostenrechnung wendet sich beispielsweise BOSSHARDT, Erik, Leistungsmäßige ..., a.a.O., S. 52.

3) "One is almost tempted to say, with the hope that the remark will not be taken literally, that depreciation as an appraisal concept can be understood only by persons who know nothing about accounting." BONBRIGHT, James C., Valuation of Property, New York 1937, S. 214.

3. Die Bestimmung der entscheidungsrelevanten Abschreibungen mit Hilfe von Entscheidungshypothesen über den Einfluß der Nutzungsentscheidung auf die interdependenten langfristigen Rahmenpläne

3.1 Grundlagen für die Auswahl geeigneter Entscheidungshypothesen bei der Abschreibungsermittlung

Die Ausführungen über die theoretischen Grundlagen der Abschreibungsermittlung im ersten Hauptteil dieser Arbeit führten zu dem Ergebnis, daß sich die Abschreibungen für die entscheidungsorientierte Kostenrechnung nur mit Hilfe von Entscheidungshypothesen bzw. vereinfachenden Pauschalannahmen über die Interdependenzen zwischen der kurzfristigen Produktionsplanung und den langfristigen Rahmenplänen bestimmen lassen. Auch ohne zuvor näher untersucht zu haben, nach welchen Prinzipien die Auswahl der jeweiligen Hypothesen zu erfolgen hat, konnten wir im zweiten Teil der Arbeit zeigen, daß die herkömmlichen kostenrechnerischen Abschreibungsverfahren nicht den Anforderungen einer entscheidungsorientierten Kostenrechnung entsprechen, weil sie von Bestimmungsfaktoren für die Abschreibungen (bzw. von vereinfachenden Pauschalannahmen über diese Bestimmungsfaktoren und ihre Ausprägung) ausgehen, die zumindest teilweise keinerlei Beziehung zum Abschreibungsproblem aufweisen und somit gar nicht relevant sind. Bevor wir untersuchen, wie die Abschreibungen für die entscheidungsorientierte Kostenrechnung im einzelnen zu ermitteln sind, gilt es allgemein zu klären, welches die Kriterien sind, anhand derer man die Eignung von Entscheidungshypothesen für die Abschreibungsermittlung prüfen kann.

Grundsätzlich lassen sich solche Hypothesen nur vom Unternehmensziel her entwickeln und begründen, schließlich sollen sie als Bestandteil der Kostenrechnung dazu dienen, dieses Ziel zu erreichen [1]. Sie müßten

1) "The criterion for good criteria is consistency with a good criterion at a higher level." BOWMAN, Edward H., FETTER, Robert B., Analysis for Production and Operations Management, 3. Aufl., Homewood, Ill. 1967, S. 21.

also idealerweise so ausgewählt werden, daß sie unter Berücksichtigung der Kosten für die Informationsgewinnung und -verarbeitung, die sie verursachen, das Unternehmensziel optimieren. Diese Forderung ist jedoch aus folgenden Gründen nicht operational: Erstens würde sie die Lösung des oben bereits ganz allgemein angesprochenen Problems des Informationsoptimums (vgl. S. 7 f.) verlangen, das heißt, man müßte von jeder möglichen Hypothese wissen, in welchem Maße sie die Zielgröße verbessert und welche Kosten mit ihr verbunden sind. Darüberhinaus müßte die Frage beantwortet werden, wann der Punkt erreicht ist, in dem sich die Suche nach weiteren Hypothesen nicht mehr lohnt. Aber selbst wenn man davon ausgehen könnte, daß die Entwicklung von Hypothesen und das Arbeiten mit ihnen keine Kosten verursachen würden, wäre das Problem nicht gelöst, denn man müßte für jede mögliche Entscheidungshypothese den Wert des gesamten Entscheidungsfeldes bestimmen und dann aus dem Vergleich der Ergebnisse die optimale Hypothese auswählen. Dies käme aber einer Lösung des Totalmodells (vgl. Abschnitt 1.2.2.3) gleich, denn die untersuchten Hypothesen wären nur dann vollständig, wenn sie alle nur denkbaren Einflüsse der kurzfristigen Anlagennutzung auf die langfristige Rahmenplanung berücksichtigen würden. Durch die Entscheidungshypothesen soll aber gerade das Totalmodell umgangen werden.

Auch die abgeschwächte Forderung, daß die pauschalisierten Abschreibungswerte den "theoretisch richtigen" Werten möglichst nahekommen sollten, ist zwar an sich berechtigt, doch hilft auch sie bei der konkreten Bestimmung der geeigneten Entscheidungshypothesen nicht weiter. Denn ein Vergleich mit den "richtigen Abschreibungen" bzw. mit der optimalen Lösung des Totalmodells ist gar nicht möglich, weil man sie nicht kennt. Eine möglichst weite Annäherung an das Optimum kann somit nicht unmittelbar, sondern nur auf indirektem Weg angestrebt werden. Sie kann sinnvollerweise nur dadurch geschehen, daß man von den Entscheidungshypothesen verlangt, daß sie Aussagen über die <u>wesentlichen</u> Bestimmungsfaktoren bzw. über die Haupteinflußgrößen machen sollen, die die Wirtschaftlichkeit der kurzfristigen Anlagennutzung bestimmen [1]. Da es immer vom Einzelfall abhängt, welches die wesentlichen Bestimmungsfaktoren sind, lassen sich grundsätzlich keine "typischen" Abschreibungskostenfunktionen ermitteln, die generelle Gültigkeit besitzen. Aus diesem Grunde läßt sich kein - etwa im Sinne der herkömmlichen Verfahren - rein schematisches Verfahren zur Abschreibungsermittlung entwickeln, sondern es wird erforderlich, fallweise abzuschätzen, welchen Einflußgrößen das Hauptgewicht beizumessen ist. Damit hängt das Ergebnis der Abschreibungsermittlung letztlich von der Erfahrung, der Intuition und dem Sachverstand des Entscheidungsträgers ab [2]. Dies mag unbefriedigend erscheinen, unseres Erachtens existiert jedoch keine sinnvolle Alternative [3]. Auch hier gilt D. SCHNEIDERs Aussage im Zusammenhang mit dem Problem des maximal entziehbaren Gewinns: "Unter dem Zwang, keine restlos befriedigende Lösung zu kennen, sondern nur zwischen schlechten und weniger schlechten Lösungen zu wählen, steht die Betriebswirtschaftslehre als angewandte Wissenschaft regelmäßig. In der Unternehmenspolitik gibt es keine richtigen Entscheidungen, sondern nur bessere und schlechtere, und eine bessere Entscheidung ist eine solche, die mit guten Gründen als weniger falsch angesehen werden kann." [4] Die Brauchbarkeit

---

1) Zur Bedeutung des Relevanzkriteriums bei der Beurteilung von Kostenrechnungssystemen vgl. MEFFERT, Heribert, Betriebswirtschaftliche ..., a. a. O., S. 72 ff. Vgl. auch MEFFERTs Ausführungen zum Genauigkeitskriterium ebenda, S. 74 ff.

2) Vgl. in diesem Sinne auch BOWMAN, Edward H., FETTER, Robert B., Analysis ..., a. a. O., S. 24: "A hypothesis is a possible explanation of the situation observed. It is a tentative theory. It is at this point that insight, imagination, intuition and experience all play an important role."

3) Vgl. auch ebenda, S. 21: "The businessman's intuition is far from obsolete and must be relied upon in many stages of analysis. A criterion which is not explicitly linked to overall objectives, and yet which seems useful for suboptimization, has been labeled a 'proximate criterion'. Many, many problems are solved according to proximate criteria."

4) SCHNEIDER, Dieter, Investition ..., a. a. O., S. 212.

eines Abschreibungsverfahrens richtet sich nicht nach seiner Einfachheit und nicht danach, ob es generell schematisch anwendbar ist, sondern läßt sich nur danach beurteilen, inwieweit dieses Verfahren dem Kostenrechnungsziel gerecht wird. Die vereinfachenden Pauschalannahmen müssen sich an den tatsächlich erwarteten Änderungen und Einflußgrößen orientieren, nicht aber an irgendwelchen Hilfsgrößen, wie das beispielsweise LEWIS und LINTZHÖFT vorschlagen [1].

Bei der praktischen Abschreibungsermittlung geht es nicht nur darum, Hypothesen über die relevanten Abschreibungsfaktoren, das heißt über die Art der Anpassung der langfristigen Rahmenplanung an die Nutzung in der kurzfristigen Teilperiode zu entwickeln (Relevanzkriterium), sondern darüber hinaus ist noch eine Hypothese über die Ausprägung bei der jeweiligen Anpassungshypothese erforderlich. Beide Aspekte lassen sich nicht voneinander trennen, denn die Relevanz der einzelnen Abschreibungsfaktoren richtet sich nach ihrer Ausprägung bzw. ihrer Wirksamkeit. Auch bei der Frage, wie stark der (oder die) wichtigsten Einfluß-

---

1) Vgl.LEWIS, W. Arthur, Depreciation ..., a. a. O., S. 18 f. Ausgehend von der Darlegung der Probleme bei der Kapitalwertermittlung von Anlagen, schreibt LEWIS: "Given these objections, the most practicable way to value some assets is not to estimate their future yields but to compare them with the cost of replacing them new." Diese Vorgehensweise ist nur dann richtig, wenn der sofortige Ersatz die relevante Alternative darstellt. Allerdings wird durch diese Vereinfachung die Rechnung - will man sie richtig durchführen - sicher nicht einfacher, denn von den Wiederbeschaffungskosten ist u. a. "some allowance for expired service" (S. 19) abzuziehen, weil die neue Maschine in späteren Perioden noch Leistungen erbringt, wozu die alte nicht mehr in der Lage ist. LEWIS übersieht, daß hierbei genau die gleichen Bewertungsprobleme wie bei der Kapitalwertermittlung entstehen. Auch LINTZHÖFT unterstellt bei der Bewertung des Anlagenverbrauchs den sehr speziellen Fall als allgemein gültig, daß sich der Wert der Anlage aus ihrem Tagespreis ableiten läßt. Er betont jedoch, daß es sich hierbei um eine "Fiktion" handelt. Vgl. LINTZHÖFT, Helge, Die Kosten ..., a. a. O., S. 173. Es sei darauf hingewiesen, daß LINTZHÖFT mit "Wiederbeschaffungspreis" den Preis zum Zeitpunkt der Bewertung (Tagespreis) meint.

faktoren wirksam werden, kann es nur um eine pauschale Erfassung gehen. "Pfennigrechnen" würde eine Genauigkeit vortäuschen, die gar nicht erwartet werden kann.

Für die Beurteilung der Brauchbarkeit von Entscheidungshypothesen für die Abschreibungsermittlung reichen diese Grundsätze alleine nicht aus, da sie noch die Frage nach dem anzustrebenden Komplexionsgrad bzw. Grad der Vereinfachung offenlassen. Denn es muß noch darüber entschieden werden, ob die einzelnen Entscheidungshypothesen sich jeweils auf alle relevanten Einflußgrößen und ihr Zusammenwirken beziehen sollen, oder ob sie nur jeweils alternativ Aussagen über die Beziehung einer oder einiger Einflußgrößen zur kurzfristigen Inanspruchnahme machen sollen.

Wegen der nicht exakten Lösbarkeit des Problems des Informationsoptimums wird es - wie bei Planungsrechnungen grundsätzlich - auch bei der Abschreibungsermittlung erforderlich, durch Plausibilitätsüberlegungen abzuschätzen, wie die benötigten Entscheidungshypothesen strukturiert sein sollten, damit die mit ihnen verbundenen Kosten der Informationsgewinnung und -verarbeitung in einem angemessenen Verhältnis zu dem gewonnenen Nutzen stehen. Da die Entscheidungshypothesen gerade dazu dienen sollen, die Simultanität der Einflußgrößen aufzulösen, erscheint es naheliegend, die Hypothesen so zu wählen, daß sie jeweils Aussagen über die Beziehungen zwischen der kurzfristigen Nutzung und einer Einflußgröße oder eines in sich geschlossenen Einflußgrößenkomplexes machen, ohne die Interdependenzen zu allen anderen Einflußgrößen zu berücksichtigen. Dementsprechend würde die kurzfristige Produktionsplanung also mit Hilfe der ceteris paribus-Analyse zunächst mit jeweils <u>einem</u> langfristigen Rahmenplan verknüpft werden, wobei der Einfluß der anderen Rahmenpläne als konstant angesehen und dadurch eliminiert wird [1]. Innerhalb der einzelnen

---

1) Zur ceteris paribus-Analyse allgemein vgl. MARSHALL, Alfred, Principles ..., a. a. O., S. 304 ff.; MATTESSICH, Richard, Die wissenschaftlichen ..., a. a. O., S. 237 f.; SCHNEIDER, Dieter, Theoretisches und praktisches Denken in der Unternehmensrechnung, in: Wissenschaft und Praxis, Festschrift zum zwanzigjährigen Bestehen des Westdeutschen Verlages 1967, Köln und Opladen 1967, S. 229 ff.

Rahmenpläne ist dann weiter nach den unterschiedlichen Einflußgrößen zu differenzieren (vgl. hierzu S. 89 ff.). Somit werden über die Konstanzbedingungen für bestimmte Gruppen von Einflußgrößen die komplexen Zusammenhänge, die zwischen der kurzfristigen Inanspruchnahme und den langfristigen Rahmenplänen bestehen, in einzelne alternative Fälle aufgeteilt, die zunächst isoliert untersucht werden. Diese Grundfälle decken zwar keineswegs das ganze Möglichkeitsfeld ab, denn Kombinationen hiervon können in zweifacher Form auftreten: Erstens können sich zwei (oder mehr) Einflußgrößen überlagern bzw. gleichzeitig wirksam werden, und zweitens kann der Fall eintreten, daß mit zunehmender Beanspruchung nacheinander unterschiedliche Einflußgrößen relevant werden. Doch stellen diese Grundfälle gewissermaßen die Bausteine dar, aus denen sich auch die anderen Fälle zusammensetzen. Deshalb wollen wir unsere weiteren Ausführungen im wesentlichen auf diese Grundfälle beschränken, zumal sich für die Ermittlung der Abschreibungen in den kombinierten Fällen keine grundsätzlich neuen Aspekte ergeben. Auch hier ist zunächst die optimale Anpassungsform an die kurzfristige Nutzung zu ermitteln, und die Abschreibungen lassen sich aus dem Vergleich der späteren Zahlungsreihen für alternative kurzfristige Nutzungen ermitteln.

Im Rahmen einer allgemeinen Behandlung des kostenrechnerischen Abschreibungsproblems kann es nur darum gehen, die Vielfalt der unterschiedlichen Möglichkeiten aufzuzeigen und darzustellen, wie sich jeweils die Abschreibungen bestimmen lassen. Welche Entscheidungshypothese der Entscheidungsträger im konkreten Einzelfall auswählen wird, hängt von den spezifischen Gegebenheiten ab, bzw. von ihrer Beurteilung durch ihn. So werden bestimmte Anpassungsmaßnahmen in manchen Fällen gar nicht durchführbar sein, etwa wenn eine Verminderung der Leistungsfähigkeit des Betriebsmittels nicht durch zusätzliche Reparatur- und Instandhaltungsmaßnahmen aufgefangen werden kann oder wenn feste Lieferverpflichtungen eine Anpassung über den langfristigen Produktions- und Absatzplan verhindern. Deshalb ist es zunächst erforderlich, das Feld der überhaupt möglichen Anpassungsmaßnahmen abzugrenzen. Von den verbleibenden

Möglichkeiten werden sich vielfach weiterhin solche eliminieren lassen, die zwar grundsätzlich durchführbar sind, aber von vornherein als zu wenig wirtschaftlich nicht in Betracht kommen. Somit erhält man eine Menge relevanter Anpassungsmaßnahmen, die auch miteinander kombiniert werden können. Aus allen diesen Alternativen gilt es, die günstigste auszuwählen. Es ist nur dann sinnvoll, "einfache" Anpassungsmöglichkeiten miteinander zu kombinieren, wenn dies mit geringeren Kosten verbunden ist als eine isolierte Vorgehensweise. Daraus folgt, daß die Kosten der günstigsten "einfachen" Anpassungsmaßnahme immer die Obergrenze für die Abschreibungen bilden.

Die für diese Überlegungen benötigten Informationen müssen keineswegs jeweils ganz neu beschafft werden, vielmehr sind sie in den langfristigen Rahmenplänen bereits enthalten, wobei außerdem natürlich alle inzwischen eingetretenen Datenänderungen und zusätzlich gewonnenen Informationen berücksichtigt werden müssen. So kann bei der Abschreibungsermittlung sicherlich teilweise auf die Informationen zurückgegriffen werden, die für die Bestimmung der wirtschaftlichen Nutzungsdauer der Anlage oder bei der Bestimmung der optimalen Reparatur- und Instandhaltungsplanung benötigt wurden.

Damit wird deutlich, daß die Güte des Ergebnisses der Abschreibungsermittlung letztlich von der Güte der langfristigen Rahmenplanung abhängt, denn es erscheint kaum sinnvoll, daß man eigens für die Abschreibungsermittlung Informationen bereitstellt, die eigentlich schon in der langfristigen Rahmenplanung gebraucht wurden [1], viel eher baut die Abschreibungsermittlung auf den bereits vorhandenen Informationen dieser Rahmenplanung auf. Hat man z.B. im Rahmen der Investitionsplanung die wirtschaftliche Nutzungsdauer einer Maschine beispielsweise auf Grund langjähriger Erfahrungen auf ganz pauschale Weise bestimmt, ohne sich im einzelnen über die erwarteten Ein- und Auszahlungen klar geworden zu sein, so wird man auch bei der Abschreibungsermittlung nur ganz pauschal den Einfluß

---

1) Der Grund hierfür liegt unseres Erachtens darin, daß die Entscheidungen der langfristigen Rahmenpläne viel stärker das Unternehmensziel beeinflussen.

der Nutzungen auf die Lebensdauer abschätzen.

Strenggenommen ist es nur dann notwendig, die entscheidungsrelevanten Abschreibungen zu ermitteln, wenn der Entscheidungsträger nicht von vornherein genau abschätzen kann, wie stark die Anlagen in der kurzen Periode ausgenutzt werden. Häufig wird man dazu in der Lage sein, die Situation pauschal daraufhin zu beurteilen, besonders dann, wenn in der betreffenden Periode extrem hohe oder auch extrem niedrige Verkaufspreise erzielbar sind. Wenn die betreffende Anlage allerdings zum Engpaß wird und der Verschleiß pro Bezugsgrößeneinheit von der bearbeiteten Produktart abhängt, richtet sich die Reihenfolge der Produktarten auch nach den Abschreibungen, die sie pro Bezugsgrößeneinheit verursachen. In diesem Fall sind Abschreibungen auch dann anzusetzen, wenn man schon vorher sicher ist, daß die betreffende Anlage voll ausgenutzt wird.

In vielen Fällen wird sich auch vorab ein Bereich für die Beschäftigung in der kurzfristigen Teilperiode abschätzen lassen, in dem überhaupt die Abschreibungen einen Einfluß auf die Beschäftigung haben werden, das heißt, man kann möglicherweise eine Mindestbeschäftigung angeben, die jetzt auf jeden Fall realisiert werden wird, und/oder eine Maximalbeschäftigung, die keinesfalls überschritten wird. In diesem Fall reicht es aus, den Abschreibungsverlauf für den relevanten Beschäftigungsbereich zu ermitteln.

Sofern das Produktionsprogramm nicht mit Hilfe marginalanalytischer Verfahren ermittelt wird, kann man sich auch damit begnügen, die Abschreibungen für mehrere ausgewählte diskrete Beschäftigungswerte anzugeben, wobei die Güte des Ergebnisses jedoch mit zunehmender Anzahl dieser Punkte steigen wird. Eine solche Vorgehensweise ist bei Anwendung der linearen Programmierung ohnehin dann erforderlich, wenn die Abschreibungsfunktion nichtlinear verläuft. Der in der Regel konvexe Verlauf der Abschreibungskostenkurve [1] erlaubt es, auf die Formulierung von Ganzzahligkeitsbedingungen

---

1) Zum Begriff der konvexen Funktion vgl. DANTZIG, George B., Linear Programming ..., a.a.O., S. 153 ff. Die Abschreibungskurve weist deshalb einen konvexen Verlauf auf, weil man - ausgehend von einer kurzfristi-

zu verzichten, die im nichtkonvexen Fall dafür zu sorgen haben, daß die diskreten Punkte in der richtigen Reihenfolge in die Lösung gelangen.

Der hier vorgeschlagene Weg zur Abschreibungsermittlung mag nicht so einfach zu handhaben sein wie die schematischen herkömmlichen Abschreibungsverfahren, vor allem wurde deutlich, daß die Ergebnisse weitgehend von subjektiven Erwartungen bzw. Einschätzungen abhängig sind, sodaß diese Methode nicht der Schein der Exaktheit und Genauigkeit umgibt, wie das bei den gebräuchlichen Abschreibungsverfahren der Fall ist. Allerdings nimmt man mit den tradierten Verfahren einen vorsätzlichen Fehler in Kauf. Mithin erscheint es sinnvoller, die wesentlichen Einflußfaktoren wenigstens der Größenordnung nach zu erfassen [1].

---

gen Nutzung von Null - zunächst die kostengünstigste Anpassungsform im restlichen Entscheidungsfeld realisieren wird, und erst wenn diese ausgeschöpft ist, zur nächst günstigen übergeht usw. Als Ausnahmefall wäre denkbar, daß man die vorhandene Anlage nur ersetzt, wenn die kurzfristige Inanspruchnahme ein bestimmtes kritisches Niveau überschreitet. Die Abschreibungskurve wird zwar weiterhin monoton steigen, aber bei der kritischen Inanspruchnahme eine Unstetigkeitsstelle aufweisen und vor diesem Punkt eine stärkere Progression besitzen als danach, woraus Nicht-Konvexität folgt. Vgl. zu diesem Fall auch S. 207 f.

1) Vgl. in diesem Sinne auch SCHNEIDER, Dieter, Investition ..., a.a.O., S.240.

3.2 Die Bestimmung der Abschreibungen bei konstantem Handlungsprogramm im restlichen Entscheidungsfeld

Es besteht die Möglichkeit, daß die kurzfristige Inanspruchnahme einer Anlage keinerlei Anpassungsmaßnahmen in den langfristigen Rahmenplänen erforderlich macht, das heißt, das gesamte Handlungsprogramm im Investitions-, Produktions- und Absatz- und Reparatur- und Instandhaltungsbereich in den späteren Teilperioden bleibt von der Anlagennutzung völlig unberührt. Für die Abschreibungsermittlung sind hierbei grundsätzlich zwei Fälle zu unterscheiden:

Bleibt die Leistungsfähigkeit der Anlage sowohl in qualitativer als auch in quantitativer Hinsicht in vollem Maße erhalten, so tritt auch keine Änderung der späteren Einzahlungsüberschüsse ein (vgl. hierzu Abbildung 4 auf Seite 91). Hier handelt es sich um zeitunelastische Nutzungen; es bestehen - was die Anlagennutzung betrifft - keinerlei Interdependenzen zwischen dem kurzfristigen Teilplan und dem Rest des Entscheidungsfeldes, und beide Bereiche lassen sich getrennt voneinander planen. Ein solcher Fall kann beispielsweise eintreten, wenn das Aggregat nur noch in der kurzfristigen Planungsperiode zur Verfügung steht bzw. wenn der Ersatzzeitpunkt bereits fixiert oder unabhängig von der Inanspruchnahme ist und die Leistungsfähigkeit bis dahin unverändert bleibt. Hierunter fallen alle plötzlich versagenden Anlagen, auf deren Ausfall die Nutzung keinen Einfluß hat und deren Nutzungsdauerende nur durch Zeitverschleiß hervorgerufen wird [1]. In diesen Fällen stehen die Nutzungen kostenlos zur Verfügung, die entscheidungsrelevanten Abschreibungen sind gleich Null.

Andererseits ist es denkbar, daß auch bei konstantem späteren Handlungsprogramm die Leistungsfähigkeit der Anlage sinkt. Voraussetzung

---

1) Vgl. hierzu CHURCHMAN, C. West, ACKOFF, Russel L., ARNOFF, E. Leonard, Operations Research, a. a. O., S. 448 ff; SASIENI, Maurice, YASPAN, Arthur, FRIEDMAN, Lawrence, Methoden und Probleme der Unternehmensforschung, Würzburg 1962, S. 115 ff.

hierfür ist, daß die Inanspruchnahme in der kurzfristigen Teilperiode keinen Einfluß mehr auf die Nutzungsdauer der Anlage hat und daß bei einer eventuellen Verminderung der quantitativen Leistungsfähigkeit keine Engpässe in späteren Perioden wirksam werden, sodaß das geplante langfristige Produktions- und Absatzprogramm aufrechterhalten werden kann. Eine starre Nutzungsdauer ist z.B. dann gegeben, wenn die Anlage Teil einer größeren Anlageneinheit ist, deren Ersatzzeitpunkt bereits feststeht, und wenn erwartet wird, daß die Anlage nicht vorher ausfällt. Ein vorzeitiger Ersatz des betreffenden Anlagenteils komme nicht mehr in Frage. Die Verminderung der Leistungsfähigkeit mag in einem steigenden Energieverbrauch zum Ausdruck kommen, der aber nicht so groß ist, daß die Produktion unwirtschaftlich wird (denn das wäre mit einer Änderung der Zusammensetzung des späteren Handlungsprogramms verbunden). Dadurch verringern sich die Einzahlungsüberschüsse in der (den) späteren Teilperiode(n) vor dem Ersatzzeitpunkt. Als Abschreibungen sind die auf den Planungszeitpunkt abgezinsten Änderungen der späteren Einzahlungsüberschüsse anzusetzen. Die Inanspruchnahme jetzt ist nur sinnvoll, solange die damit verbundenen diskontierten Verminderungen der Einzahlungsüberschüsse in den restlichen Teilperioden noch durch die jetzt erzielbaren Deckungsbeiträge gedeckt werden. Formal lassen sich die Abschreibungen wie folgt ermitteln, wobei wir der Einfachheit halber von konstanten Liquidationserlösen ausgehen wollen.

Es gelten folgende Kurzzeichen:

x_t = Beschäftigung der Anlage in Periode t (gegeben für t=2, ..., T)

n = Höhe der kurzfristigen Inanspruchnahme

$a_t(n)$ = ausgabewirksame Grenzkosten pro Bezugsgrößeneinheit in Periode t in Abhängigkeit von n

$\bar{a}_t$ = ausgabewirksame Grenzkosten in Periode t für n=0

c(n) = Faktor, der die Abhängigkeit von a_t von der kurzfristigen Inanspruchnahme angibt

K(n) = Kapitalwert der ausgabewirksamen Grenzkosten in Abhängigkeit von n

t = Periodenindex

t^+ = Periode, in der sich die kurzfristige Inanspruchnahme erstmals auf die ausgabewirksamen Grenzkosten auswirkt

T = Ende der Nutzungsdauer der Anlage

A(n) = Abschreibungen in Abhängigkeit von der Inanspruchnahme

i = Kalkulationszinsfuß

Da alle anderen Ein- und Auszahlungen konstant bleiben, genügt es, die Veränderung der ausgabewirksamen Grenzkosten zu betrachten [1]. Die kurzfristige Planungsperiode liege zwischen den Zeitpunkten t=0 und t=1, das restliche relevante Entscheidungsfeld reicht von t=1 bis t=T. Die Zahlungen mögen jeweils am Periodenende anfallen. Für die ausgabewirksamen Grenzkosten gilt:

$$(1) \qquad a_t = \bar{a}_t \qquad (t = 2, \ldots, t^+)$$

$$(2) \qquad a_t = \bar{a}_t \left[1 + c(n)\right] \qquad (t = t^+ + 1, \ldots, T)$$

$$(3) \qquad K(0) = \sum_{t=2}^{T} \frac{\bar{a}_t x_t}{(1 + i)^t}$$

$$(4) \qquad K(n) = \sum_{t=2}^{t^+-1} \frac{\bar{a}_t x_t}{(1 + i)^t} + \sum_{t=t^+}^{T} \frac{\bar{a}_t \left[1 + c(n)\right] x_t}{(1 + i)^t}$$

Die Abschreibungen für eine Erhöhung der Beschäftigung von 0 auf n ergeben sich somit als

$$(5) \qquad A(n) = K(n) - K(0) = \sum_{t=t^+}^{T} \frac{\bar{a}_t c(n)\, x_t}{(1 + i)^t} = c(n) \sum_{t=t^+}^{T} \frac{\bar{a}_t x_t}{(1 + i)^t}$$

1) Eine Erhöhung der ausgabewirksamen Grenzkosten entspricht einer Verminderung der Einzahlungen, die z.B. dadurch verursacht wird, daß die Qualität der Produkte sinkt und deshalb nur geringere Preise erzielt werden können.

Für jede zusätzlich in Anspruch genommene Nutzungseinheit sind als Abschreibungen anzusetzen:

$$(6) \qquad \frac{d\,A\,(n)}{d\,n} = \sum_{t=t^{+}}^{T} \frac{c'\,(n)\,\bar{a}_t\,x_t}{(1+i)^t} = c'\,(n) \sum_{t=t^{+}}^{T} \frac{\bar{a}_t\,x_t}{(1+i)^t}$$

Die problematische Größe bei dieser Ableitung ist c, also der Faktor, der die Beziehung zwischen der kurzfristigen Nutzung und der hiervon induzierten Grenzkostensteigerung, z. B. infolge von erhöhtem Energieverbrauch, angibt. Man könnte nämlich einwenden, daß man bei der praktischen Anwendung gar nicht die Informationen besitzt, um c festzulegen, weil sehr vielschichtige Einflußgrößen den Energieverbrauch später bestimmen, die man im einzelnen jetzt noch gar nicht abschätzen kann. Jedoch geht dieser Einwand am Kern des Abschreibungsproblems vorbei. Es liegt ja gerade im Wesen der Abschreibungen als Bindeglied zwischen kurz- und langfristiger Planung, daß ihre Bestimmungsfaktoren zukunfstorientierte Größen sind. Immerhin wäre die Gegenfrage berechtigt, wie denn sonst die Abschreibungen bestimmt werden sollten. Zwar besteht hier die Möglichkeit, daß man sich verschätzt, das heißt, die Einflußgrößen anders einschätzt als sie sich hinterher wirklich einstellen, doch werden immerhin die systematischen Fehler der herkömmlichen Abschreibungsverfahren vermieden. Außerdem sind Abweichungen zwischen Erwartungen (Schätzungen) und den später eintretenden tatsächlichen Ereignissen kaum als "Fehler" zu bezeichnen, denn richtig oder falsch sind die Schätzungen immer nur in Bezug auf den jeweils verfügbaren Informationsstand.

In den obigen Ableitungen wurde c als konstanter Faktor angesehen. Es ist aber auch denkbar, daß c sich im Zeitablauf ändert (c_t). Besonders wahrscheinlich ist, daß c mit der Zeit bzw. - was bei gegebener Beschäftigung in den späteren Perioden das gleiche bedeutet - mit zunehmender kumulierter Beschäftigung progressiv steigt. Da anzunehmen ist, daß sich c nicht sprunghaft sondern kontinuierlich ändert, wird es bei der diskreten Betrachtung erforderlich, c_t als mittlere Steigerung der ausgabewirksamen Grenzkosten in der Periode t in Abhängigkeit von n zu definieren.

Für die kurzfristige Produktionsprogrammplanung sind die Abschreibungen gemäß Gleichung (6) alternativ für alle in Betracht kommenden Beschäftigungen n zu ermitteln, denn wie die Ausführungen im ersten Teil dieser Arbeit gezeigt haben, lassen sich gesamtoptimale Lenkpreise für Partialmodelle nur aus Marginalüberlegungen ableiten. Da dieser Weg für die praktische Handhabung als zu aufwendig erscheint, schlagen wir vor, die Abschreibungen näherungsweise nach dem Durchschnittsprinzip zu bestimmen, was im Rahmen der Plankostenrechnung auch bei anderen Kostenarten üblich ist. Hierzu sind die gesamten Abschreibungen für eine Änderung der Beschäftigung von n=0 auf die Planbeschäftigung $n=\bar{n}$ nach Gleichung (5) zu ermitteln und durch die Planbeschäftigung zu dividieren. Vereinfachend sind in der kurzfristigen Produktionsplanung pro Nutzungseinheit somit Abschreibungen in Höhe von

$$(7) \qquad \frac{A(\bar{n})}{\bar{n}} = \frac{K(\bar{n}) - K(0)}{\bar{n}} = \frac{1}{\bar{n}} \sum_{t=t^+}^{T} \frac{\bar{a}_t \, c(\bar{n}) \, x_t}{(1+i)^t} = \frac{c(\bar{n})}{\bar{n}} \sum_{t=t^+}^{T} \frac{\bar{a}_t x_t}{(1+i)^t}$$

zu verrechnen.

3.3 Die Abschreibungen als Kosten für die Anpassung des Investitionsplanes an die Beschäftigung der Betriebsmittel

3.3.1 Prämissen

Konnte im vorhergehenden Abschnitt noch das gesamte langfristige Handlungsprogramm als konstant aufgefaßt werden, so ist im folgenden zu untersuchen, mit welchen Möglichkeiten zu rechnen ist und wie die Abschreibungen zu bestimmen sind, wenn sich die kurzfristige Inanspruchnahme nicht nur direkt auf die Leistungsfähigkeit der Anlage auswirkt, sondern wenn durch diesen Einfluß auch noch Anpassungsmaßnahmen des Handlungsprogramms im restlichen Entscheidungsfeld hervorgerufen werden.

Zunächst sollen die Beziehungen zwischen der kurzfristigen Anlagennutzung und dem langfristigen Kapazitäts- und Verfahrensplan (Investitionsplan) analysiert werden. Hierbei werden die übrigen langfristigen Rahmenpläne als konstant angesehen. Wir unterstellen also sowohl einen gegebenen Reparatur- und Instandhaltungsplan als auch eine gegebene langfristige Produktions- und Absatzplanung. Damit brauchen keine wechselseitigen Beziehungen zwischen diesen zuletzt genannten Plänen und der kurzfristigen Produktionsplanung berücksichtigt zu werden, diese konstanten Teilpläne stellen gewissermaßen einen festen Rahmen dar, in dem sich die Anpassung des Investitionsplanes vollzieht. Zwar darf der Einfluß dieser Teilpläne nicht außer Acht gelassen werden - so wird die Verminderung der qualitativen und quantitativen Leistungsfähigkeit in starkem Maße von der Intensität und Art der Reparatur- und Instandhaltungsmaßnahmen abhängen - doch bleibt dieser Einfluß bei variierender Nutzung unverändert.

Die Konstanz des langfristigen Produktions- und Absatzplanes bedeutet nur, daß die Produktions- und Absatzmengen aller späteren Teilperioden unbeeinflußbar sind. Hieraus lassen sich jedoch noch nicht unmittelbar konstante Einzahlungsüberschüsse für die späteren Teilperioden ableiten, vielmehr können Variationen der Leistungsfähigkeit der Anlage sowohl die ausgabewirksamen Grenzkosten als auch die Erlöse für den Verkauf der Produkte und den Liquidationserlös der Anlage beeinflussen. Verminderte Absatzerlöse in bestimmten Perioden, die durch abnehmende qualitative Leistungsfähigkeit der Anlage hervorgerufen werden, lassen sich der Anlage zurechnen und können deshalb auch wie erhöhte Auszahlungen für die Herstellung der Produkte aufgefaßt werden. Ebenso sollen im folgenden auch die Liquidationserlöse als negative Auszahlungen aufgefaßt werden [1]. Entsprechend wirken Verminderungen der Liquidationserlöse auszahlungserhöhend. Damit liegt eine in ihrer Höhe und zeitlichen Ausdehnung gleichbleibende (Rest-) Einzahlungsreihe vor, und es brauchen lediglich Veränderungen in den Auszahlungen betrachtet zu werden.

Wegen der Annahme eines mengenmäßig gegebenen langfristigen Produktions- und Absatzprogramms werden auch die Anpassungsmöglichkeiten im Investitionsbereich eingeschränkt. Es ist nämlich zu beachten, daß sich der betreffende Anlagentyp - ob die vorhandene Maschine ersetzt wird oder nicht - so lange im Betrieb befindet, wie es der langfristige Produktionsplan erfordert. Das heißt, die Verwendungsdauer des Anlagentyps wird durch den Produktions- und Absatzplan determiniert. Hieraus folgt, daß die Lebensdauer der betreffenden Anlage - sofern sie nicht ersetzt wird - zu einem ganz bestimmten Zeitpunkt beendet sein muß, denn bei variablem Lebensdauerende wäre es noch offen, wie lange Einzahlungen anfallen. Wird die betreffende Anlage unendlich oft identisch ersetzt (unbegrenzte Verwendungsdauer des Anlagentyps), so ist ebenfalls die Voraussetzung gegebener (Rest-) Einzahlungen erfüllt. Bei einer endlichen Kette von Ersatzinvestitionen mit unveränderten Kapazitäten (begrenzte Verwendungsdauer des Anlagentyps) muß ein fester Zeitpunkt für das Lebensdauerende der letzten Anlage dieser Kette angenommen werden. Wird die betreffende Anlage (oder eine der Folgeanlagen mit gleicher Kapazität) durch eine Erweiterungsinvestition abgelöst, so muß der Zeitpunkt für diese Erweiterungsinvestition

---

1) Vgl. HAX, Herbert, Investitionstheorie, a. a. O., S. 31.

festliegen, wenn die Produktions- und Absatzmengen, und damit die (Rest-) Einzahlungen konstant bleiben sollen. Wären die genannten Voraussetzungen nicht erfüllt, so könnte nicht mehr von der Prämisse gegebener Absatzmengen ausgegangen werden. Hier würde sich dann die kurzfristige Inanspruchnahme nicht nur auf die Investitionsplanung, sondern gleichzeitig auch auf die langfristige Produktions- und Absatzplanung auswirken, und beide Rahmenpläne müßten simultan betrachtet werden, um die Abschreibungen zu bestimmen.

Aus der Prämisse konstanter Rest-Einzahlungen folgt gleichzeitig, daß kein Anlagenverbund in der Weise wirksam wird, daß sich die Inanspruchnahme einer Anlage auf die Lebensdauer anderer Anlagen auswirkt, denn mit den gegebenen (Rest-) Einzahlungen liegen die langfristigen Produktions- und Absatzmengen und damit auch die Lebensdauern der anderen Anlagen fest. Somit können die Abschreibungen für jeden einzelnen Anlagegegenstand isoliert ermittelt werden, sofern von Verbundbeziehungen bei der Anlagenbeschaffung und -bereitstellung abgesehen werden kann [1]. Hierauf werden wir bei der Analyse der verschiedenen Anpassungsmöglichkeiten des Investitionsplanes im einzelnen eingehen.

Eine weitere Konsequenz aus der Annahme der gegebenen langfristigen Produktions- und Absatzplanung besteht darin, daß keine dynamischen Interdependenzen im Produktions- und Absatzbereich berücksichtigt zu werden brauchen. Das bedeutet nicht unbedingt, daß alle Produktionsmengen der kurzfristigen Planungsperiode in dieser Periode auch abgesetzt werden müssen, denn über Nebenbedingungen läßt sich sicherstellen, daß die in der Folgeperiode als Anfangsbestände benötigten Mengen an Zwischen- und Fertigprodukten in der gegenwärtigen Planungsperiode als Endbestände be-

---

1) Solche Verbundwirkungen liegen beispielsweise vor, wenn bei gleichzeitiger Beschaffung mehrerer Anlagen Rabatte gewährt werden oder wenn der Produktionsfluß durch die Installation der Anlagen unterbrochen wird, sodaß es günstig wird, die Ersatzzeitpunkte verschiedener Anlagen möglichst zusammenzulegen. Diese Fälle wollen wir im folgenden ausschließen.

reitgestellt werden. Die Bestimmung der Höhe dieser Endbestände ist jedoch ein Problem, das exakt nur über eine mehrperiodige Simultanplanung optimal gelöst werden kann, deshalb muß man versuchen, die "theoretisch richtigen" Werte hierfür möglichst gut zu schätzen. Diese herzustellenden "Mindestmengen" sind für die kurzfristige Planung Daten, und es ist nicht notwendig, die durch sie verursachten Kosten bei Entscheidungen zu berücksichtigen.

Aus der Prämisse gegebener Einzahlungen folgt schließlich auch, daß beim Anlagenersatz keine entgangenen Einzahlungen infolge von Fehlmengen - verursacht durch wegfallende Nutzungszeiten - entstehen, bzw. daß sie in den Wiederbeschaffungsauszahlungen für die neue Anlage bereits pauschal berücksichtigt sind.

Es wurde bereits darauf hingewiesen [1], daß wir im Rahmen dieser Arbeit von einem gegebenen und konstanten Kalkulationszinsfuß ausgehen wollen, zu dem jederzeit alle benötigten Geldmengen ausgeliehen und angelegt werden können. Dadurch kann eine explizite Berücksichtigung des Finanzbereichs unterbleiben, insbesondere bestehen keine finanziellen Verbundwirkungen zwischen den einzelnen Anlagen.

Bei unseren weiteren Ausführungen wollen wir außerdem vereinfachend von der Berücksichtigung von Steuern absehen, obwohl die Steuerwirkungen im praktischen Anwendungsfall nicht übersehen werden dürfen [2].

Auf die Ableitung des im folgenden benötigten investitionstheoretischen Instrumentariums sowie auf die damit verbundenen Beweisführungen soll nicht näher eingegangen werden. Hierzu sei auf die einschlägige investitionstheoretische Literatur verwiesen.

---

1) Vgl. S. 92.
2) Zur Berücksichtigung von Steuern in der Investitionsrechnung vgl. vor allem SCHNEIDER, Dieter, Investition ..., a. a. O., S. 260 ff.

3.3.2 Unbegrenzte Verwendungsdauer des Anlagentyps

3.3.2.1 Kein technischer Fortschritt: identische Reinvestition

Welche Anpassungsmaßnahmen kurzfristige Maschinennutzungen im Investitionsplan hervorrufen werden, hängt in starkem Maße von der konkreten Entscheidungssituation ab, insbesondere davon, welche Restlebensdauer die betreffende Anlage noch besitzt und welche Faktoren das Ende ihrer Lebensdauer beeinflussen. Eine wichtige Rolle für die Bestimmung der optimalen Lebensdauer von Anlagegegenständen spielt die Frage, ob die betreffende Anlage durch eine andere ersetzt werden soll oder nicht und welche Zahlungsströme gegebenenfalls mit dieser Ersatzanlage verbunden sind. Da die Lebensdauer der Ersatzanlage - und damit auch die mit ihr verbundenen Zahlungsströme - nicht Daten sind, sondern ihrerseits davon abhängen, ob und welchen Nachfolger sie findet, ist es erforderlich, bei der Bestimmung der optimalen Nutzungsdauer der vorhandenen Anlage die ganze Kette der Ersatzanlagen mit in den Kalkül einzubeziehen.

Die Investitionstheorie geht bei der Diskussion des Nutzungsdauerproblems häufig von der Annahme aus, daß eine Maschine unendlich oft durch eine identische Maschine ersetzt werden soll. Es wird somit eine unbegrenzte Verwendungsdauer des betreffenden Anlagentyps unterstellt. Für die Annahme einer unendlichen Kette sprechen vor allem folgende Gründe:

In der Regel werden Unternehmungen nicht für einen bestimmten, fest begrenzten Zeitraum geplant, das Ende der Lebensdauer der Unternehmung wird in den Planungsüberlegungen des Unternehmers noch gar nicht fixiert. Deshalb wird es als sinnvoll und wirklichkeitsnah angesehen, eine unbegrenzte Lebensdauer der Unternehmung zu unterstellen [1]. Dabei ist die

---

1) Vgl. ALBACH, Horst, Wirtschaftlichkeitsrechnung bei unsicheren Erwartungen, Köln und Opladen 1959, S. 62 ff.; SCHNEIDER, Dieter, Die wirt-

unendliche Kette nichts weiter als eine formal rechnerische Fiktion, die notwendig ist, um den Einfluß zukünftiger Ersatzanlagen auf die Nutzungsdauer des vorhandenen Aggregats zu berücksichtigen [1]. Materiell besagt sie nur, "daß die zukünftigen Ersatzanlagen genau dieselbe Rentabilität aufweisen wie die gegenwärtig zu investierende Anlage" [2]. Das bedeutet keineswegs, daß die einzelnen Glieder der Kette physisch identisch sein müssen. "Das wäre Unsinn in einer Welt, in der technische und wirtschaftliche Überholung die wichtigsten Gründe für Ersatzinvestitionen sind. Es wird lediglich unterstellt, daß die zukünftigen unbekannten Investitionen die gleiche Rentabilität wie die gegenwärtige aufweisen. Wenn über die Rentabilität so weit in der Zukunft liegender Investitionen keine glaubwürdigen Vorstellungen gebildet werden können, ist die Annahme, daß sich die gegenwärtigen Verhältnisse wiederholen werden, durchaus vernünftig. Verzichtet man hingegen überhaupt auf eine Berücksichtigung der zukünftigen Ersatzanlagen, dann unterstellt man, daß es nach Ablauf der Nutzungsdauer des heute investierten Anlagegutes das beste wäre, die Unternehmung zu beenden, was nur bei überaus pessimistischer Beurteilung der Zukunft zu vertreten ist." [3] Von seiten der Praxis wird der Fiktion einer unendlichen Kette Mißtrauen entgegengebracht [4]. D. SCHNEIDER hat jedoch nachgewiesen, daß gerade die Faustformeln der Praxis zur Bestimmung des Nutzungsdauerendes bzw. des optimalen Ersatzzeitpunktes implizit eine unendliche identische Investitionskette voraussetzen [5].

---

schaftliche ..., a. a. O., S. 57 und 135 ff.; ders., Der Einfluß von Ertragsteuern auf die Vorteilhaftigkeit von Investitionen, ZfhF 1962, S. 553 ff.; ders., Investition ..., a. a. O., S. 251 ff.; SCHNEIDER, Erich, Wirtschaftlichkeitsrechnung, 7. Aufl., Tübingen-Zürich 1968, S. 79 und 89 ff.

1) Vgl. SCHNEIDER, Dieter, Der Einfluß ..., a. a. O., S. 554.

2) Ebenda.

3) Ebenda.

4) Vgl. SCHNEIDER, Dieter, Investition ..., a. a. O., S. 258.

5) Vgl. ebenda, S. 258 f.

Darüber hinaus bringt die Annahme einer identischen unendlichen Kette wichtige rechnerische Vorteile mit sich. Wegen der Identität aller Folgeanlagen kehrt ein bestimmter Zahlungsstromzyklus immer wieder. Er läßt sich in eine äquivalente Annuität umformen, wodurch der Kapitalwert der Zahlungsreihe nicht verändert wird [1]. Bezeichnet man mit T den spätesten Zeitpunkt, für den eine Ersetzung in Frage kommt, so unterscheiden sich die Zahlungsreihen für die verschiedenen Alternativen (Ersetzung in den Zeitpunkten 0, 1, ..., T) nach T nicht mehr voneinander, da für jede Alternative pro Periode die gleiche Annuität gilt. Damit sind alle Zahlungen nach T entscheidungsirrelevant, und es genügt, die Zahlungsströme zwischen den Zeitpunkten 0 und T zu vergleichen, um den optimalen Ersatzzeitpunkt zu bestimmen. Bei einer endlichen Investitionskette ist diese "Vereinfachung" nicht möglich, weil sich hier die mit den Folgeinvestitionen verbundenen Zahlungsströme auf unterschiedlich lange Zeiträume beziehen (für alternative Nutzungsdauern jetzt) und erst über eine Differenzinvestition vergleichbar gemacht werden können.

Die Bestimmung der Abschreibungen bei unbegrenzter Verwendungsdauer des Anlagentyps wollen wir zunächst für den Fall behandeln, daß kein technischer Fortschritt auftritt: Die einzelnen Glieder der Investitionskette sind nicht nur untereinander, sondern auch mit der vorhandenen Anlage identisch. Ob und in welchem Maße hier Abschreibungen wirksam werden, hängt entscheidend davon ab, wie sich die Leistungsfähigkeit des vorhandenen Betriebsmittels durch die kurzfristige Inanspruchnahme verändert. Bei konstanter Leistungsfähigkeit in qualitativer und quantitativer Hinsicht wird der Ersatzzeitpunkt durch die Nutzung nicht beeinflußt, es liegt reiner Zeitverschleiß vor. In diesem Fall tritt kein zeitlicher Verbund auf, und es gelten die im Abschnitt 3.2 abgeleiteten Aussagen: Die Abschreibungen sind Null.

---

1) Vgl. z.B. HAX, Herbert, Investitionstheorie, a.a.O., S. 32 ff.

Eine ganz andere Situation liegt vor, wenn mit abnehmender qualitativer Leistungsfähigkeit bei konstanter quantitativer Leistungsfähigkeit zu rechnen ist. Die hierdurch verursachte Erhöhung der Betriebsausgaben der betreffenden Maschine in späteren Perioden wirkt nutzungsdauervermindernd. Allgemein läßt sich die optimale Nutzungsdauer einer Anlage, die unendlich oft identisch ersetzt werden soll, bei stetiger Betrachtungsweise durch Minimierung der folgenden Kapitalwertfunktion bestimmen:

$$(8) \qquad K = \int_{0}^{t_E} a(t)\, e^{-rt}\, dt - L(t_E)\, e^{-rt_E} + \hat{K}\, e^{-rt_E}$$

wobei:

K	=	Kapitalwert des gesamten Auszahlungsstroms in $t = 0$ bei Ersatz in t_E
$a(t)$	=	Breite des Auszahlungsstroms der alten Anlage in Abhängigkeit von der Zeit (laufende Grenzauszahlungen der alten Anlage)
$L(t_E)$	=	Liquidationserlös der alten Anlage in Abhängigkeit vom Ersatzzeitpunkt
$\hat{K}$	=	Kapitalwert des Auszahlungsstroms der unendlichen Kette gleichartiger Investitionen bezogen auf den Ersatzzeitpunkt der alten Anlage
r	=	Verzinsungsintensität [1]

Hieraus läßt sich durch Differenzieren nach t_E und Nullsetzen der ersten Ableitung als notwendige Minimumbedingung ableiten [2]:

---

1) Vgl. z. B. HAX, Herbert, Investitionstheorie, a. a. O., S. 9.
2) Vgl. hierzu im einzelnen HAX, Herbert, Investitionstheorie, a. a. O., S. 30 ff.; SCHNEIDER, Dieter, Die wirtschaftliche ..., a. a. O., S. 56 f.; ders., Investition ..., a. a. O., S. 251 ff.; SCHNEIDER, Erich, Wirtschaftlichkeitsrechnung, a. a. O., S. 89 ff.

$$(9) \qquad a(t_E) + r\,L(t_E) - L'(t_E) = \hat{K}\,r$$

$$(9a) \qquad K'_A = K'_N$$

Diese Gleichung besagt, daß die auf die Zeit bezogenen Grenzausgaben der alten Anlage K'_A (linke Seite) im Optimum "gleich der marginalen Verzinsung des Kapitalwertes der nachfolgenden unendlichen Auszahlungsreihe" (K'_N) sein müssen [1]. Die Grenzkosten der alten Anlage werden in der Regel einen u-förmigen Verlauf aufweisen: Während $a(t_E)$ als "Zuwachsrate der kumulierten Betriebsauszahlungen" [2] immer mehr zunimmt, werden die beiden übrigen Glieder, nämlich die Zinsen auf den Liquidationserlös und die Minderungsrate des Liquidationserlöses immer mehr abnehmen [3]. Hierbei ist eine im Zeitablauf gleichbleibende Produktionsgeschwindigkeit unterstellt. Graphisch läßt sich der optimale Ersatzzeitpunkt damit allgemein als Schnittpunkt der Kurve der marginalen Verzinsung des Kapitalwertes der Investitionskette mit dem aufsteigenden Ast der Grenzausgabenkurve für die alte Anlage bestimmen (vgl. Abbildung 7). Weisen beide Kurven keinen Schnittpunkt miteinander auf, so ist eine sofortige Ersetzung vorteilhaft.

---

1) HAX, Herbert, Investitionstheorie, a.a.O., S. 44.
2) Ebenda.
3) Vgl. SCHNEIDER, Erich, Wirtschaftlichkeitsrechnung, a.a.O., S. 84. Ein u-förmiger Kurvenverlauf findet sich bei HONKO, Jaakko, Koneen ..., a.a.O., S. 137 und 264. Vgl. auch ALBACH, Horst, Wirtschaftlichkeitsrechnung ..., a.a.O., S. 62; JACOB, Herbert, Investitionsrechnung, in: Allgemeine Betriebswirtschaftslehre in programmierter Form, hrsg. v. H. JACOB, Wiesbaden 1969, S. 634; VIRKKUNEN, Henrik, Zur Frage ..., a.a.O., S. 123 f. Die meisten Autoren verzichten auf eine graphische Ermittlung des optimalen Ersatzzeitpunktes.

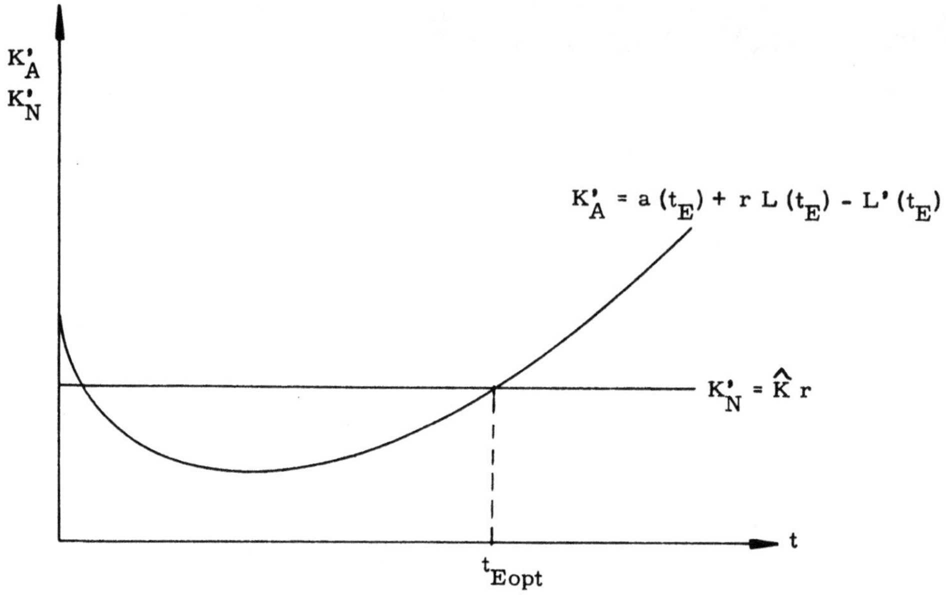

Abbildung 7

Um den Einfluß alternativer kurzfristiger Beschäftigungsgrade explizit berücksichtigen zu können, schreiben wir die Grenzkosten der alten Anlage nicht nur in Abhängigkeit vom Ersatzzeitpunkt der alten Anlage, sondern auch in Abhängigkeit von der Inanspruchnahme der Anlage in der kurzfristigen Planungsperiode. So gilt für eine Beschäftigung von Null:

(10) $$a\,(0, t_E) + r\,L\,(0, t_E) - L'\,(0, t_E) = \hat{K}\,r$$

(10a) $$K'_{A0} = K'_N$$

Entsprechend gilt für jede Beschäftigung $\bar{n}$, wobei $\bar{n}$ höchstens gleich der Maximalkapazität für die betreffende Teilperiode sein kann:

(11) $a(\bar{n}, t_E) + r\,L(\bar{n}, t_E) - L'(\bar{n}, t_E) = \hat{K}\,r$

(11a) $K'_{A\bar{n}} = K'_N$

Nehmen wir an, daß mit zunehmender Nutzung jetzt die Grenzausgabenkurve der alten Anlage von einem bestimmten Zeitpunkt t^+ ab stärker ansteigt, so ergeben sich für die Gleichungen (10) und (11) die in Abbildung 8 eingetra-

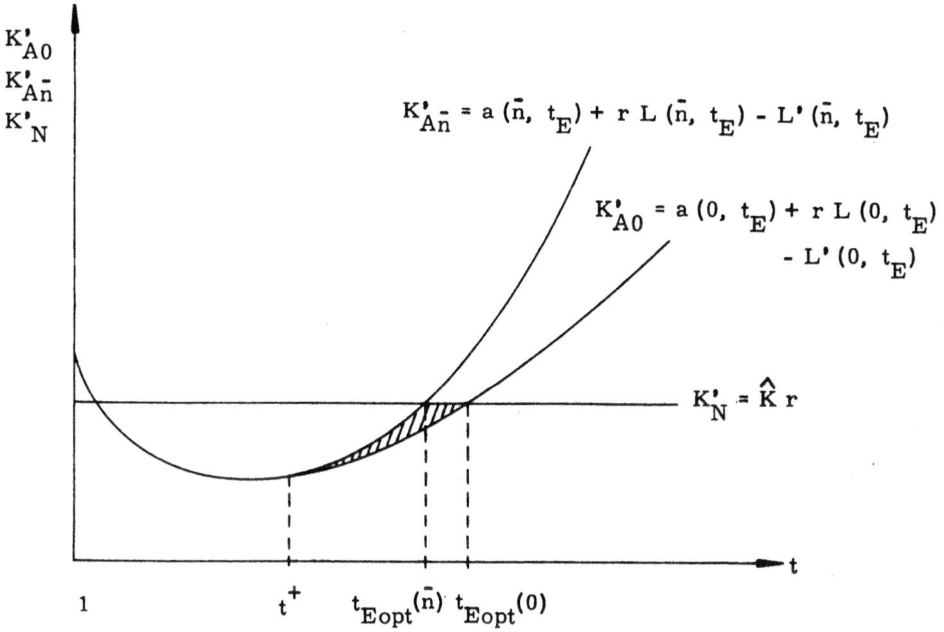

Abbildung 8

genen Kurvenverläufe. Die Abbildung läßt erkennen, daß durch die erhöhten Grenzausgaben die optimale Nutzungsdauer von $t_{Eopt}(0)$ auf $t_{Eopt}(\bar{n})$ verkürzt wird. Gleichzeitig läßt sich hieraus auch die Höhe der entscheidungsrelevanten Abschreibungen bestimmen:

Den Kapitalwert der gesamten Auszahlungen für n=0 erhält man als Summe der Integrale für die Grenzausgaben der alten Maschine K'_{A0} von $t=1$ bis $t=t_{Eopt}(0)$ und für die marginale Verzinsung des Kettenkapitalwertes K'_N ab $t_{Eopt}(0)$. Analog läßt sich der Kapitalwert der gesamten Auszahlungen für $n=\bar{n}$ bestimmen als Summe der Integrale für $K'_{A\bar{n}}$ über $t=1$ bis $t=t_{Eopt}(\bar{n})$ und für K'_N ab $t_{Eopt}(\bar{n})$. Die Integrale sind gleich den Flächen zwischen den entsprechenden Kurven und der Abszisse innerhalb der jeweiligen Abszissenabschnitte. Ein Vergleich dieser Flächen für $n=0$ und $n=\bar{n}$ zeigt, daß sich beide um den in der Abbildung 8 schraffierten Bereich unterscheiden. Damit sind die Abschreibungen für eine Erhöhung der Inanspruchnahme von $n=0$ auf $n=\bar{n}$ gleich dem Wert dieser schraffierten Fläche.

Da die kurzfristige Periode von $t=0$ bis $t=1$ dauert und die Abschreibungen aus den Zahlungsstromänderungen in den darauffolgenden Perioden zu ermitteln sind, sind die entsprechenden Kurvenverläufe ausgehend vom Zeitpunkt $t=1$ zu betrachten. Deshalb hat die Abszisse in der Abbildung 8 und in den folgenden Abbildungen in ihrem Ursprung nicht wie üblich den Wert $t=0$ sondern $t=1$.

Aus der Abbildung geht anschaulich hervor, wie die Anpassung des Investitionsplanes auf die Abschreibungen einwirkt: Nur bis zum neuen Ersatzzeitpunkt $t_{Eopt}(\bar{n})$ ist die Differenz aus neuem und ursprünglichem Grenzausgabenverlauf der alten Anlage für die Abschreibungen maßgeblich, danach ist nur noch die Differenz zwischen der marginalen Verzinsung des Kapitalwertes der Ersatzkette und den ursprünglichen Grenzausgaben relevant.

Algebraisch lassen sich die Abschreibungen für eine Erhöhung der Inanspruchnahme von $n=0$ auf $n=\bar{n}$ bestimmen als Differenz des Kapitalwertes $K(\bar{n})$ bei einer Nutzung von $n=\bar{n}$ und des Kapitalwertes $K(0)$ bei einer Nutzung von $n=0$.

$$(12)\quad A(\bar{n}) = K(\bar{n}) - K(0) = \int_{t^+}^{t_{Eopt}(\bar{n})} a(\bar{n}, t)\, e^{-rt} dt - L\left[\bar{n}, t_{Eopt}(\bar{n})\right] e^{-rt_{Eopt}(\bar{n})}$$

$$+ \hat{K} e^{-rt_{Eopt}(\bar{n})}$$

$$- \left\{ \int_{t^+}^{t_{Eopt}(0)} a(0, t)\, e^{-rt} dt - L\left[0, t_{Eopt}(0)\right] e^{-rt_{Eopt}(0)} \right.$$

$$\left. + \hat{K} e^{-rt_{Eopt}(0)} \right\}$$

$$(12a)\quad A(\bar{n}) = \int_{t^+}^{t_{Eopt}(\bar{n})} \left[a(\bar{n}, t) - a(0, t)\right] e^{-rt} dt - \int_{t_{Eopt}(\bar{n})}^{t_{Eopt}(0)} a(0, t) e^{-rt} dt$$

$$+ L\left[0, t_{Eopt}(0)\right] e^{-rt_{Eopt}(0)} - L\left[\bar{n}, t_{Eopt}(\bar{n})\right] e^{-rt_{Eopt}(\bar{n})}$$

$$+ \hat{K}\left(e^{-rt_{Eopt}(\bar{n})} - e^{-rt_{Eopt}(0)}\right)$$

Sie setzen sich damit aus den folgenden Komponenten zusammen:

- Differenz aus den laufenden Auszahlungen bei Nutzung in Höhe von $\bar{n}$ gegenüber Nichtnutzung ($n=0$) bis zum Ersatzzeitpunkt bei Nutzung ($t_{Eopt}(\bar{n})$).
- abzüglich den eingesparten laufenden Auszahlungen bei Nichtnutzung zwischen den beiden Ersatzzeitpunkten
- zuzüglich der Differenz der Liquidationserlöse bei Nichtnutzung gegenüber Nutzung (unter Berücksichtigung der eingesparten Zinsen auf den Liquidationserlös bei Nutzung für den Zeitraum zwischen beiden Ersatzzeitpunkten)

- zuzüglich der Zinsen auf den Kapitalwert der unendlichen Kette für den Zeitraum zwischen beiden Ersatzzeitpunkten.

Um die Abschreibungen für alternative Beschäftigungsgrade exakt zu ermitteln, müßte man gemäß unseren Ausführungen auf S. 165 f. jeweils den Wert für $\frac{dA(n)}{dn}$ berechnen. Als Näherungslösung wurde bereits oben vorgeschlagen, ersatzweise die gesamten Abschreibungen für eine Änderung der Beschäftigung von $n=0$ auf die Planbeschäftigung $n=\bar{n}$ zu ermitteln und durch $\bar{n}$ zu dividieren.

Zur Ermittlung der Abschreibungen aus den Änderungen der Zahlungsströme bietet sich die stetige Betrachtungsweise an, weil sie automatisch auch sehr geringe Veränderungen des Ersatzzeitpunktes und die damit verbundenen Auswirkungen berücksichtigt. Dies ist bei der für die Praxis der Investitionsrechnung typischen diskreten Betrachtungsweise nur dann gewährleistet, wenn man die Teilperioden klein genug wählt. Bei zu großen Teilperioden (z. B. Jahren) würde die durch die kurzfristige Inanspruchnahme induzierte Erhöhung der Auszahlungen die Nutzungsdauer entweder gar nicht beeinflussen oder - bei relativ flachem Verlauf der Kapitalwertkurve (8) im optimalen Bereich - direkt um ein ganzes Jahr verkürzen, auch wenn die optimale Verkürzung der Nutzungsdauer nur den Bruchteil eines Jahres betragen würde. Um den sich hieraus ergebenden Fehler einzuschränken, muß man bei diskreter Betrachtungsweise im relevanten Bereich mit stärkerer zeitlicher Differenzierung (z. B. mit Monaten oder Wochen)arbeiten. Zweckmäßigerweise wird man dazu gemäß der üblichen Vorgehensweise[1)] - jeweils für den Fall einer Nutzung von $n=0$ bzw. $n=\bar{n}$ - zunächst die optimale Nutzungsdauer bei grober Periodeneinteilung (etwa nach Jahren) ermitteln. Für eine Nutzung von $n=0$ erhält man beispielsweise den Zeitpunkt $\hat{t}(0)$ (vgl. hierzu die Abb. 9). Dann gilt zwar $K[\hat{t}(0)-1] > K[\hat{t}(0)] < K[\hat{t}(0)+1]$, doch kann der Kapitalwert für eine kleinere Abweichung des Ersatzzeitpunktes von $\hat{t}(0)$ als um ein ganzes Jahr durchaus

---

1) Vgl. hierzu im einzelnen HAX, Herbert, Investitionstheorie, a. a. O., S. 30 SCHNEIDER, Dieter, Investition ..., a. a. O., S. 256 ff.

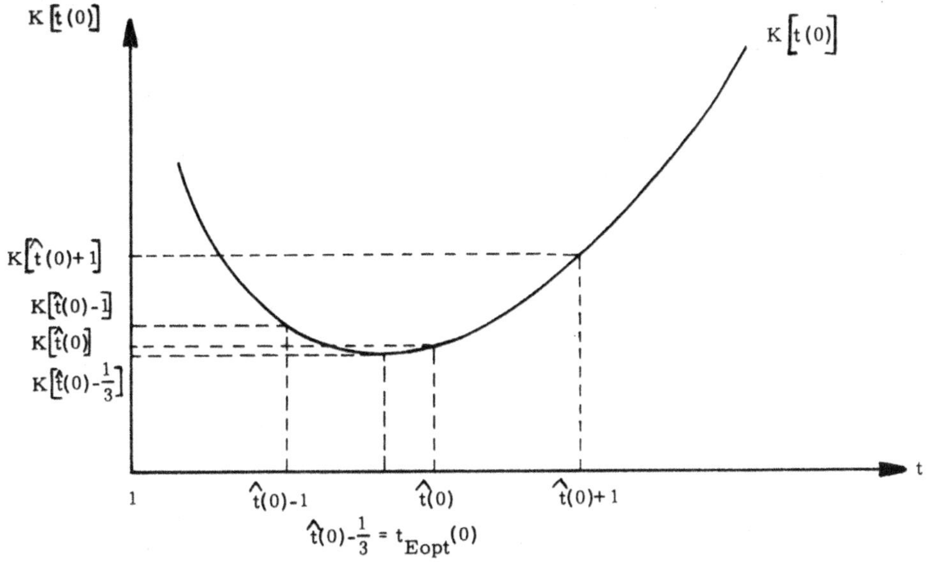

Abbildung 9

noch kleiner sein als $K\left[\hat{t}(0)\right]$ [1]. Deshalb ist anschließend zu prüfen, ob eine Verkürzung oder Verlängerung der Nutzungsdauer um den Bruchteil eines Jahres zu einem noch besseren Ergebnis führt. Hierzu wird die Teilperiode vor oder nach dem Zeitpunkt $\hat{t}(0)$ - je nachdem, wo man das Optimum vermutet - in z gleich lange Kurzperioden zerlegt. Da die diskrete Investitionsrechnung üblicherweise nur von den insgesamt pro (langer) Teilperiode anfallenden Zahlungen ausgeht [2], sind hier zusätzlich Annahmen darüber zu treffen, wie

---

1) Um das Auftreten relativer Minima zu verhindern, unterstellen wir im folgenden der Einfachheit halber einen u-förmigen Verlauf der Kapitalwertkurve für die Auszahlungen in Abhängigkeit vom Ersatzzeitpunkt. Ein solcher Kurvenverlauf liegt immer dann vor, wenn die laufenden Auszahlungen der alten Maschine im Zeitablauf monoton steigen und der Liquidationserlös ständig sinkt oder keine Rolle spielt. Vgl. hierzu im einzelnen HAX, Herbert, Investitionstheorie, a. a. O., S. 36 ff.

2) Hierbei wird im allgemeinen unterstellt, daß alle Zahlungen jeweils zum Periodenende anfallen. Dies bedeutet jedoch nicht, daß davorliegende Zahlungen ausgeschlossen sind, sondern dies betrifft nur die Zinswirksamkeit: Alle Zahlungen, die innerhalb einer Periode auftreten, werden zinsmäßig so behandelt, als seien sie erst am Periodenende angefallen.

sich diese Zahlungen auf die Kurzperioden verteilen. Sinnvollerweise wird sich die anzuwendende Verteilungsmethode an der Entwicklung der übergeordneten Zahlungsreihe für die (langen) Teilperioden ausrichten. So wird eine gleichmäßige Verteilung des Gesamtbetrages der (langen) Periode auf die einzelnen Kurzperioden nur dann zweckmäßig sein, wenn auch die Gesamtbeträge der langen Perioden im Zeitablauf gleich bleiben. Nehmen demgegenüber die Zahlungen von Periode zu Periode um einen konstanten Betrag zu, so wird man auch die auf die Kurzperioden entfallenden Zahlungen so wählen, daß sie proportional zur Zeit anwachsen, wobei zu beachten ist, daß ihre Summe über alle Kurzperioden einer Teilperiode dem Gesamtbetrag der betreffenden Teilperiode entsprechen muß. Auf diese Weise berechnet man alternativ für alle Kurzperiodenenden als Ersatzzeitpunkte die entsprechenden Auszahlungen aller Kurzperioden. Die Summe jeder dieser Zahlungsreihen gibt den dem jeweiligen Ersatzzeitpunkt entsprechenden Gesamtauszahlungsbetrag der betreffenden (langen) Teilperiode an, der vom Periodenende auf den Zeitpunkt $t=0$ abzudiskontieren ist [1]. Der niedrigste dieser Beträge zeigt den optimalen Ersatzzeitpunkt $t_{Eopt}(0)$ bei feinerer Periodeneinteilung an. In der Abbildung 9 liegt er bei $\hat{t}(0) - \frac{1}{3}$. Allgemein läßt sich $t_{Eopt}(0)$ auch schreiben als $\hat{t}(0) + \alpha \frac{1}{z}$, falls $t_{Eopt}(0) > \hat{t}(0)$, oder $\hat{t}(0) - 1 + \alpha \frac{1}{z}$, falls $t_{Eopt}(0) < \hat{t}(0)$, wobei α zwischen 0 und z liegt und z die Anzahl der kurzen Teilperioden (z. B. Monate) angibt, aus denen sich eine lange Teilperiode (Jahr) zusammensetzt $(s=1, 2, \ldots, z)$.

Entsprechend kann für die diskrete Betrachtungsweise der optimale Ersatzzeitpunkt $t_{Eopt}(\bar{n})$ bei einer kurzfristigen Inanspruchnahme von $n=\bar{n}$ ermittelt werden:

$$t_{Eopt}(\bar{n}) = \hat{t}(\bar{n}) + \beta \frac{1}{z} \quad \text{bzw.} \quad \hat{t}(\bar{n}) - 1 + \beta \frac{1}{z}.$$

Dann setzen sich die Abschreibungen für den Fall, daß $t_{Eopt}(\bar{n}) > \hat{t}(\bar{n})$ und

1) Es sei darauf hingewiesen, daß es nicht prämissenkonform wäre, die einzelnen Auszahlungen der Kurzperioden erst auf das Ende der (langen) Teilperiode aufzuzinsen, etwa mit dem konformen unterjährlichen Zinsfuß. Das widerspräche der Annahme, daß alle Zahlungen einer Teilperiode erst zum Periodenende zinswirksam werden.

$t_{Eopt}(0) > \hat{t}(0)$ folgendermaßen zusammen:

$$(13)\quad A(\bar{n}) = \sum_{t=t^+}^{\hat{t}(\bar{n})} \left[a(\bar{n})_t - a(0)_t\right] (1+i)^{-t}$$

$$+ \sum_{s=1}^{\beta} \left[a(\bar{n})_s - a(0)_s\right] (1+i)^{-\hat{t}(\bar{n})-1}$$

$$- L(\bar{n})_{tEopt}(\bar{n})\,(1+i)^{-\hat{t}(\bar{n})-1} + L(0)t_{Eopt}(0)\,(1+i)^{-\hat{t}(0)-1}$$

$$- \sum_{t=\hat{t}(\bar{n})+z}^{\hat{t}(0)} \left[a(0)_t - a_N\right] (1+i)^{-t}$$

$$- \sum_{s=\beta+1}^{z} \left[a(0)_s - \frac{a_N}{z}\right] (1+i)^{-\hat{t}(\bar{n})-1}$$

$$- \sum_{s=1}^{\alpha} \left[a(0)_s - \frac{a_N}{z}\right] (1+i)^{-\hat{t}(0)-1}$$

Die Abfolge der einzelnen Zeitpunkte sei nochmals mit Hilfe der folgenden Zeitachse verdeutlicht:

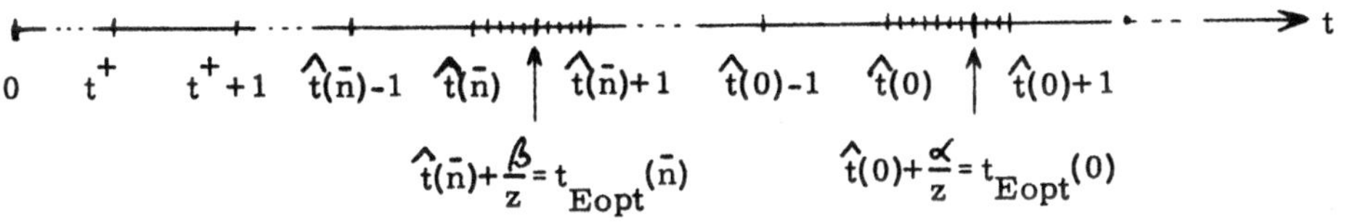

Hierbei ist t^+ der Zeitpunkt, in dem sich die Auszahlungen bei Inanspruchnahme zum ersten Mal von den Auszahlungen bei Nichtinanspruchnahme unterscheiden. $a(\bar{n})_t$ bzw. $a(0)_t$ sind die laufenden Auszahlungen in der Periode t, entsprechend $a(\bar{n})_s$ und $a(0)_s$ für die Kurzperiode s. a_N ist die Annuität für die unendliche Kette der Ersatzinvestitionen.

Auch für alle weiteren Fälle der Anpassung des Investitionsplanes an die kurzfristige Inanspruchnahme lassen sich die Abschreibungen bei diskreter Betrachtungsweise analog bestimmen. Da hierbei keine zusätzlichen Probleme auftauchen und keine weiteren Erkenntnisse gewonnen werden können, soll im folgenden auf die diskrete Betrachtung verzichtet werden.

Die Bestimmung der Abschreibungen für den soeben allgemein behandelten Fall soll nun - ebenfalls repräsentativ für alle weiteren Fälle - an einem Zahlenbeispiel verdeutlicht werden, und zwar zunächst für die stetige Analyse. Hierzu seien folgende Daten gegeben:

Auszahlungsart	$n = 0$	$n = \bar{n}$
$a(n, t)$	$8\,000 + 500t$	$8\,000 + 600t$
$L(n, t_E)$	$\frac{10\,000}{t_E+2}$	$\frac{10\,000}{1{,}1\,t_E+2}$
$\hat{K}$	104 450	

Die Verzinsungsintensität beträgt $r=0{,}10$

Zunächst sind die optimalen Ersatzzeitpunkte für $n=0$ und $n=\bar{n}$ zu bestimmen. $t_{Eopt}(0)$ liegt bei demjenigen t_E, für das die Gleichung

$$8\,000 + 500\,t_E + \frac{10\,000}{t_E+2} \cdot 0{,}10 + \frac{10\,000}{(t_E+2)^2} = 104\,450 \cdot 0{,}10$$

erfüllt ist[1]. Die Tabelle 1 zeigt die Werte für die linke Seite dieser Gleichung für alternative t_E. Hieraus geht hervor, daß der optimale Ersatzzeitpunkt bei $t_E = 4$ erreicht ist.

1) Vgl. Gleichung (10) auf S. 176.

n = 0	t_E	8 000	+ 500 t_E	$+ \frac{10\,000}{t_E+2} \cdot 0,10+$	$\frac{10\,000}{(t_E+2)^2}$	$\sum$
	1	8 000	500	333	1 111	9 944
	2	8 000	1 000	250	625	9 875
	3	8 000	1 500	200	400	10 100
	4	8 000	2 000	167	278	10 445
	5	8 000	2 500	143	204	10 847
$n = \bar{n}$	t_E	8 000	+ 600 t_E	$+ \frac{10\,000}{1,1\,t_E+2} \cdot 0,10+$	$\frac{11\,000}{(1,1\,t_E+2)^2}$	$\sum$
	1	8 000	600	323	1 145	10 068
	2	8 000	1 200	238	624	10 062
	3	8 000	1 800	189	392	10 381
	4	8 000	2 400	156	269	10 825
	5	8 000	3 000	133	196	11 329

Tabelle 1

Entsprechend muß für $t_{Eopt}(\bar{n})$ die Gleichung

$$8\,000 + 600\,t_E + \frac{10\,000}{1,1\,t_E+2} \cdot 0,10 + \frac{11\,000}{(1,1\,t_E+2)^2} = \hat{K} \cdot r$$

erfüllt sein. Aus der obigen Tabelle geht hervor, daß der entsprechende Wert für t_E zwischen 3 und 4 liegen muß. Für Zwischenwerte von t_E nimmt die linke Seite folgende Werte an:

$t_E = 3,25$ ⟶ 10 485

$t_E = 3,2$ ⟶ 10 462

$t_E = 3,15$ ⟶ 10 442

$t_E = 3,10$ ⟶ 10 421

$t_{Eopt}(\bar{n})$ liegt also unmittelbar bei t_E=3, 15. Dies bedeutet, daß sich die optimale Restnutzungsdauer der alten Anlage durch die kurzfristige Inanspruchnahme von t_E=4 auf t_E=3, 15, also um 0, 85 Perioden, verkürzt. In der Abbildung 10 sind diese Zusammenhänge für die Zahlenwerte des Beispiels graphisch veranschaulicht.

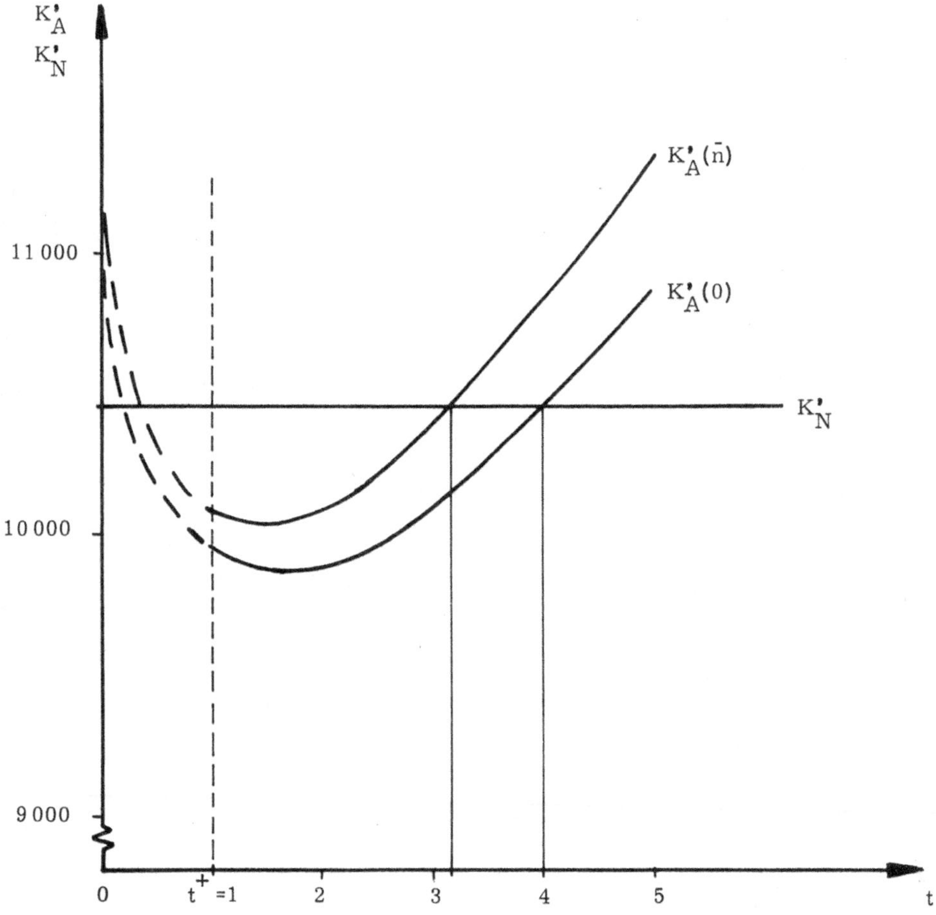

Abbildung 10

Gemäß Gleichung (12a) auf Seite 179 lassen sich die Abschreibungen nun bestimmen als

$$A(\bar{n}) = \int_{1}^{3,15} 100\,t\,e^{-0,10\,t}dt - \int_{3,15}^{4} (8\,000 + 500\,t)\cdot e^{-0,10\,t}dt$$

$$+ 1\,666\,e^{-0,10\cdot 4} - 1\,832\,e^{-0,10\cdot 3,15}$$

$$+ 104\,450\cdot(e^{-0,10\cdot 3,15} - e^{-0,10\cdot 4})$$

$$= 100\,t\cdot(-10\,e^{-0,10\,t}) - \int_{1}^{3,15} -10\,e^{-0,10\,t}\cdot 100\,dt$$

$$- \left[(8\,000 + 500\,t)\cdot(-10\,e^{-0,10\,t}) - \int_{3,15}^{4} -10\,e^{-0,10\,t}\cdot 500\,dt\right]$$

$$+ 1\,666\cdot 0,67 - 1\,832\cdot 0,73 + 104\,450\cdot(0,73 - 0,67)$$

$$= \left[-1\,000\,t\,e^{-0,10\,t} - 10\,000\,e^{-0,10\,t}\right]_{1}^{3,15}$$

$$- \left[-(80\,000 + 5\,000\,t)\cdot e^{-0,10\,t} - 50\,000\,e^{-0,10\,t}\right]_{3,15}^{4}$$

$$+ 1\,116 - 1\,337 + 6\,267$$

$$= (-1\,000\cdot 3,15 - 10\,000)\cdot 0,73 + (1\,000 + 10\,000)\cdot 0,905$$

$$- \left[(-130\,000 - 20\,000)\cdot 0,67 - (-130\,000 - 15\,750)\cdot 0,73\right]$$

$$+ 6\,046$$

$$= 355 - 5\,897 + 6\,046 = 504$$

Somit sind als Abschreibungen in der kurzfristigen Planungsperiode 504.-DM für die Erhöhung der Inanspruchnahme von $n=0$ auf $n=\bar{n}$ zu verrechnen. Bei einer Planbeschäftigung von beispielsweise 4 800 Bezugsgrößeneinheiten ist also näherungsweise jede Bezugsgrößeneinheit mit 0,105 DM zu bewerten.

Anhand des gleichen Beispiels soll nun dargestellt werden, wie die Abschreibungen bei diskreter Betrachtungsweise zu berechnen sind. Dazu ist zunächst die der stetigen Grenzausgabenfunktion $a(0,t) = 8\,000 + 500t$ äquivalente diskrete Funktion zu ermitteln. Bei beiden Funktionen müssen die bis zu einem beliebigen Zeitpunkt T kumulierten Auszahlungen übereinstimmen. Die diskrete Funktion $8\,000 + 500t$ führt bei jährlicher Schrittweite (t gibt die Jahre an) nach T Jahren zu kumulierten Auszahlungen von

$$\sum_{t=1}^{T} (8\,000 + 500t) = 8\,000T + 500 \sum_{t=1}^{T} t$$

$$= 8\,000T + 250T(T+1)$$

$$= 8\,000T + 250T^2 + 250T$$

Demgegenüber weist die stetige Funktion $8\,000 + 500t$ nach T Jahren nur einen kumulierten Wert auf von

$$\int_{0}^{T} (8\,000 + 500t)dt = 8\,000T + 250T^2$$

Ihr entspricht also bei jährlicher Schrittweite die diskrete Summenfunktion

$$\sum_{t=1}^{T} (8\,000 + 500t) - 250T$$

Im Jahr t fallen nach dieser Funktion Auszahlungen in Höhe von

$$a(0,t) = 8\,000 + 500t - 250 \qquad \text{an.}$$

Wählt man als Schrittweite anstelle von Jahren $(t=1,\ldots,T)$ Zehnteljahre $(m=1,\ldots,M)$, so lautet die Funktion der kumulierten Auszahlungen

$$\sum_{m=1}^{M} (800 + 5m) - 2{,}5M,$$

und im Zehnteljahr m fallen Auszahlungen an in Höhe von

$$a(0,m) = 800 + 5m - 2{,}5.$$

Nach diesen Überlegungen lassen sich die relevanten Daten für den diskreten Fall zusammenstellen:

Auszahlungsart	n = 0	$n = \bar{n}$
a (n, t) a (n, m)	8 000 + 500 t - 250 800 + 5 m - 2, 5	8 000 + 600 t - 300 800 + 6 m - 3
$L(n, t_E)$	$\frac{10\,000}{t_E + 2}$	$\frac{10\,000}{1{,}1\,t_E + 2}$
a_N [1]	11 000	

Der Zinsfuß beträgt i = 0, 1052 [2].

In der Tabelle 2 sind die Auszahlungsreihen (jährlich) für alternative Ersatzzeitpunkte bei kurzfristiger Inanspruchnahme von n=0 sowie die sich daraus ergebenden Kapitalwerte

$$K(0, t_E) = \sum_{t=2}^{t_E} (8\,000 + 500\,t)\,(1+i)^{-t} - \frac{10\,000}{t_E + 2}\,(1+i)^{-t_E} + \sum_{t=t_{E+1}}^{T} 11\,000\,(1+i)^{-t}$$

dargestellt[3]. Es zeigt sich, daß der Ersatz im Zeitpunkt t=5 bei jährlicher Betrachtungsweise am günstigsten ist, daß aber ein Ersatz zwischen t=5 und t=6 möglicherweise noch besser wäre. Um dies zu prüfen, haben wir in der Tabelle 3 die Auszahlungen pro Kurzperiode (Zehnteljahr) jeweils für die alternativen Ersatzzeitpunkte 5,1; 5, 2; 5, 3; . . . . ; 5, 9; 6, 0 und ihre Summen für das gesamte Jahr ausgewiesen. Die niedrigste dieser Summen - und da-

1) Eine Annuität der neuen Anlage von 11 000 bei diskreter Betrachtungsweise entspricht einem Kapitalwert $\breve{K}$ der unendlichen Kette von 104 450, denn a_N muß gleich sein der ewigen Rente auf diesen Kapitalwert:
$a_N = \breve{K} \cdot i = 104\,450 \cdot 0{,}1052 = 10\,988 \approx 11\,000$.

2) Einer stetigen Verzinsung von r=0, 10 entspricht der äquivalente unstetige Jahreszinsfuß von $i = e^r - 1 = 1{,}1052 - 1 = 0{,}1052$.

3) Mit T wird der späteste in Frage kommende Ersatzzeitpunkt bezeichnet.

Ersatz in Periode / Auszahlungen in Periode	2	3	4	5	6	7
2	8 750 - 2 500	8 750	8 750	8 750	8 750	8 750
3	11 000	9 250 - 2 000	9 250	9 250	9 250	9 250
4	11 000	11 000	9 750 - 1 667	9 750	9 750	9 750
5	11 000	11 000	11 000	10 250 - 1 429	10 250	10 250
6	11 000	11 000	11 000	11 000	10 750 - 1 250	10 750
7	11 000	11 000	11 000	11 000	11 000	11 250 - 1 111
$K(0, t_E)$	38 806	38 075	37 602	37 397	37 440	37 699

Tabelle 2

Ersatz im Zeitpunkt / Auszahlungen in Periode	5, 1	5, 2	5, 3	5, 4	5, 5	5, 6	5, 7	5, 8	5, 9	6, 0
5, 1	1052,5-1408	1 052, 5	1 052, 5	1 052, 5	1 052, 5	1 052, 5	1 052, 5	1 052, 5	1 052, 5	1 052, 5
5, 2	1 100	1057,5-1389	1 057, 5	1 057, 5	1 057, 5	1 057, 5	1 057, 5	1 057, 5	1 057, 5	1 057, 5
5, 3	1 100	1 100	1062,5-1370	1 062, 5	1 062, 5	1 062, 5	1 062, 5	1 062, 5	1 062, 5	1 062, 5
5, 4	1 100	1 100	1 100	1067,5-1351	1 067, 5	1 067, 5	1 067, 5	1 067, 5	1 067, 5	1 067, 5
5, 5	1 100	1 100	1 100	1 100	1072,5-1333	1 072, 5	1 072, 5	1 072, 5	1 072, 5	1 072, 5
5, 6	1 100	1 100	1 100	1 100	1 100	1077,5-1316	1 077, 5	1 077, 5	1 077, 5	1 077, 5
5, 7	1 100	1 100	1 100	1 100	1 100	1 100	1082,5-1299	1 082, 5	1 082, 5	1 082, 5
5, 8	1 100	1 100	1 100	1 100	1 100	1 100	1 100	1087,5-1282	1 087, 5	1 087, 5
5, 9	1 100	1 100	1 100	1 100	1 100	1 100	1 100	1 100	1092,5-1266	1 092, 5
6, 0	1 100	1 100	1 100	1 100	1 100	1 100	1 100	1 100	1 100	1097,5-1250
$\sum$	9 544, 5	9 521	9 502, 5	9 489	9 479, 5	9 474	9 473, 5	9 478	9 486, 5	9 500

Tabelle 3

Ersatz im Zeitpunkt / Auszahlungen in Periode	2	3	4	5	6	7
2	8 900 - 2 381	8 900	8 900	8 900	8 900	8 900
3	11 000	9 500 - 1 887	9 500	9 500	9 500	9 500
4	11 000	11 000	10 100 - 1 563	10 100	10 100	10 100
5	11 000	11 000	11 000	10 700 - 1 333	10 700	10 700
6	11 000	11 000	11 000	11 000	11 300 - 1 163	11 300
7	11 000	11 000	11 000	11 000	11 000	11 900 - 1 031
$K(\bar{n}, t_E)$	39 026	38 467	38 214	38 271	38 606	39 179

Tabelle 4

Ersatz im Zeitpunkt / Auszahlungen in Periode	4,1	4,2	4,3	4,4	4,5	4,6	4,7	4,8	4,9	5,0
4,1	1043-1536	1 043	1 043	1 043	1 043	1 043	1 043	1 043	1 043	1 043
4,2	1 100	1049-1511	1 049	1 049	1 049	1 049	1 049	1 049	1 049	1 049
4,3	1 100	1 100	1055-1486	1 055	1 055	1 055	1 055	1 055	1 055	1 055
4,4	1 100	1 100	1 100	1061-1462	1 061	1 061	1 061	1 061	1 061	1 061
4,5	1 100	1 100	1 100	1 100	1067-1439	1 067	1 067	1 067	1 067	1 067
4,6	1 100	1 100	1 100	1 100	1 100	1073-1416	1 073	1 073	1 073	1 073
4,7	1 100	1 100	1 100	1 100	1 100	1 100	1079-1395	1 079	1 079	1 079
4,8	1 100	1 100	1 100	1 100	1 100	1 100	1 100	1085-1374	1 085	1 085
4,9	1 100	1 100	1 100	1 100	1 100	1 100	1 100	1 100	1091-1353	1 091
5,0	1 100	1 100	1 100	1 100	1 100	1 100	1 100	1 100	1 100	1097-1333
$\sum$	9 407	9 381	9 361	9 346	9 336	9 332	9 332	9 338	9 350	9 367

Tabelle 5

mit auch der optimale Ersatzzeitpunkt - ergibt sich bei t=5, 7.

Auf die gleiche Weise wird in der Tabelle 4 der optimale Ersatzzeitpunkt für $n=\bar{n}$ bei jährlicher Betrachtungsweise bestimmt (t=4). Die Tabelle 5 zeigt, daß der Ersatz im Zeitpunkt t=4, 6 oder t=4, 7 noch günstiger ist. Infolge der Erhöhung der kurzfristigen Inanspruchnahme von n=0 auf $n=\bar{n}$ verkürzt sich damit die optimale Restnutzungsdauer der Anlage von t=5, 7 auf t=4, 6 oder t=4, 7. Durch Vergleich der Kapitalwerte $K(0, t_{Eopt}(0))$ und $K(\bar{n}, t_{Eopt}(\bar{n}))$ergeben sich die Abschreibungen. Sie betragen 38 250 - 37 426 = 824 DM (vgl. Tabelle 6), woraus sich ein Abschreibungssatz von 0, 172 DM pro Bezugsgrößeneinheit bei einer Planbeschäftigung von 4 800 Bezugsgrößeneinheiten ergibt. Die Abweichung gegenüber dem Ergebnis bei stetiger Betrachtungsweise resultiert daraus, daß im stetigen Fall die Auszahlungen nicht erst am Pe-

	Auszahlungen für	
t	n = 0	$n = \bar{n}$
2	8 750	8 900
3	9 250	9 500
4	9 750	10 100
5	10 250	9 332
6	9 473, 5	11 000
7	11 000	11 000
$K(n, t_{Eopt}(n))$	37 426	38 250

Tabelle 6

riodenende sondern jeweils über die ganze Periode verteilt anfallen und von dort diskontiert werden. Dadurch sind die diskontierten Auszahlungen für die alte Maschine im stetigen Fall größer, wodurch auch der frühere Ersatzzeitpunkt bedingt ist. Wegen des früheren Ersatzes können sich die immer mehr zunehmenden Unterschiede in den Auszahlungen der alten Maschine bei $n=\bar{n}$ im Vergleich zu $n=0$ im Ergebnis nicht so stark auswirken wie im diskreten Fall, in dem der Ersatzzeitpunkt später liegt.

Die Abschreibungen lassen sich unter den gewählten Prämissen ganz isoliert für die betreffende Anlage bestimmen, auch wenn diese nur eine Teilfunktion innerhalb eines mehrstufigen Betriebes wahrnimmt und im Produktionsverbund mit anderen Anlagen steht. Die Aufgabe, die der betreffende Teilbereich wahrzunehmen hat - und die nur aus einer Simultanplanung des ganzen Betriebes abgeleitet werden kann -, ändert sich durch die Nutzung nicht, und es ist nur zu bestimmen, auf welche Weise diese Aufgabe bei alternativen kurzfristigen Inanspruchnahmen am besten erfüllt wird. Innerhalb des kurzfristigen Planungsmodells selbst müssen die Verbundbeziehungen zwischen den einzelnen Anlagen bei arbeitsgangweiser Kalkulation über Mengenausgleichsrestriktionen berücksichtigt werden [1].

Falls sich die Leitsungsfähigkeit der Anlage nicht in qualitativer sondern in quantitativer Hinsicht vermindert, so sind zwei Fälle zu unterscheiden [2]:

Erstens können hierdurch die später benötigten Stückzeiten steigen. Kann hierbei das langfristige Produktionsprogramm wie geplant durchgeführt werden, so sind als Abschreibungen die diskontierten zusätzlich in Kauf zu nehmenden späteren stückzeitabhängigen Kosten zu berücksichtigen. Wenn zur Beibehaltung der geplanten Produktionsmengen in späteren Teil-

---

1) Vgl. dazu z.B. KILGER, Wolfgang, Optimale ..., a.a.O., S. 307.
2) Vgl. oben S. 90.

perioden kurzfristig realisierbare Anpassungsprozesse notwendig werden (zeitliche oder intensitätsmäßige Anpassung), steigen auch die Auszahlungen in den betreffenden Perioden, und die Abschreibungen lassen sich ganz analog zum Fall der qualitativen Verminderung der Leistungsfähigkeit bestimmen. Falls die Erhöhung der Stückzeiten jedoch ein solches Ausmaß erreicht, daß die Einhaltung des langfristigen Produktions- und Absatzplanes kapazitätsmäßig nicht mehr möglich ist, so sind entweder Investitionsplan und langfristiger Produktions- und Absatzplan simultan mit der jetzigen Inanspruchnahme abzustimmen, oder - falls man weiter von gegebenen Produktionsmengen ausgehen will - es wird erforderlich, die alte Anlage zu ersetzen, sobald sie ihre Aufgabe nicht mehr erfüllen kann. Dann lassen sich die Abschreibungen wie in Abbildung 11 gezeigt bestimmen. $t_E(\bar{n})$ sei der Zeitpunkt, in dem die Anlage wegen der zusätzlichen Inanspruchnahme zum ersten Mal ihre Produktionsaufgabe nicht mehr wahrnehmen kann und deshalb ersetzt werden muß. Dann entsprechen einer Nutzungsänderung von Null auf $\bar{n}$ Abschreibungen in Höhe der über den Zeitraum $t_E(\bar{n})$ bis $t_{Eopt}(0)$ kumulierten Differenz aus den Grenzausgaben der alten Maschine und marginalen Kapitalwertverzinsung der unendlichen Kette.

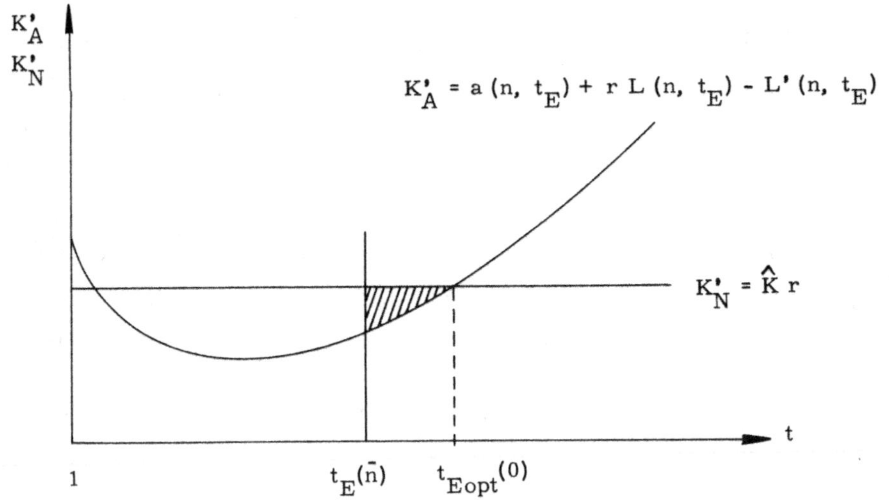

Abbildung 11

Zweitens kann sich die Verminderung der quantitativen Leistungsfähigkeit auch in einer Verkürzung der technischen Lebensdauer der Anlage bemerkbar machen. Würde die Anlage bei einer kurzfristigen Inanspruchnahme von Null noch bis zum Ende ihrer wirtschaftlichen Lebensdauer genutzt werden können, so bestimmen sich die Abschreibungen formal wie in Abbildung 11. $t_E(\bar{n})$ wäre dann der Zeitpunkt, für den wegen der jetzigen Inanspruchnahme mit dem plötzlichen Versagen der Anlage zu rechnen ist. Falls die Anlage ohnehin schon bis zum Ende ihrer technischen Lebensdauer ($t_E(0)$) genutzt wird, die durch die kurzfristige Inanspruchnahme bis $t_E(\bar{n})$ vorverlagert wird, so sind die entsprechenden Abschreibungen gleich der schraffierten Fläche in Abbildung 12.

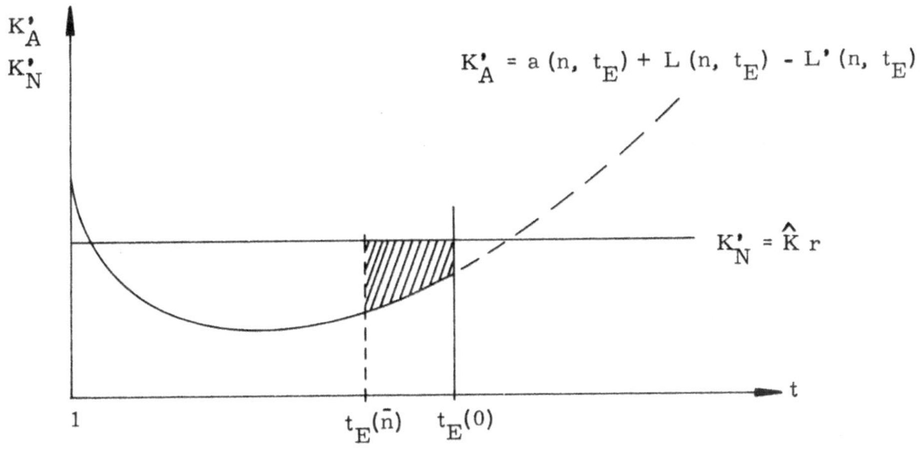

Abbildung 12

Zwischen den hier vorgetragenen Fällen sind natürlich auch Kombinationen denkbar, insbesondere kann sich die Leistungsfähigkeit der Anlage sowohl in qualitativer als auch in quantitativer Hinsicht vermindern. Die entsprechenden Abschreibungen lassen sich dann grundsätzlich analog zu unseren bisherigen Ausführungen bestimmen, weshalb wir hier nicht näher auf diese kombinierten Fälle eingehen wollen.

3.3.2.2 Technischer Fortschritt: Reinvestition durch verbessertes Aggregat

Bisher gingen wir von der Voraussetzung aus, daß alle Ersatzanlagen mit der alten Anlage identisch sind. Die Abschreibungen lassen sich grundsätzlich auf die gleiche Weise bestimmen, wenn die alte Anlage stattdessen durch eine Kette von untereinander gleichen Anlagen ersetzt wird, die gegenüber ihr jedoch technische Verbesserungen aufweisen, was in niedrigeren Betriebskosten und/oder niedrigeren Anschaffungsauszahlungen zum Ausdruck kommen möge [1]. Wirkungen auf die Einzahlungsseite, z.B. in Form von zusätzlichen Erlösen durch Mehrabsatz oder durch Qualitätsverbesserung bedingte Preiserhöhungen, seien weiterhin ausgeschlossen. Der technische Fortschritt bewirkt, daß der Ausgabenbarwert der unendlichen Kette - und damit auch die marginale Verzinsung dieses Wertes - sinkt. Hierdurch verkürzt sich tendenziell die Lebensdauer der alten Anlage, denn der Schnittpunkt mit der $\hat{K}r$-Kurve wird schon bei einem niedrigeren Grenzausgabenniveau erreicht.

Besonderheiten können in diesem Fall allerdings dann auftreten, wenn das verbesserte Aggregat erst von einem bestimmten Zeitpunkt ab verfügbar ist. Dies wollen wir exemplarisch am Fall der konstanten quantitativen, aber durch kurzfristige Inanspruchnahme abnehmenden qualitativen Leistungsfähigkeit veranschaulichen. Auch hier ändert sich nichts gegenüber unseren Ausführungen im vorigen Abschnitt, wenn die neue Anlage zu einem Zeitpunkt T_0 erscheint, in dem die Grenzausgaben der alten Maschine noch unter der marginalen Verzinsung des Kettenbarwertes liegen. Dann lassen sich die Verkürzung der Nutzungsdauer und die entscheidungsrelevanten Abschreibungen entsprechend zur Abbildung 8 (vgl. S. 177) be-

1) Wir beschränken uns hier somit auf den Fall, daß nur einmal eine verbesserte Maschine erscheint. Ähnlich ist zu verfahren, wenn nacheinander mehrmals verbesserte Maschinen auftreten. Zur Berücksichtigung des technischen Fortschritts bei der Bestimmung der wirtschaftlichen Nutzungsdauer vgl. im einzelnen SCHNEIDER, Dieter, Die wirtschaftliche ..., a.a.O., S. 58 ff. und die dort angegebene Literatur.

stimmen. Der Unterschied besteht nur darin, daß die $\hat{K}r$-Kurve noch nicht im Zeitpunkt t=0 beginnt, sondern erst in T_0, wobei $0 < T_0 < t_{Eopt}(0)$. Falls die neue Anlage jedoch erst verfügbar ist, wenn die Grenzausgaben - auch bei Nichtnutzung - bereits höher sind als die marginale Verzinsung, liegt die in Abbildung 13 beschriebene Situation vor[1]: Es wird in jedem Fall so früh wie möglich ersetzt, aber bis dahin sind als Abschreibungen für die kurzfristige Inanspruchnahme die damit verbundenen Steigerungen der Ausgaben der alten Anlage voll in Kauf zu nehmen.

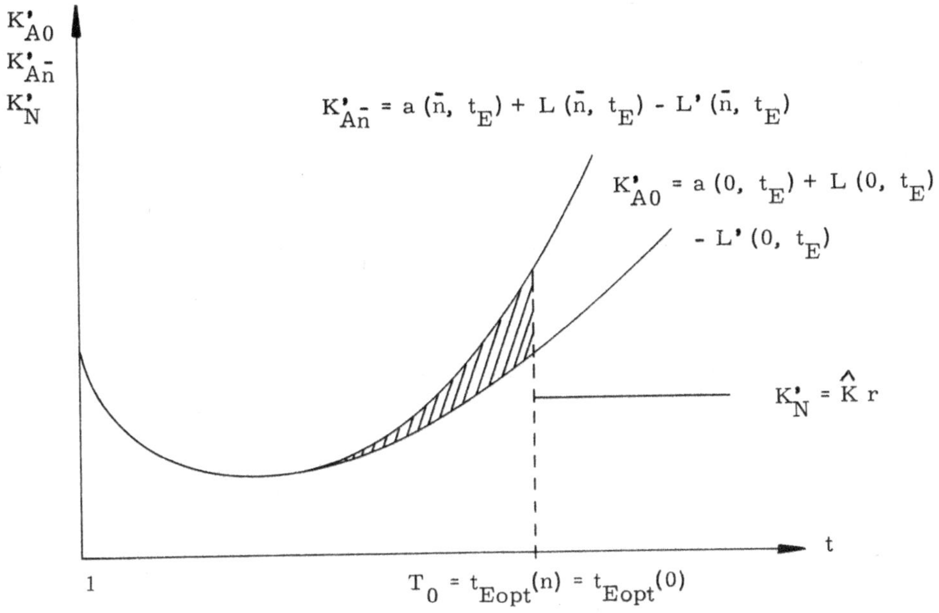

Abbildung 13

---

1) Hierbei sei vereinfachend von der Annahme ausgegangen, daß eine vorzeitige Ersetzung durch eine noch nicht verbesserte Anlage nicht mehr in Betracht kommt.

3.3.3 Begrenzte Verwendungsdauer des Anlagentyps

3.3.3.1 Die Verwendungsdauer endet mit der Nutzungsdauer des vorhandenen Aggregats

Kann man annehmen, daß die Anlage nach Ablauf ihrer Nutzungsdauer nicht wieder ersetzt werden wird, und geht man davon aus, daß der langfristige Produktions- und Absatzplan nicht mehr beeinflußbar ist, so muß auch die Restnutzungsdauer dieser Anlage Datum sein (vgl. hierzu auch S. 152 ff.). Bei Wirksamwerden der technischen Nutzungsdauer ist dies dann der Fall, wenn nur Zeitverschleiß den Ausfall der Anlage herbeiführt. Dann sind die entscheidungsrelevanten Abschreibungen gleich Null. Würde demgegenüber (auch) Gebrauchsverschleiß wirksam, so würde sich die technische Nutzungsdauer nach der Höhe der kurzfristigen Inanspruchnahme richten, und unter diesen Umständen müßten zur Bestimmung der Abschreibungen auch Veränderungen in der langfristigen Produktions- und Absatzplanung berücksichtigt werden.

Häufig werden jedoch Wirtschaftlichkeitsüberlegungen das Lebensdauerende der Anlage bestimmen, und die Anlage wird bereits vor Ablauf ihrer technischen Lebensdauer aus dem Produktionsprozeß genommen. Steht die Anlage in keinem produktionstechnischen Verbund mit anderen Anlagen, lassen sich dieser Anlage also die Einzahlungen unmittelbar zurechnen (Einmaschinenfall), so kann man die wirtschaftliche Nutzungsdauer isoliert für die betreffende Anlage bestimmen. Sie ist erreicht, wenn die Grenzauszahlungen in bezug auf die Zeit gleich den zeitlichen Grenzeinzahlungen sind [1]. Denn die Kapitalwertfunktion

$$(14)\quad K = \int_{1}^{t^+} \left[u(t) - a(t)\right] e^{-rt}\, dt + L\,(t^+)\, e^{-rt^+}$$

---

1) Vgl. hierzu im einzelnen SCHNEIDER, Dieter, Die wirtschaftliche ..., a.a.O., S. 50 ff.; SCHNEIDER, Erich, Wirtschaftlichkeitsrechnung, a.a.O., S. 79 ff. und die dort angegebene Literatur.

erreicht ihr Maximum bei demjenigen t^+, für das gilt:

$$(15) \quad u(t^+) = a(t^+) + r\,L(t^+) - L'(t^+)$$

wobei $u(t) = K'_E$ die Breite des Einzahlungsstromes angibt.

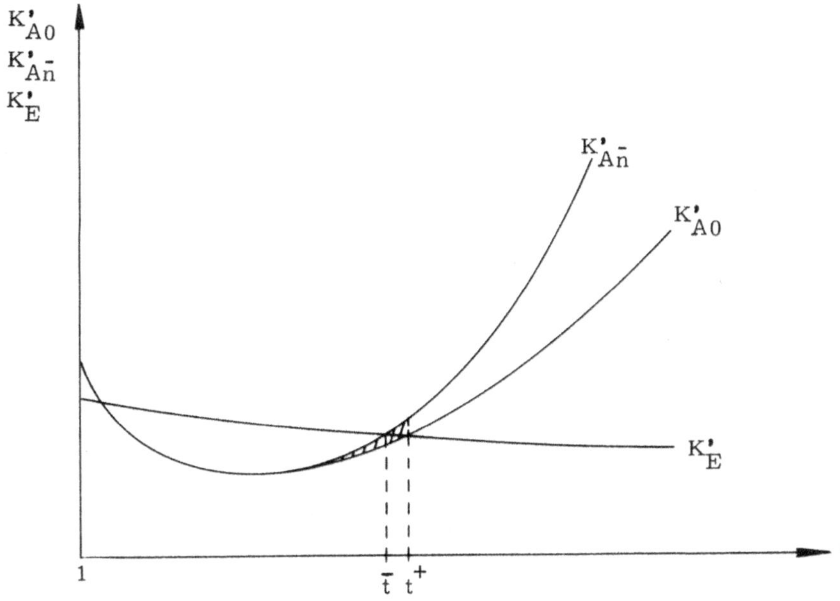

Abbildung 14

In der Abbildung 14 entspricht einer kurzfristigen Nutzung von 0 eine optimale Restnutzungsdauer bis t^+. Erhöht man die Nutzung auf $\bar{n}$, so möge sich die Grenzausgabenkurve infolge verminderter qualitativer Leistungsfähigkeit der Anlage von $K'_{A0} = a(0, t) + r\,L(0, t) - L'(o, t)$ auf $K'_{A\bar{n}} = a(\bar{n}, t) + r\,L(\bar{n}, t) - L'(\bar{n}, t)$ verschieben. Wegen der Konstanzbedingung für die späteren Produktions- und Absatzmengen kann die Restnutzungsdauer nicht optimal angepaßt und bis $\bar{t}$ verkürzt werden. Somit fallen entscheidungsrelevante Abschreibungen in Höhe der bis zum Zeitpunkt t^+ kumulierten Grenzausgabendifferenz an (schraffierte Fläche in Abbildung 14). Würde durch die kurzfristige Nutzung die quantitative Leistungsfähigkeit der Anlage in der Weise vermindert, daß gegen Ende der Nutzungsdauer nicht mehr alle geplanten Produktmengen erstellt werden könnten, so wäre eine Anpassung über den langfristigen Produktions- und Absatzplan möglich.

Dieser Fall entspricht deshalb zwar nicht mehr den in diesem Abschnitt geforderten Prämissen, trotzdem sei der Vollständigkeit halber kurz gezeigt, wie sich die Abschreibungen hier bestimmen lassen (vgl. Abbildung 15). Durch die kurzfristige Nutzung mögen sich nicht nur die Grenzausgaben von K'_{A0} auf $K'_{A\bar{n}}$ erhöhen, sondern auch die Grenzeinnahmen von K'_{E0} auf $K'_{E\bar{n}}$ vermindern. Hierdurch verkürzt sich die wirtschaftliche Nutzungsdauer von $t_{Eopt}(0)$ auf $t_{Eopt}(\bar{n})$. Die Abschreibungen setzen sich folgendermas-

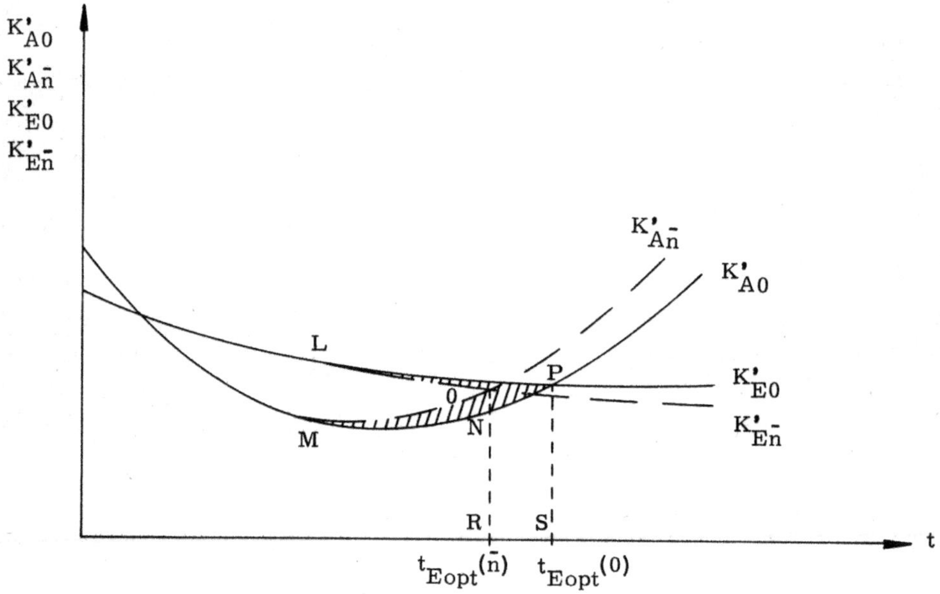

Abbildung 15

sen zusammen:

erhöhte Grenzausgaben bis $t_{Eopt}(\bar{n})$ (Fläche MNO)

\+ entgangene Einzahlungen (Fläche LORSP)

\- eingesparte Auszahlungen (Fläche NRSP)

Sie entsprechen damit der schraffierten Fläche in der Abbildung 15.

Die wirtschaftliche Nutzungsdauer einer Anlage läßt sich wegen der mangelnden Zurechenbarkeit der Einzahlungen nicht mehr isoliert bestimmen, wenn sie im Verbund mit anderen Anlagen steht. An der grundsätzlichen Vorgehensweise bei der Bestimmung der Abschreibungen ändert sich jedoch nichts, wenn wir - wie im Zusammenhang mit der Abbildung 14 - davon ausgehen, daß die kurzfristige Inanspruchnahme keinen Einfluß auf das Ende der Nutzungsdauer ausübt. Auch hier ergeben sie sich aus den kumulierten Änderungen der Grenzausgaben.

3.3.3.2 Die Verwendungsdauer endet mit der Nutzungsdauer des Aggregats nach einmaliger Reinvestition

Im folgenden soll - beispielhaft für den Fall der endlichen Kette - dargestellt werden, wie die Abschreibungen zu bestimmen sind, wenn die zur Zeit im Betrieb befindliche Anlage noch einmal ersetzt werden soll. Auch hier werden noch die Einzahlungen als unbeeinflußbar angesehen. Dies impliziert, daß die gesamte Verwendungsdauer des betreffenden Anlagentyps, die bis zum Lebensdauerende der Ersatzanlage (t^+) reicht, konstant ist. Damit ist die Produktionsaufgabe, die die betreffende Betriebseinheit nach Ablauf der kurzfristigen Planungsperiode zu erfüllen hat, festgelegt. Wir wollen im folgenden annehmen, daß die Restnutzungsdauer der vorhandenen Anlage noch nicht - etwa als technische Restnutzungsdauer - fixiert ist, sondern sich nach Wirtschaftlichkeitsüberlegungen richtet. Somit hängen die Abschreibungen nicht nur von den durch die kurzfristige Inanspruchnahme induzierten Erhöhungen der Betriebsausgaben der alten Anlage ab (wie im vorigen Abschnitt), sondern auch davon, wie man sich im Investitionsplan - das heißt durch die Wahl des Ersatzzeitpunktes - an diese "Datenänderung" anpaßt.

Allgemein erhält man die entscheidungsrelevanten Abschreibungen für eine Erhöhung der Nutzung von Null auf einen beliebigen Wert $\bar{n}$, wenn man die folgende Kapitalwertfunktion einmal für n=0 und dann für $n=\bar{n}$ optimiert und die Ergebnisse voneinander subtrahiert:

$$(16)\quad K = \int_1^{t_E} a_I(n, t)\, e^{-rt}\, dt - L_I(n, t_E)\, e^{-rt_E} + A_{II}\, e^{-rt_E} + \int_{t_E}^{t^+} a_{II}(t_E, t)\, e^{-rt}\, dt - L_{II}(t_E)\, e^{-rt^+}$$

Hierbei bezeichnen der Index I die vorhandene Anlage und der Index II die Ersatzanlage. A_{II} sind die Anschaffungsauszahlungen für die Ersatzanlage.

Es ist zu beachten, daß im allgemeinen Fall a_{II} sowie L_{II} in funktionaler Beziehung zum Ersatzzeitpunkt der vorhandenen Anlage (t_E) stehen. Sie sind dann nicht abhängig von t_E, wenn weder die bereits zurückgelegte Lebensdauer noch die bereits produzierten Mengeneinheiten Einfluß auf die laufenden Betriebsauszahlungen beziehungsweise den Liquidationserlös haben.

Graphisch lassen sich die Abschreibungen anschaulich bestimmen, wenn man die auf den Zeitpunkt t=0 diskontierten und kumulierten Auszahlungsströme vergleicht, die mit der alten und neuen Anlage bei alternativen Ersatzzeitpunkten verbunden sind [1]. In der Gesamtbetrachtung kann der optimale Ersatzzeitpunkt bei einer bestimmten Nutzung in der kurzfristigen Planungsperiode wie in der Abbildung 16 gezeigt, bestimmt werden. Würde man überhaupt nicht ersetzen, so ergäbe sich als Kapitalwert der gesamten Auszahlungen ein Betrag in Höhe von K_0 [2]. Die hierbei auftretenden, stark progressiv zunehmenden Auszahlungen gegen Ende der Verwendungsdauer lassen sich bei einer vorzeitigen Ersetzung vermeiden. So ergibt sich bei einer - relativ frühen - Ersetzung im Zeitpunkt t_{E1} bereits ein niedrigerer Auszahlungs-Kapitalwert in Höhe von K_1. Zwar sind in t_{E1} die Anschaffungsauszahlungen in Höhe von A_{II} - oder, bezogen auf den Zeitpunkt t=0, in Höhe von $A_{II}e^{-rt_{E1}}$ - in Kauf zu nehmen, zwar ist der Liquidationserlös der neuen Maschine im Zeitpunkt t^+, nämlich $L_{II\,1} = L_{II}(t_{E1})\, e^{-rt^+}$, wegen der vergleichsweise langen Nutzungsdauer dieser Maschine relativ niedrig, doch wird dies durch den relativ hohen Liquidationserlös der alten Maschine $L_I(t_{E1})\, e^{-rt_{E1}}$ und durch die vergleichsweise niedrigen laufenden Auszahlungen der neuen Maschine mehr als kompensiert. Noch günstiger ist es allerdings, mit dem Ersatz noch

---

1) Die kumulierte Darstellungsweise wurde hier nur zur Abwechslung gewählt. Zu den gleichen Ergebnissen gelangt man, wenn man - analog zu den voraufgegangenen Abschnitten - mit Grenzausgabenkurven arbeitet.

2) Hierbei ist angenommen, daß durch die Liquidation der alten Anlage im Zeitpunkt t^+ keine Einzahlungsüberschüsse mehr hervorgerufen werden, d.h. $L_I(n, t^+) = 0$.

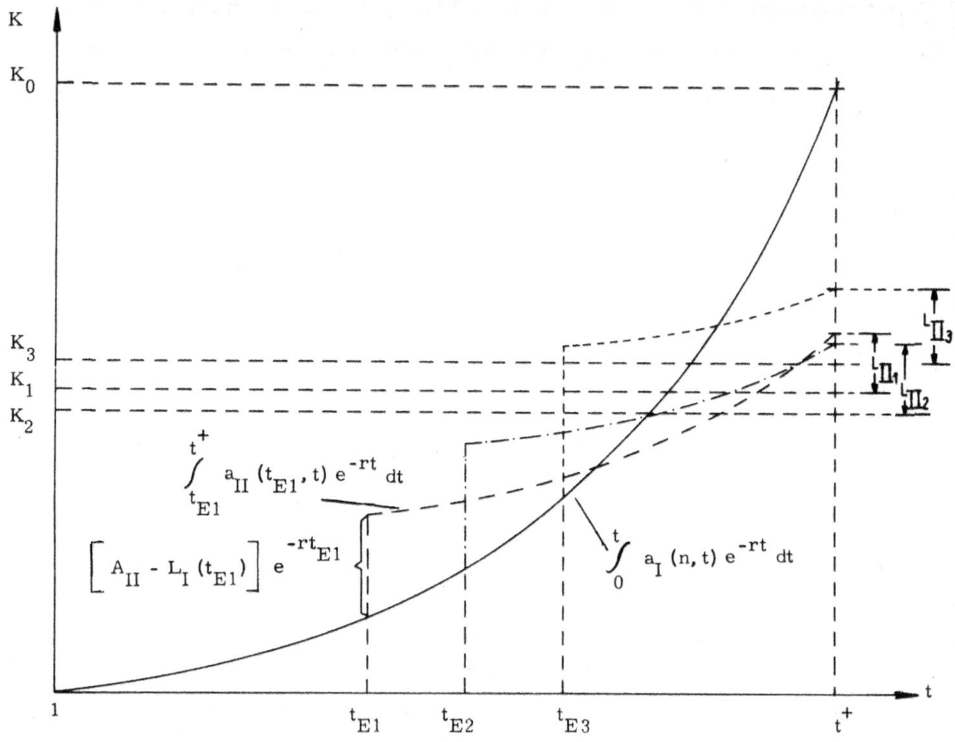

Abbildung 16

bis t_{E2} zu warten, denn bis dahin kommt die Progression der laufenden Auszahlungen der alten Maschine noch nicht sehr stark zum Ausdruck, und die neue Maschine wird nur in einem Zeitraum genutzt, in dem ihre laufenden Auszahlungen sich noch auf einem recht niedrigen Niveau bewegen. Der Liquidationserlös für die alte Maschine liegt im Vergleich zur Ersetzung in t_{E1} niedriger, der für die neue Maschine höher. Insgesamt erhält man bei Ersetzung in t_{E1} einen Kapitalwert von K_2. Ein weiteres Aufschieben des Ersatzzeitpunktes bis t_{E3} ist wegen der bis dahin verstärkt zunehmenden laufenden Auszahlungen der alten Maschine und ihres gesunkenen Liquidationserlöses nicht vorteilhaft, hier entstünde ein Kapitalwert von K_3. Der Ersatzzeitpunkt, für den sich der niedrigste Kapitalwert ergibt, ist der optimale Ersatzzeitpunkt. Es sei ausdrücklich darauf hingewiesen, daß man diesen Zeitpunkt nicht durch bloßes Hin- und Herschieben der Auszahlungskurve für die neue Anlage auf der Auszahlungskurve für die alte Anlage bestimmen kann. Erstens ist der Diskontierungseffekt zu berücksichtigen, und zweitens hängt der Verlauf der Kurve für die laufenden Auszahlungen der neuen Anlage bei im Zeitablauf nicht gleichbleibender Produktionsgeschwindigkeit vom effektiven Ersatzzeitpunkt ab.

Bei der Bestimmung der Abschreibungen muß die durch die Verminderung der Leistungsfähigkeit induzierte Verschiebung des optimalen Ersatzzeitpunktes berücksichtigt werden. In der Abbildung entsprechen einer kurzfristigen Inanspruchnahme von n=0 die nicht unterbrochenen Kurvenverläufe der Auszahlungen sowie ein optimaler Ersatzzeitpunkt von $t_{Eopt}(0)$. Erhöht man die Nutzung auf $\bar{n}$, so steigen auch die späteren Auszahlungen der alten Maschine, und es gilt der unterbrochen gezeichnete Kurvenverlauf. Entsprechend verkürzt sich die Restnutzungsdauer der alten Anlage auf $t_{Eopt}(\bar{n})$, und der Kapitalwert der Auszahlunggen steigt von $K_{opt}(0)$ auf $K_{opt}(\bar{n})$. Diese Kapitalwertdifferenz ist als Abschreibung der Erhöhung der Inanspruchnahme von n=0 auf $n=\bar{n}$ zu belasten.

In diesem Abschnitt wurde bisher vorausgesetzt, daß die Ersatzbeschaffung auf jeden Fall vorgenommen wird. Es ist jedoch auch denkbar, daß die Ersatzinvestition erst durch die kurzfristige Inanspruchnahme bzw. durch die damit verbundene Erhöhung bei den späteren laufenden Auszahlungen der alten Maschine lohnend wird, während bei einer Nutzung von n=0 der Auszahlungsbarwert der alten Anlage für den gesamten Zeitraum zwischen t=0 und $t=t^+$ bei jedem möglichen Ersatzzeitpunkt unter dem Kapitalwert der Auszahlungen bei einmaliger Ersetzung liegen würde. Gra-

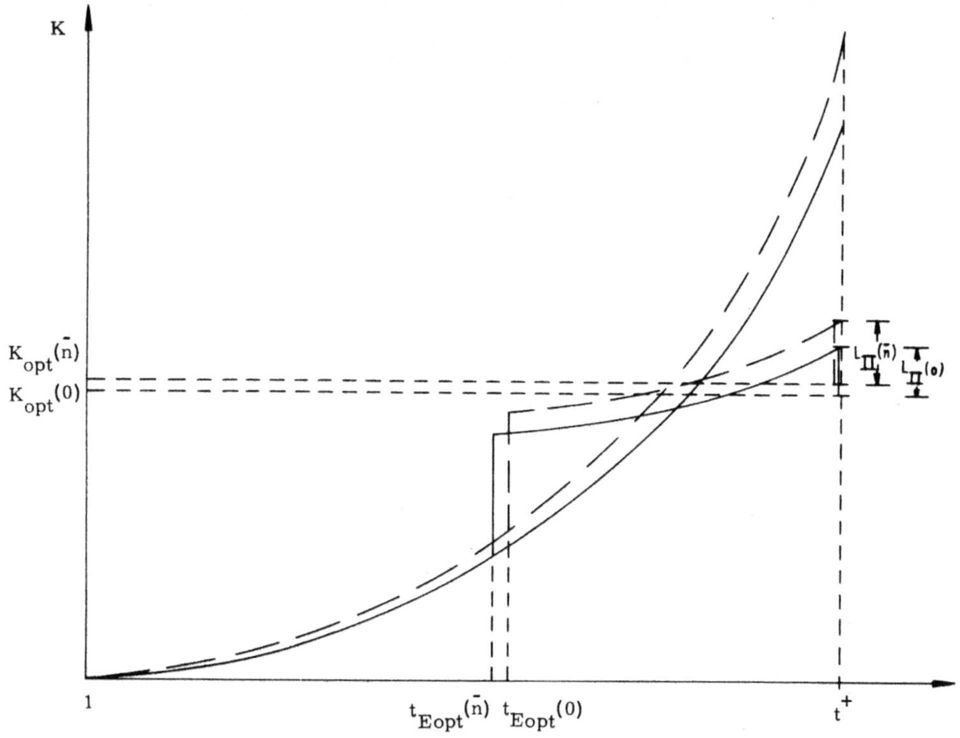

Abbildung 17

phisch lassen sich die Abschreibungen hier ganz analog bestimmen wie im eben beschriebenen Fall der unbedingten Ersetzung. Zu vergleichen sind hier der Kapitalwert der Auszahlungen der alten Anlage bis t^+ bei Nichtinanspruchnahme in der kurzfristigen Planungsperiode und der Auszahlungsbarwert für die alte und die neue Anlage bei kurzfristiger Nutzung in Höhe von $\bar{n}$ und Ersetzung in $t_{Eopt}(\bar{n})$.

3.4 Die Abschreibungen als Kosten für die Anpassung des Reparatur- und Instandhaltungsplanes an die Anlagennutzung

3.4.1 Prämissen

Durch Reparatur- und Instandhaltungsmaßnahmen ist es möglich, der Verminderung der qualitativen und/oder der quantitativen Leistungsfähigkeit einer Anlage entgegenzuwirken. Die Reparatur- und Instandhaltungsplanung ist ein sehr komplexes und kompliziertes Teilgebiet der Betriebswirtschaftslehre; hier stellen sich eine Fülle von Wahlproblemen, deren Lösung ein hohes Maß an Einsicht in technische und wirtschaftliche Zusammenhänge voraussetzt und die vielfältige Interdependenzen zu anderen betrieblichen Teilplänen aufweisen, insbesondere zum Produktions- und Investitionsplan [1]. Instandhaltungsmaßnahmen lassen sich von Reparaturmaßnahmen grundsätzlich durch ihren vorbeugenden Charakter unterscheiden, sie sollen die Reparaturkosten, die bei der Behebung bereits aufgetretener Schäden und Störungen anfallen, möglichst gering halten [2]. Beide Arten von Maßnahmen stehen, auch was die Planung betrifft, in enger Beziehung zueinander [3], denn es wäre nicht sinnvoll zu versuchen, allen nur denkbaren Schadensfällen durch (vorbeugende) Instandhaltung zuvorzukommen. Vielmehr wird man bei der Planung der optimalen Instandhaltungsmaßnahmen bis zu einem gewissen Grad bewußt die Möglichkeit späterer Schadensfälle in Kauf nehmen, weil sich eine noch weitergehende Vorbeugung nicht mehr lohnt. Deshalb kann sich auch eine Erhöhung der kurzfristigen Inanspruchnahme sowohl in zusätzlichen geplanten Instandhaltungskosten als auch in zusätzlichen geplanten Reparaturkosten niederschlagen, je nachdem, ob

---

1) Vgl. hierzu insbesondere JORGENSON, D.W., McCALL, J.J., RADNER, R., Optimal ..., a.a.O.; MÄNNEL, Wolfgang, Wirtschaftlichkeitsfragen ..., a.a.O.; MERTENS, Peter, Der gegenwärtige Stand ..., a.a.O.; ORDELHEIDE, Dieter, Instandhaltungsplanung, a.a.O.; SCHEER, August-Wilhelm, Instandhaltungspolitik, a.a.O., sowie die in diesen Werken angegebene Literatur.
2) Vgl. hierzu KILGER, Wolfgang, Flexible ..., a.a.O., S. 405 f.
3) Vgl. ebenda, S. 406.

der hierdurch verursachte Verschleiß durch vorbeugende Maßnahmen aufgefangen werden soll oder nicht.

Es würde bei weitem den Rahmen dieser Arbeit sprengen, im einzelnen auf die reparatur- und instandhaltungspolitischen Handlungsmöglichkeiten und ihre Bedeutung für die kurzfristige Produktionsplanung einzugehen [1]. Andererseits würde die Allgemeingültigkeit unserer Ausführungen darunter leiden, wenn wir im folgenden aus der Fülle dieser Handlungsmöglichkeiten eine spezielle Reparatur- und Instandhaltungsstrategie auswählen würden, um hierfür beispielhaft den Zusammenhang zwischen kurzfristiger Produktionsplanung und Reparatur- und Instandhaltungsplanung zu analysieren. Deshalb wollen wir - von einer expliziten Berücksichtigung der einzelnen konkreten Aktivitäten dieses Bereichs ganz abstrahierend - nur die allgemeinen, ökonomisch relevanten Auswirkungen der Reparatur- und Instandhaltungspolitik betrachten, die sich wie folgt einteilen lassen [2]:

1. Einfluß auf die technische Lebensdauer der Anlage.
2. Einfluß auf die Stückzeiten.
3. Einfluß auf die Kostensätze, die Absatzerlöse und den Liquidationserlös.
4. Einfluß auf die Reparatur- und Instandhaltungskosten.

Die ersten beiden Einflußgrößengruppen geben die Auswirkungen der Reparatur- und Instandhaltungsmaßnahmen auf die quantitative Leistungsfähigkeit der Anlage an, während der Einfluß auf die Betriebskosten, die Absatz- und Liquidationserlöse die qualitative Leistungsfähigkeit der Anlage betrifft [3]. Diese ersten drei Einflußgrößengruppen geben die möglichen posi-

---

1) So verzichtet auch die Literatur zur Investitionstheorie regelmäßig auf eine explizite und detaillierte Berücksichtigung des Reparatur- und Instandhaltungsbereichs. Vgl. RIEBEL, Paul, Vorwort zu: MÄNNEL, Wolfgang, Wirtschaftlichkeitsfragen der Anlagenerhaltung, Wiesbaden 1968, S. 5; SCHEER, August-Wilhelm, Instandhaltungspolitik, a. a. O., S. 18.

2) Vgl. hierzu auch SCHEER, August-Wilhelm, Instandhaltungspolitik, a. a. O., S. 35 ff. und S. 117. Bei SCHEER fehlen allerdings einige der hier aufgeführten Einflußgrößen, insbesondere die zweite Komponente, der Einfluß auf die Stückzeiten. Außerdem berücksichtigt er auch nicht die Auswirkungen auf die Absatzerlöse und den Liquidationserlös.

3) Vgl. hierzu im einzelnen S. 89 ff.

tiven Auswirkungen der Reparatur- und Instandhaltungsmaßnahmen auf die Leistungsfähigkeit der Anlage an. Ihnen ist als Negativkomponente der Einfluß auf die Reparatur- und Instandhaltungskosten gegenüberzustellen. Hierbei handelt es sich nicht nur um die Kosten für Löhne, Material, Fremdleistungen, Energie usw., sondern hier sind auch die Auswirkungen auf die quantitative Leistungsfähigkeit der Anlage in Form von entgehenden Produktionszeiten zu erfassen, die für die Durchführung der Reparatur- und Instandhaltungsmaßnahmen benötigt werden.

Die Reparatur- und Instandhaltungsplanung wird damit im folgenden als eine "black box" aufgefaßt, in die ein input in Form von zusätzlichen Reparatur- und Instandhaltungskosten einen output in Form von Verbesserungen der qualitativen und/oder quantitativen Leistungsfähigkeit der betreffenden Anlage bewirkt, wobei im Einzelfall anzugeben ist, welche spezifische funktionale Abhängigkeit zwischen diesen inputs und outputs erwartet wird.

Wie im vorangegangenen Abschnitt sollen auch hier die restlichen langfristigen Teilpläne als unbeeinflußbar angesehen werden. Das bedeutet zunächst, daß mit dem gegebenen Investitionsplan die Nutzungsdauer der Anlage gegeben ist. Hieraus folgt, daß nur die Zeit bis zum Ersatzzeitpunkt der vorhandenen Anlage betrachtet werden braucht, weil danach alles unverändert bleibt. Außerdem ist der langfristige Produktions- und Absatzplan mengenmäßig als konstant anzusehen. Dies impliziert, daß die Reparatur- und Instandhaltungsmaßnahmen in Zeiten ausgeführt werden, in denen die Anlage ohnehin stilliegt (z.B. Pausen, Stillstandszeiten infolge mangelnder Auslastung, arbeitsfreie Zeiten), und daß eventuelle, durch die kurzfristige Inanspruchnahme induzierte Anlagenausfälle, die eine Reparatur erforderlich machen, nicht produktionszeitvermindernd wirken. Der Einfachheit halber wollen wir im folgenden auch von der Möglichkeit absehen, daß die Produktion, um sie mengenmäßig aufrechtzuerhalten, infolge notwendiger Reparatur- und Instandhaltungsarbeiten oder wegen Ausfalls der Maschine zeitlich so verlagert werden muß, daß sie nur noch durch zeitliche und/oder intensitätsmäßige Anpassungsprozesse realisiert werden kann. Doch würde dieser Fall keine grundsätzliche Schwierigkeiten bereiten.

Darüber hinaus soll hier auch auf die Berücksichtigung aller Besonderheiten verzichtet werden, die sich für die Reparatur- und Instandhaltungsplanung aus dem Anlagenverbund bzw. aus der Existenz mehrerer Anlagen ergeben [1].

In den beiden folgenden Abschnitten wird untersucht, wie die Abschreibungen unter den gewählten Prämissen zu berechnen sind, wenn sich die Leistungsfähigkeit der Anlage durch die kurzfristige Inanspruchnahme in qualitativer bzw. in quantitativer Hinsicht vermindert. Auf den Fall der kombiniert qualitativen und quantitativen Verminderung der Leistungsfähigkeit soll hier nicht näher eingegangen werden, er läßt sich aus den beiden isolierten Fällen ableiten.

---

1) Vgl. hierzu MÄNNEL, Wolfgang, Wirtschaftlichkeitsfragen ..., a.a.O., S. 139 ff.

3.4.2 Die Anpassung an Verminderungen der qualitativen Leistungsfähigkeit

Die einer kurzfristigen Inanspruchnahme von n=0 entsprechende optimale Ausprägung der Reparatur- und Instandhaltungsmaßnahmen und somit auch die damit verbundenen Auszahlungen seien bekannt. Durch Erhöhung der kurzfristigen Nutzung auf $n=\bar{n}$ möge sich die qualitative Leistungsfähigkeit der Anlage vermindern, wodurch die späteren Auszahlungen dieser Anlage in einer bestimmten Weise steigen [1)]. Diese Auszahlungserhöhungen können ganz oder teilweise durch zusätzliche Reparatur- und Instandhaltungsmaßnahmen kompensiert werden, die jedoch ihrerseits wieder mit zusätzlichen Auszahlungen verbunden sind. Allgemein ist der optimale Anpassungsgrad der Reparatur- und Instandhaltungsplanung an eine kurzfristige Nutzung von $n=\bar{n}$ dann erreicht, wenn die Grenzauszahlungen für die Reparatur- und Instandhaltungsmaßnahmen gleich den durch diese Maßnahmen hervorgerufenen Grenzeinsparungen bei den übrigen Auszahlungen (vgl. Fußnote 1) sind [2)]. Jede darüber hinaus zusätzlich für Reparatur und Instandhaltung ausgegebene Geldeinheit würde nur noch Einsparungen in geringerer Höhe hervorrufen und wäre deshalb unwirtschaftlich.

Hierbei ist unterstellt, daß die Reparatur- und Instandhaltungsmaßnahmen praktisch beliebig teilbar sind. Kann man von dieser Prämisse nicht ausgehen und handelt es sich um "unteilbare" Maßnahmen, die entweder ganz oder gar nicht durchgeführt werden können, so läßt sich für die kurzfristige Inanspruchnahme ein kritischer Wert bestimmen, von dem ab die zusätzliche Reparatur- und Instandhaltungsmaßnahme lohnend wird.

---

1) Diese Auszahlungserhöhungen können gemäß Abbildung 4 (vgl. S. 91) Zunahmen der ausgabewirksamen Grenzkosten sowie Abnahmen der Absatz- und Liquidationserlöse umfassen.
2) Auch hier ist natürlich jeweils der Diskontierungseffekt zu berücksichtigen.

Falls die Reparatur- und Instandhaltungsmaßnahmen vergleichsweise so günstig sind, daß die gesamte Verminderung der qualitativen Leistungsfähigkeit wirtschaftlich über sie aufgefangen werden kann, bleiben also die übrigen späteren Auszahlungen letztlich unverändert, so sind als Abschreibungen für die Erhöhung der kurzfristigen Nutzung von n=0 auf $n=\bar{n}$ nur die zusätzlichen Auszahlungen für Reparaturen und Instandhaltung, diskontiert auf den Zeitpunkt t=0, anzusetzen. Kann demgegenüber die verminderte Leistungsfähigkeit der Anlage nur zum Teil durch zusätzliche Reparatur- und Instandhaltungsmaßnahmen ausgeglichen werden, so sind als Abschreibungen neben den hierfür erforderlichen diskontierten zusätzlichen Reparatur- und Instandhaltungsauszahlungen auch die in Kauf zu nehmenden diskontierten Zunahmen der übrigen Auszahlungen (zusätzliche ausgabewirksame Grenzkosten und Verminderung der Absatz- und Liquidationserlöse) zu verrechnen.

Aus diesen Ausführungen geht hervor, daß in einer entscheidungsorientierten Kostenrechnung nur solche Reparatur- und Instandhaltungskosten angesetzt werden, die erst durch die Dispositionen in der kurzfristigen Teilperiode verursacht werden. Dabei ist es unerheblich, ob diese zusätzlichen Maßnahmen noch in der kurzfristigen Teilperiode selbst oder in einer der späteren Teilperioden durchgeführt werden. Alle anderen Reparatur- und Instandhaltungsaktivitäten und die damit verbundenen Kosten sind in der langfristigen Rahmenplanung bereits vordisponiert, sie sind damit in der entscheidungsorientierten Kostenrechnung als unbeeinflußbar anzusehen.

3.4.3 Die Anpassung an Verminderungen der quantitativen Leistungsfähigkeit

Wirkt sich die Verminderung der quantitativen Leistungsfähigkeit einer Anlage in späteren Teilperioden in steigenden Stückzeiten aus, so sind für die Anpassung der Reparatur- und Instandhaltungsplanung unter den gewählten Prämissen zwei Fälle zu unterscheiden:

Falls in späteren Teilperioden hierdurch keine Engpässe hervorgerufen werden, sodaß das Produktions- und Absatzprogramm auch bei der erhöhten kurzfristigen Inanspruchnahme in vollem Umfang mengenmässig aufrechterhalten werden kann, dann liegt das gleiche Planungsproblem vor, wie es im letzten Abschnitt beschrieben wurde, nur mit dem Unterschied, daß dort die ausgabewirksamen Grenzkosten durch steigende Kostensätze [DM/Ftg. Min] zunahmen, wärend hier steigende Stückzeiten [Ftg. Min/Stck] für diese Erhöhung verantwortlich sind. Auch hier ist zunächst die optimale Anpassung der Reparatur- und Instandhaltungspolitik an diese Verminderung der Leistungsfähigkeit zu ermitteln, und die Abschreibungen setzen sich wie oben zusammen aus den diskontierten zusätzlichen Reparatur- und Instandhaltungsauszahlungen und gegebenenfalls aus den noch verbleibenden diskontierten Erhöhungen der ausgabewirksamen Grenzkosten.

Auf der anderen Seite können durch die steigenden Stückzeiten auch Engpaßwirkungen in späteren Teilperioden auftreten. Sehen wir vereinfachend von der Möglichkeit ab, daß diese Wirkungen durch kapazitätserhöhende Anpassungsprozesse aufgefangen werden können [1], so müßte sich - ceteris paribus - das langfristige Produktions- und Absatzprogramm mengenmäßig ändern. Da dies voraussetzungsgemäß nicht möglich bzw. nicht zulässig ist, muß durch zusätzliche Reparatur- und Instandhaltungsmaßnahmen sichergestellt werden, daß die Produktion im

1) Vgl. hierzu S.196.

geplanten Umfang durchgeführt werden kann. Die dafür erforderlichen diskontierten Auszahlungen stellen die entscheidungsrelevanten Abschreibungen dar. Wirken sich diese Maßnahmen gleichzeitig vermindernd auf die ausgabewirksamen Grenzkosten bzw. erhöhend auf die Absatzerlöse (bessere Qualität der Produkte) oder auf die Liquidationserlöse aus, so sind diese Effekte als Negativkomponenten ebenfalls in den Abschreibungen zu berücksichtigen.

Entsprechend ist bei der Abschreibungsermittlung vorzugehen, wenn durch die kurzfristige Nutzung die quantitative Leistungsfähigkeit der Anlage in der Weise beeinflußt wird, daß sich die technische Lebensdauer verkürzt [1].

Durch die Auffassung der Reparatur- und Instandhaltungsplanung als "black box" mußten unsere Ausführungen in den letzten beiden Abschnitten notwendigerweise sehr allgemeinen Charakter bekommen. Sie ergeben sich fast unmittelbar aus der Anwendung des Marginalprinzips bei der Bestimmung der optimalen zusätzlichen Auszahlungen für Reparaturen und Instandhaltung bei Anpassungen an kurzfristige Nutzungen und der anschließenden Berechnung der Abschreibungen aus dem Vergleich zweier Auszahlungsreihen. Im konkreten Anwendungsfall ist die "black box" natürlich mit materiellem Gehalt zu füllen, und es sind spezifische Angaben über zu wählenden Reparatur- und Instandhaltungsmaßnahmen sowie über ihren Einfluß auf die Leistungsfähigkeit der Anlage zu machen. Allerdings wird man sich auch hier mit mehr oder weniger pauschalen Aussagen begnügen müssen, zumal die simultane Produktions- und Reparatur- und Instandhaltungsplanung ein bisher kaum erforschtes Gebiet ist [2], das unseres Erachtens für eine praktische Anwendung noch nicht in Frage kommt.

---

1) In diesem Fall entstehen natürlich nur dann Abschreibungen, wenn die Verkürzung der technischen Nutzungsdauer auch tatsächlich wirksam wird, wenn also die Anlage nicht schon vorher ersetzt wird.
2) Vgl. SCHEER, August-Wilhelm, Instandhaltungspolitik, a. a. O., S. 117.

3.5 Die Abschreibungen als Kosten für die Anpassung der langfristigen Produktions- und Absatzplanung an die Anlagennutzung

3.5.1 Prämissen

Nachdem in den vorigen Abschnitten die Anpassungsmöglichkeiten der Investitionsplanung und der Reparatur- und Instandhaltungsplanung an die kurzfristige Anlagennutzung untersucht wurden, soll nun die Frage behandelt werden, welchen Einfluß die kurzfristige Anlagennutzung auf den langfristigen Produktions- und Absatzplan ausübt und welche Konsequenzen sich daraus für die Bestimmung der Abschreibungen ergeben. Es wird angenommen, daß die Intensität und Art der Reparatur- und Instandhaltungsmaßnahmen langfristig unverändert bleibt. Außerdem wollen wir auch von einem gegebenen Investitionsplan ausgehen, das heißt, daß sich die Ersatzzeitpunkte der Anlagen durch die kurzfristige Nutzung nicht verschieben und daß die Liquidationserlöse nicht beeinflußt werden. Aus der Konstanz der Ersatzzeitpunkte folgt, daß Änderungen im langfristigen Produktions- und Absatzplan, die aus der kurzfristigen Nutzung resultieren, nur bis zum Nutzungsdauerende der vorhandenen Anlage auftreten können. Denn nur diese Anlage kann in ihrer Leistungsfähigkeit von der kurzfristigen Nutzung beeinflußt werden, und alle Folgeanlagen bleiben hiervon ganz unberührt. Somit können wir die Überlegungen auch in diesem Abschnitt auf die Teilperioden bis zum Ersatzzeitpunkt der vorhandenen Anlage beschränken. "Anpassung über die langfristige Produktions- und Absatzplanung" bedeutet hier, daß sich im restlichen Entscheidungsfeld die Produktions- und Absatzmengen verändern. Für den Fall nämlich, daß sich die Verminderung der Leistungsfähigkeit der Anlage nur auf die Einzahlungsüberschüsse auswirkt, bei konstanten Mengen, ist das gesamte langfristige Rahmenprogramm als konstant anzusehen. Dieser Fall wurde bereits im Abschnitt 3.2 behandelt.

Um zu untersuchen, wie sich das langfristige Produktions- und Absatzprogramm verändert, sind die mit den einzelnen Produkten verbundenen Einzahlungen (Preise) den Auszahlungen für diese Produkte (ausgabewirksamen Grenzkosten) gegenüberzustellen. Hieraus geht hervor, daß es in diesem Fall nicht immer möglich sein wird, die Abschreibungen isoliert für jede einzelne Anlage zu bestimmen, denn ob die durch kurzfristige Inanspruchnahme einer bestimmten Maschine zu erwartende Erhöhung der späteren ausgabewirksamen Grenzkosten schon ausreicht, um den Dekkungsbeitrag einer Produktart negativ werden zu lassen, hängt auch davon ab, welche Auszahlungen dieses Produkt bei den anderen Maschinen verursacht, über die es noch läuft.

Außerdem wollen wir vereinfachend von der Annahme ausgehen, daß keine dynamischen Beziehungen zwischen den Produktions- und Absatzmengen der einzelnen späteren Teilperioden bestehen. Dies bedeutet insbesondere, daß durch (teilweisen) Verzicht auf Produktion in einer bestimmten Teilperiode keine Auswirkungen auf die ausgabewirksamen Grenzkosten in den darauffolgenden Teilperioden hervorgerufen werden. Diese Annahme steht zwar im Widerspruch zu der Zeitelastizität der Nutzungen, doch würde die exakte Berücksichtigung solcher dynamischer Interdependenzen erhebliche Schwierigkeiten aufwerfen, die die Möglichkeiten einer praktikablen Abschreibungsermittlung übersteigen.

Im Rahmen dieser Voraussetzungen sollen im folgenden die Abschreibungen als Kosten für die Anpassung der langfristigen Produktions- und Absatzplanung zunächst für den Fall ermittelt werden, daß kein Anlagenverbund besteht. Anschließend wollen wir auf das Problem der Abschreibungsermittlung bei Anlagenverbund eingehen.

3.5.2 Die Abschreibungsermittlung bei unverbundenen Anlagen

Die kurzfristige Inanspruchnahme eines Betriebsmittels kann die Produktions- und Absatzmengen in späteren Teilperioden sowohl über die Verminderung der qualitativen als auch der quantitativen Leistungsfähigkeit dieser Anlage beeinflussen. Im ersten Fall tritt eine Erhöhung der späteren ausgabewirksamen Grenzkosten und/oder eine Verringerung der späteren Verkaufserlöse ein, die dazu führen, daß die ausgabewirksamen Deckungsbeiträge eines oder mehrerer Produkte negativ werden, sodaß sich die Herstellung nicht mehr lohnt. Entsprechend wird dann das Produktions- und Absatzprogramm der betreffenden Periode(n) eingeschränkt. Erhöht man die kurzfristige Inanspruchnahme von $n=0$ auf $n=\bar{n}$, so ist als Abschreibung hierfür die Differenz aus folgenden Kapitalwerten zu verrechnen:

(17) K_0 = Kapitalwert der Einzahlungsüberschüsse bei $n=0$

$$= \sum_{t=1}^{t^+} \sum_{i=1}^{m} (p_{it0} - k_{it0})\, x_{it0} \frac{1}{(1+i)^t}$$

(18) $K_{\bar{n}}$ = Kapitalwert der Einzahlungsüberschüsse bei $n=\bar{n}$

$$= \sum_{t=1}^{t^+} \sum_{i=1}^{m} (p_{it\bar{n}} - k_{it\bar{n}})\, x_{it\bar{n}} \frac{1}{(1+i)^t}$$

Hierbei gibt t^+ das Nutzungsdauerende der vorhandenen Anlage an. Insgesamt können $i=1, 2, \ldots, m$ Produktarten hergestellt und abgesetzt werden. x_{it0} bezeichnet die Produktions- und Absatzmenge der i-ten Produktart in der Periode t bei einer kurzfristigen Nutzung von $n=0$. Entsprechend $x_{it\bar{n}}$. Diese Mengen sind mit den entsprechenden ausgabewirksamen Deckungsbeiträgen zu multiplizieren und auf den Anfang der kurzfristigen Planungsperiode zu diskontieren. Bei homogener Kostenverursachung lassen sich die ausgabewirksamen Grenzkosten k_{it} auch schreiben als $t_{it} \cdot d_t$, wobei t_{it} die Stückzeit für die Produktart i in der Teilperiode t und d_t den ausgabewirksamen Kostensatz pro Zeiteinheit in der Teilperiode t angeben. Die qualitative Leistungsverminderung kommt in mit zunehmender Nutzung steigenden d_t zum Ausdruck. Alle Produktarten i^+, die noch im Produktionsprogramm, das n=0 entspricht, enthalten waren und deren neue Deckungsbeiträge $(p_{i^+t\bar{n}} - k_{i^+t\bar{n}})$ negativ sind, werden in den entsprechenden Teilperioden ganz aus dem Programm gestrichen, woraus entgangene Einzahlungsüberschüsse in Höhe von $(p_{i^+t0} - k_{i^+t0})\, x_{i^+t0}$ in den jeweiligen Teilperioden resultieren. Daneben sind in die Abschreibungen für alle Produktarten $\bar{i}$, die nach wie vor positive Deckungsbeiträge aufweisen und im Produktionsprogramm vertreten sind, die auf den Planungszeitpunkt diskontierten zahlungswirksamen Deckungsbeitragsverminderungen in Höhe von

$$\sum_{t=1}^{t^+} \left[(p_{\bar{i}t0} - k_{\bar{i}t0}) - (p_{\bar{i}t\bar{n}} - k_{\bar{i}t\bar{n}})\right] x_{\bar{i}t\bar{n}}$$

einzurechnen[1].

Eine Anpassung der langfristigen Produktions- und Absatzplanung kann auch durch eine Verminderung der quantitativen Leistungsfähigkeit der Anlage hervorgerufen werden. Hierbei erhöhen sich die erforderlichen Stückzeiten in späteren Teilperioden[2]. Dadurch kann die betreffende Anlage später zum Engpaß werden. Falls die Anlage auch bei einer kurzfristigen Nutzung von n=0 später Engpaß ist, wird sich die Engpaßwirkung mit wachsender kurzfristiger Inanspruchnahme noch verstärken. Möglicherweise läßt sich diese Wirkung jedoch in den betreffenden Teilperioden durch zeitliche oder intensitätsmäßige Anpassungsprozesse auffangen. Bleiben die Deckungsbeiträge trotz der hierbei in Kauf zu nehmenden Kostensteigerungen positiv, so bleiben die langfristigen Produktions- und

---

1) Eine Abhängigkeit der späteren Verkaufspreise von der kurzfristigen Inanspruchnahme kann sich dadurch ergeben, daß durch die Verminderung der Leistungsfähigkeit die Qualität der Erzeugnisse verschlechtert wird.

2) Zwar kann sich bei Verminderung der quantitativen Leistungsfähigkeit auch die technische Nutzungsdauer verkürzen, doch wird diese Verkürzung wegen des annahmegemäß konstanten Ersatzzeitpunktes hier nicht wirksam, sodaß wir diesen Fall aus unseren Überlegungen ausschließen können.

Absatzmengen unbeeinflußt (vgl. hierzu S.178). Kürzungen des Produktions- und Absatzprogramms können dadurch hervorgerufen werden, daß später keine kapazitätserhöhenden kurzfristigen Anpassungsprozesse möglich sind. Aber selbst wenn solche Anpassungsprozesse vorgenommen werden können, müssen die Produktions- und Absatzmengen reduziert werden, falls die Erhöhungen der ausgabewirksamen Grenzkosten nicht mehr durch den Preis gedeckt werden. Die Abschreibungen lassen sich als Kapitalwertdifferenz der Einzahlungsüberschüsse jeweils analog nach den Formeln (17) und (18) bestimmen. Die quantitative Leistungsverminderung kommt in mit zunehmender kurzfristiger Nutzung steigenden t_{it} zum Ausdruck. Bei der Bestimmung der $x_{it\bar{n}}$ ist die Engpaßwirkung zu beachten: Für jede Produktart ist der Deckungsbeitrag durch die Stückzeit (Höhe der Engpaßbelastung) zu dividieren. Ausgehend von der Produktart mit dem höchsten Quotienten werden die Produkte solange in das Programm aufgenommen, bis die Kapazität ausgeschöpft ist[1].

Unterstellt man, daß die Leistungsfähigkeit der Anlage mit zunehmender Inanspruchnahme stetig, immer stärker abnimmt, so ergibt sich auch eine progressiv ansteigende (konvexe) Abschreibungsfunktion. Das Auftreten von Kostensprüngen dadurch, daß bestimmte Produktarten ganz aus dem langfristigen Produktions- und Absatzplan gestrichen werden müssen, wenn die Leistungsfähigkeit der Anlage auf ein bestimmtes Niveau abgesunken ist, erscheint unmöglich. Denn die Produktion wird erst dann unwirtschaftlich, wenn die späteren Deckungsbeiträge, die einer kurzfristigen Nutzung von n=0 entsprechen, ganz durch die infolge zunehmender Nutzung immer stärker steigenden Kostenerhöhungen, die ja als Abschreibungen aufzufassen sind, aufgezehrt sind. Und wenn diejenige kurzfristige Inanspruchnahme erreicht ist, bei der eine Produktart unwirtschaftlich wird, dann haben die Abschreibungen bereits genau die Höhe des ursprünglichen Deckungsbeitrages (für n=0), der nun entfällt, erreicht.

---

1) Hierbei sind die jeweiligen Absatzhöchstmengen zu beachten. Werden keine Absatzrestriktionen wirksam, so wird nur die Produktart mit dem höchsten Deckungsbeitrag pro Einheit der Engpaßbelastung hergestellt.

3.5.3 Das Problem der Abschreibungsermittlung bei Anlagenverbund

Zusätzliche Probleme bei der Ermittlung der Abschreibungen als Kosten für die Anpassung des langfristigen Produktions- und Absatzplanes ergeben sich, wenn man nicht mehr von der Voraussetzung unverbundener Anlagen ausgehen kann. Wir wollen von Anlagenverbund sprechen, wenn eines oder mehrere Produkte bis zu ihrer Fertigstellung nacheinander mehrere Anlagen durchlaufen, sodaß zwar die variablen Stückkosten (mit Ausnahme der Abschreibungen), nicht aber die Erlöse einer Anlage allein zurechenbar sind. Hier entscheidet nicht mehr die Inanspruchnahme einer bestimmten Anlage alleine (bzw. die daraus resultierende spätere Ausgabenerhöhung) darüber, ob das Produktionsprogramm eingeschränkt wird, sondern dies hängt auch noch von den Kosten der anderen Anlagen ab; hierzu gehören aber auch die einzelnen Anlagen nicht zurechenbarer Abschreibungen. Nur dann läßt sich die Abschreibung für eine Anlage noch isoliert bestimmen, wenn alle anderen Anlagen, die produktionstechnisch mit dieser in Verbindung stehen, zeitunelastische Nutzungen aufweisen, wenn also ihre spätere Leistungsfähigkeit durch kurzfristige Inanspruchnahme nicht beeinflußt wird. Dann lassen sich die mit diesen Anlagen verbundenen späteren Auszahlungen in der kurzfristigen Planungsperiode als Daten ansehen, und Anpassungen des späteren Produktions- und Absatzprogramms hängen nur noch von der Veränderung der Leistungsfähigkeit der betreffenden Anlage ab.

Sind demgegenüber auch die Nutzungen der anderen Anlage(n) zeitelastisch, dann entscheidet nicht mehr die jetzige Inanspruchnahme der einen Anlage alleine darüber, ob sich die ausgabewirksamen Deckungsbeiträge für bestimmte Produkte und damit möglicherweise auch das Produktionsprogramm in späteren Perioden ändern, sondern dies hängt von der kurzfristigen Inanspruchnahme aller beteiligten Anlagen ab. Dies gilt nicht nur für einen Betrieb, in dem jedes Produkt erst abgesetzt werden kann, wenn es alle Anlagen durchlaufen hat, sondern auch für den in der Abbildung 18 skizzierten mehrstufigen Betrieb, in dem bereits alle oder einige Zwischenprodukte abgesetzt werden können.

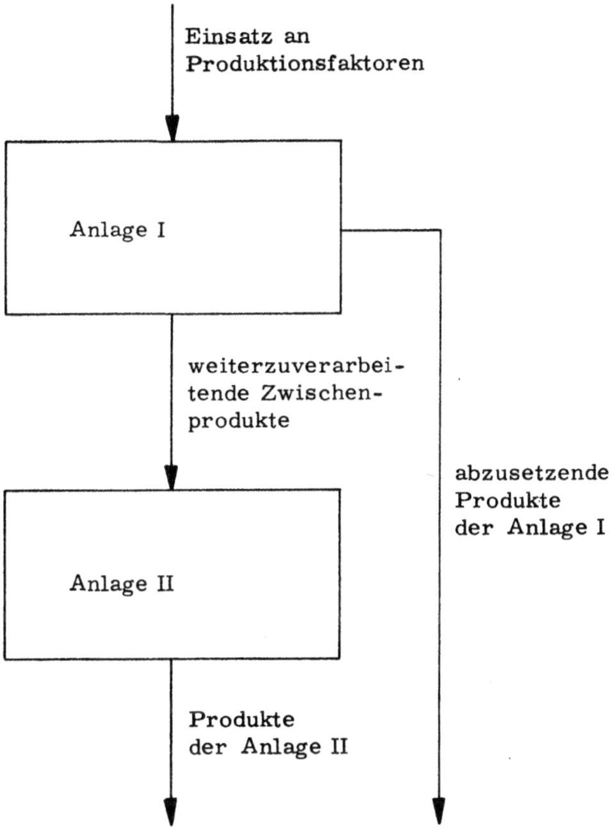

Abbildung 18

Selbst für solche Produkte der ersten Stufe, für die eine Weiterverarbeitung gar nicht in Frage kommt, die also auf jeden Fall nur die erste Stufe durchlaufen, lassen sich die den zugehörigen Nutzungen entsprechenden Abschreibungen nicht isoliert von der ersten Stufe her bestimmen. Denn ob und gegebenenfalls welche Anpassungsprozesse im späteren Produktions- und Absatzprogramm - und das bedeutet: bei den späteren Produktions- und Absatzmengen aller auf den beiden Anlagen bearbeiteten Produktarten - hierdurch hervorgerufen werden, richtet sich auch nach der kurzfristigen Beschäftigung der zweiten Stufe sowie nach der durch weiterzuverarbeitende Zwischenprodukte hervorgerufenen Inanspruchnahme der ersten Stufe.

Es zeigt sich somit, daß die Abschreibungen für Maschinen mit zeitelastischen Nutzungen, die im Anlagenverbund stehen, nicht nur eine Funktion von der kurzfristigen Inanspruchnahme der jeweiligen Maschine sind, sondern gleichzeitig in funktionaler Beziehung zur kurzfristigen Inanspruchnahme aller anderen Maschinen stehen. Die Inanspruchnahme der restlichen Maschinen richtet sich ihrerseits nach den Kosten der einen Maschine. Die exakte Berücksichtigung solcher funktionaler Abhängigkeiten im Rahmen der kurzfristigen Produktionsplanung würde jedoch große Probleme aufwerfen. Sie betreffen nicht nur die Schwierigkeiten bei der Informationsgewinnung und -aufbereitung, sondern beziehen sich auch auf die Struktur des Planungsproblems selbst. Da die Abschreibung als Zielfunktionskoeffizient der Variablen "Inanspruchnahme der Maschine Y" nur duch die - ebenfalls als Variable aufzufassende - Inanspruchnahme anderer Maschinen ausgedrückt werden kann, handelt es sich um ein Problem aus dem Gebiet der nichtlinearen Optimierung.

Für den Zweimaschinenfall läßt sich dieses Problem im dreidimensionalen Raum anschaulich graphisch darstellen (vgl. Abbildung 19). Hier geben n_I bzw. n_{II} die Höhe der kurzfristigen Inanspruchnahme der ersten

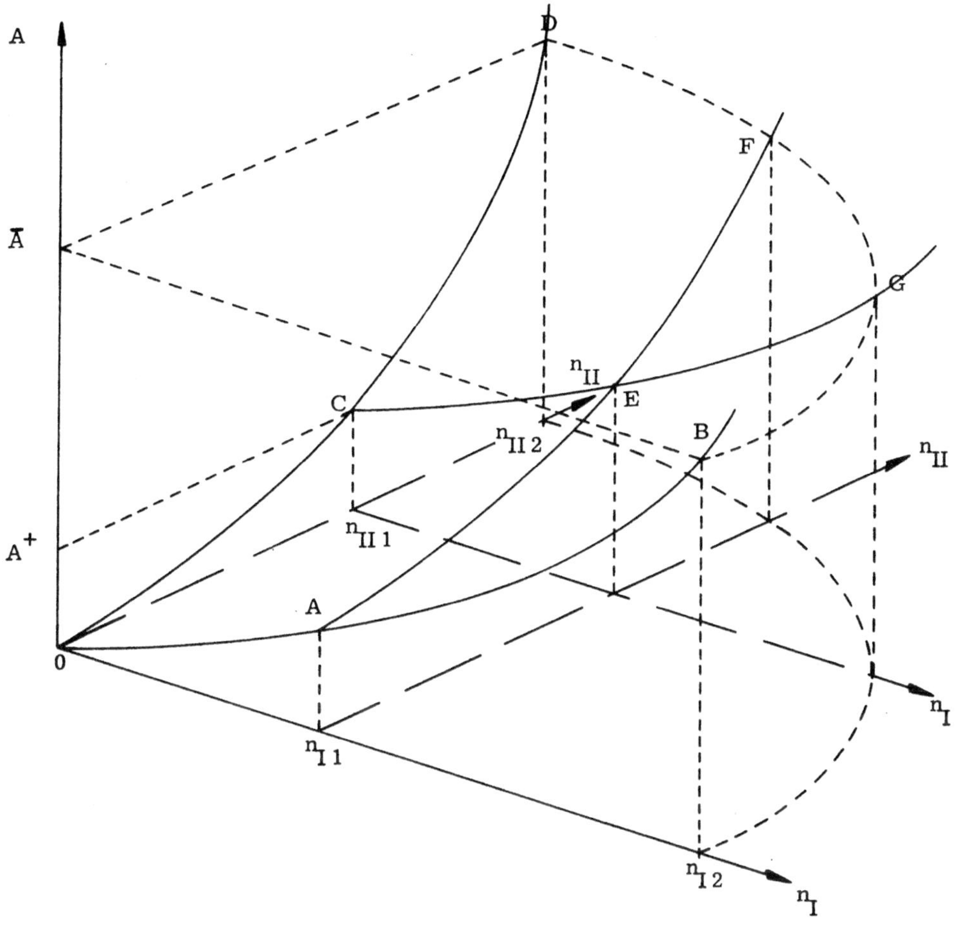

Abbildung 19

bzw. zweiten Maschine an. Auf der senkrechten Achse sind die Abschreibungen A in Abhängigkeit von n_I bzw. n_{II} abgetragen. Es ergibt sich dann ein mit zunehmenden Nutzungen progressiv ansteigendes (konvexes) Kostengebirge, wobei unterstellt ist, daß die Leistungsfähigkeit jeder Anlage mit zunehmender Inanspruchnahme stetig, aber immer stärker abnimmt [1]. Durch dieses Kostengebirge lassen sich verschiedene Schnittebenen legen, die wie folgt zu interpretieren sind: Die parallel zur $n_I\ n_{II}$ - Ebene im Abstand von $\bar{A}$ verlaufende Fläche schneidet das Kostengebirge in der Kurve DFGB. Diese Kurve gibt alle möglichen Wertekombinationen von n_I und n_{II} an, die zur gleichen Abschreibung in Höhe von $\bar{A}$ führen. Eine andere Schnittebene verläuft parallel zur $n_I A$ - Ebene, beispielsweise im Abstand von $n_{II\,1}$. Die Schnittkurve CEG zeigt, wie die Abschreibungen mit zunehmender Nutzung der ersten Maschine steigen, wenn die Nutzung der zweiten Maschine auf dem Niveau von $n_{II\,1}$ konstant gehalten wird. Entsprechendes gilt für die parallel zur $n_{II}A$ - Ebene gelegenen Schnittebenen und die dazugehörigen Schnittkurven mit dem Kostengebirge.

Für den Mehrmaschinenfall erhält man entsprechend einen mehrdimensionalen konvexen Lösungsraum für die Abschreibungen.

Es zeigt sich, daß die Abschreibungen hier immer nur für die Höhe der kurzfristigen Nutzungen aller Anlagen insgesamt zu ermitteln sind. Angesichts dieser Schwierigkeiten bleibt - soll die Abschreibungsermittlung praktikabel bleiben - nur die Möglichkeit, vereinfachend nach der ceteris paribus-Analyse vorzugehen, indem man die voraussichtlich optimale Höhe der kurzfristigen Inanspruchnahme aller übrigen Maschinen schätzt und auf der Basis dieser gegebenen Beschäftigung (und damit gegebenen Restdeckungsbeiträge der späteren Produktions- und Absatzmengen) die Abschreibungen für alternative Nutzungen der betreffenden Anlage ermittelt. So ergeben sich beispielsweise in der Abbildung 19 die Abschreibungen für die erste Maschine bei $n_{II} = 0$ gemäß der Kurve OAB, entsprechend für

---

1) Vgl. hierzu auch unsere Ausführungen auf S. 221.

$n_{II} = n_{II\,1}$ gemäß der Kurve CEG, wobei aber nur die über den annahmegemäß unbeeinflußbaren Betrag A^+ hinausgehenden Beträge zu berücksichtigen sind.

Unsere Ausführungen in den letzten beiden Abschnitten sollen nicht darüber hinwegtäuschen, daß die langfristige Produktions- und Absatzplanung grundsätzlich sehr viel pauschaleren Charakter besitzt als die kurzfristige und daß die Daten und Datenänderungen dieser langfristigen Rahmenplanung, aus denen wir hier die Abschreibungen ermittelt haben, oft gar nicht in der differenzierten Form vorliegen, wie sie hier unterstellt wurde. So wird man beispielsweise die langfristigen Produktions- und Absatzmengen nicht nach Produktarten, sondern global nach Produktgruppen untergliedern und entsprechend die Erlöse, Stückkosten und Stückzeiten nur als Durchschnittswerte für diese Produktgruppen vorgeben. An der grundsätzlichen Vorgehensweise bei der Ermittlung der Abschreibungen ändert sich hierdurch jedoch nichts. Entscheidend ist, daß man sich über die wirtschaftlichen Größenordnungen der relevanten Einflußfaktoren und über die tendenziellen Einflüsse kurzfristiger Nutzungen von Betriebsmitteln auf die langfristigen Rahmenpläne klar wird [1].

---

1) Vgl. in diesem Sinne auch LASSMANN, Gert, Die Kosten- und Erlösrechnung ..., a.a.O., S. 72: "Für Planungsentscheidungen kommt es vielfach weniger auf die absoluten Erfolgsgrößen an, als vielmehr auf eine zutreffende Abschätzung von Erfolgsdifferenzen für verschiedene Handlungsmöglichkeiten."

3.6 Zusammenfassende Beurteilung des entscheidungsorientierten Abschreibungskonzeptes

Die hier entwickelte Konzeption zur Bestimmung der Abschreibungen in der entscheidungsorientierten Kostenrechnung weist kaum noch Gemeinsamkeiten mit den herkömmlichen kostenrechnerischen Abschreibungsverfahren auf. Der Hauptgrund hierfür ist darin zu erblicken, daß die Kostenrechnungsliteratur bisher grundsätzlich darauf verzichtet hat, die empfohlenen Abschreibungsverfahren konsequent vom angestrebten Rechnungszweck her zu entwickeln. Wie unsere Untersuchungen im zweiten Hauptteil der Arbeit ergeben haben, lassen sich diese Verfahren, die im wesentlichen nur Verteilungstechniken darstellen,- bis auf einige Ansatzpunkte bei der gebrochenen Abschreibung - entscheidungstheoretisch auch gar nicht begründen, sodaß ihre Anwendung in Dispositionsrechnungen notwendigerweise zu Fehlentscheidungen führen muß. Entscheidungstheoretisch richtige Abschreibungen lassen sich nicht aus irgendeiner Verteilung der Anschaffungs-, Tages- oder Wiederbeschaffungswerte eines Betriebsmittels auf die Nutzungseinheiten ermitteln, sondern müssen als ein wesentliches Bindeglied zwischen kurz- und langfristiger Planung die Auswirkungen der kurzfristigen Inanspruchnahme eines Betriebsmittels auf das restliche (langfristige) Entscheidungsfeld bewerten. Sie lassen sich also nur unter Berücksichtigung der interdependenten langfristigen Rahmenpläne, insbesondere der Investitionsplanung, der Reparatur- und Instandhaltungsplanung sowie der langfristigen Produktions- und Absatzplanung gewinnen. Allerdings kann dies nicht durch eine - im übrigen auch praktisch nicht realisierbare - Simultanplanung geschehen, weil eine solche Simultanplanung bereits die optimale Lösung der kurzfristigen Produktionsplanung angeben und damit die Abschreibungen überflüssig machen würde, sondern nur über Entscheidungshypothesen (Pauschalannahmen) über die erwarteten Auswirkungen kurzfristiger Nutzungen in den langfristigen Rahmenplänen erfolgen. Damit wird auch die in Kostentheorie und Kostenrechnung übliche Trennung zwischen Wert- und Mengengerüst für die Kostenart Abschreibungen hinfällig: Verbrauchsmengen lassen sich allgemein gar nicht mehr angeben, und ob bestimmte Verbrauchsursachen überhaupt (kosten-) wirksam werden, läßt sich nur aus dem Zusammenwirken aller Verbrauchsursachen und ihrer Einflüsse auf die interdependenten Teilpläne beantworten.

Grundsätzlich läßt sich nicht beurteilen, wie die entscheidungsorientierte Abschreibungsermittlung die Kalkulation im Vergleich zu den herkömmlichen Verfahren beeinflußt, denn dies hängt ganz vom Einzelfall, das heißt von der Stärke der zeitlichen Elastizität der kurzfristigen Inanspruchnahme ab.

Die hier vorgenommene intensive Behandlung der Verbindungen, die die Betriebsmittel zwischen der kurzfristigen Produktionsplanung und diesen langfristigen Rahmenplänen herstellen, sowie die detaillierte Betrachtung der durch kurzfristige Betriebsmittelnutzung induzierten Zahlungsstromänderungen mögen den Eindruck erweckt haben, als setze die entscheidungsorientierte Abschreibungsermittlung ungleich mehr Informationen voraus als die herkömmlichen Abschreibungsverfahren und als sei sie deshalb für die praktische Handhabung viel weniger geeignet. Ganz abgesehen davon, daß die tradierten Verfahren implizit und unbewußt Annahmen über die entscheidungsrelevanten Zusammenhänge machen, wenn sie die Nutzungen in irgendeiner Weise bewerten, ist dieser Eindruck trügerisch, wenn man bedenkt, von welchen Informationen diese Verfahren ausgehen. Sie alle fassen die (Rest-) Lebensdauer eines Betriebsmittels als eine Abschreibungskomponente auf. Zwar werden die hiermit verbundenen Probleme innerhalb der herkömmlichen Verfahren nicht näher diskutiert, sie werden vielmehr ganz bewußt ausgeklammert, doch wollen sich diese Verfahren keineswegs damit begnügen, die Restlebensdauer einer Anlage ganz pauschal etwa als Durchschnittsgröße von einem Kostenrechner schätzen zu lassen, sondern fordern z. T. explizit, daß sie als investitionsrechnerische wirtschaftliche Lebensdauer zu bestimmen sei. Und die

Investitionsrechnung benötigt hierzu - ebenso wie die entscheidungsorientierte Kostenrechnung zur Abschreibungsermittlung - die erwarteten Ein- und Auszahlungen. Die hier entwickelte Konzeption zur Ermittlung der Abschreibungen ist wie die Investitionsrechnung grundsätzlich offen für unterschiedlich stark differenzierte Informationen. Wenn auch die Frage nach dem optimalen Informationsgrad unbeantwortet bleiben mußte: Es ist offensichtlich sinnvoller mit - wenn auch ganz globalen - Schätzungen über die tatsächlich entscheidungsrelevanten Zusammenhänge zu arbeiten, als ganz bewußt unter dem Anschein der größeren Genauigkeit die benötigten Daten nach Verfahren zu ermitteln, die mit dem angestrebten Rechnungszweck überhaupt nichts zu tun haben. Sowohl für die Praxis der Kostenrechnung als auch für die betriebswirtschaftliche Kostenlehre wäre es deshalb als Fortschritt anzusehen, wenn sie sich von den herkömmlichen Abschreibungsverfahren abwenden und beginnen würden, die entscheidungsorientierte Abschreibungskonzeption zumindest der Grundidee nach zu verwirklichen.

LITERATURVERZEICHNIS

ADAM, Dietrich, Die Bedeutung der Restwerte von Investitionsobjekten für die Investitionsplanung in Teilperioden, ZfB 1968, S. 390-408

- Entscheidungsorientierte Kostenbewertung, Wiesbaden 1970

ALBACH, Horst, Wirtschaftlichkeitsrechnung bei unsicheren Erwartungen, Köln und Opladen 1959

- Lineare Programmierung als Hilfsmittel betrieblicher Investitionsplanung, ZfhF 1960, S. 526-549
- Zur Verbindung von Produktionstheorie und Investitionstheorie, in: Zur Theorie der Unternehmung, Festschrift zum 65. Geburtstag von Erich Gutenberg, hrsg. v. Helmut KOCH, Wiesbaden 1962, S. 137-203
- Investitionsentscheidungen im Mehrproduktunternehmen, in: Betriebsführung und Operations Research, hrsg. v. Adolf ANGERMANN, Frankfurt a. M. 1963, S. 24-48
- Die degressive Abschreibung, Wiesbaden 1967

ANTON, Hector R., Depreciation, Cost Allocating and Investment Decisions, Accounting Research 1956, S. 117-134

Arbeitskreis DIERCKS der SCHMALENBACH-GESELLSCHAFT, Der Verrechnungspreis in der Plankostenrechnung, ZfbF 1964, S. 613-668

BAIN, Joe S., Depression Pricing and the Depreciation Function, The Quarterly Journal of Economics 1936/37, S. 705-715

BANSE, Karl, Abschreibung, in: Handwörterbuch des Rechnungswesens, Stuttgart 1970, Sp. 26-41

BELLMAN, Richard, Dynamische Programmierung und selbstanpassende Prozesse, München und Wien 1967

BERTHEL, Jürgen, Modelle, allgemein, in: Handwörterbuch des Rechnungswesens, Stuttgart 1970, Sp. 1122-1129

BLUMENTRATH, Ulrich, Investitions- und Finanzplanung mit dem Ziel der Endwertmaximierung, Wiesbaden 1969

BÖHM, Hans-Hermann, WILLE, Friedrich, Direct Costing und Programmplanung, München 1960

BOITEUX, M., Comment calculer l'amortissement?, Revue d'Economie Politique 1956, S. 43-74

BONBRIGHT, James C., Valuation of Property, New York 1937

BOSSHARDT, Erik, Leistungsmäßige Kostenrechnung, Zürich 1948

BOWMAN, Edward H., FETTER, Robert B., Analysis for Production and Operations Management, 3. Aufl., Homewood, Ill. 1967

BRIEF, Richard P., Nineteenth Century Accounting Error, Journal of Accounting Research 1965, S. 12-31

- Depreciation Theory and Capital Gains, Journal of Accounting Research 1968, S. 149-152

BRINK, Hans-Josef, Zur Planung des optimalen Fertigungsprogramms, Köln-Berlin-Bonn-München 1969

BRUHN, Ernst-Egon, Die Bedeutung der Potentialfaktoren für die Unternehmenspolitik, Berlin 1965

BUHR, Walter, Dualvariable als Kriterien unternehmerischer Planung, Meisenheim am Glan 1967
CHMIELEWICZ, Klaus, Forschungskonzeptionen der Wirtschaftswissenschaft, Stuttgart 1970
CHURCHMAN, C. West, ACKOFF, Russel L., ARNOFF, E. Leonard, Operations Research, Wien und München 1961
COASE, R. H., Business Organization and the Accountant, in: Studies in Costing, hrsg. v. David SOLOMONS, London 1952, S. 105-158
COLLATZ, Lothar, WETTERLING, Wolfgang, Optimierungsaufgaben, 2. Aufl., Berlin, Heidelberg, New York 1970
CZERANOWSKY, G., STRUTZ, H., Ergebnisse einer empirischen Untersuchung über Unternehmensziele, in: Zielprogramm und Entscheidungsprozeß in der Unternehmung, hrsg. v. H. JACOB, Wiesbaden 1970, S. 121-124
DANØ, Sven, A Note on Factor Substitution in Industrial Production Processes, Unternehmensforschung 1959, S. 164-168
DANTZIG, George B., Linear Programming and Extensions, 2. Aufl., Princeton 1965
DEAN, Joel, Statistical Cost Curves, Journal of the American Statistical Association 1937, S. 83-89
- The Measurement of Profit, reprinted from The Accounting Review, in: Managerial Economics and Operations Research, hrsg. v. Edwin MANSFIELD, New York 1966, S. 41-46
DINKELBACH, Werner, Entscheidungen bei mehrfacher Zielsetzung und die Problematik der Zielgewichtung, in: Unternehmerische Planung und Entscheidung, hrsg. v. Walther BUSSE von COLBE und Peter MEYER-DOHM, Bielefeld 1969, S. 55-70
- Sensitivitätsanalysen und parametrische Programmierung, Berlin, Heidelberg, New York 1969
DLUGOS, Günter, Kritische Analyse der ertragsgesetzlichen Kostenaussage, Berlin 1961
DRUMM, Hans Jürgen, Probleme der Kalkulation und Bestandsbewertung bei Lenkungs- und Verrechnungspreisen, ZfB 1972, S. 471-492
EDWARDS, Edgar O., BELL, Philip W., The Theory and Measurement of Business Income, Berkeley and Los Angeles 1967
EHRT, Robert, Die Zurechenbarkeit von Kosten auf Leistungen auf der Grundlage kausaler und finaler Beziehungen, Stuttgart, Berlin, Köln, Mainz 1967
ENGELS, Wolfram, Betriebswirtschaftliche Bewertungslehre im Licht der Entscheidungstheorie, Köln und Opladen 1962
- Exakte Kalkulation und eine praktikable Näherungslösung, ZfB 1963, S. 167-178
Entscheidung bei unsicheren Erwartungen, Beiträge zur Theorie der Unternehmung, hrsg. v. Herbert HAX, Köln und Opladen 1970
FERNER, Walter, Modelle zur Programmplanung im Absatzbereich industrieller Betriebe, Köln-Berlin-Bonn-München 1966

FISCHER-WINKELMANN, Wolf F., Methodologie der Betriebswirtschaftslehre, München 1971
FRANKE, Günter, LAUX, Helmut, Die Bemessung von Abschreibungen für Entscheidungsrechnungen, ZfB 1970, S. 399-420
FREMGEN, James, M., The Going Concern Assumption: A Critical Appraisal, The Accounting Review 1968, S. 649-656
GOMORY, R.E., BAUMOL, W.J., Integer Programming and Pricing, Econometrica 1960, S. 521-550
GROCHLA, Erwin, Planung, betriebliche, in: Handwörterbuch der Sozialwissenschaften, Bd. 8, Stuttgart, Tübingen 1964, S. 314-325
GROSSMANN, H., Die Abschreibung vom Standpunkt der Unternehmung, insbesondere ihre Bedeutung als Kostenfaktor, Berlin, Wien 1925
GUTENBERG, Erich, Abschreibungen, Handwörterbuch der Sozialwissenschaften, Bd. 1, Stuttgart-Tübingen-Göttingen 1956, S. 20-24
- Einführung in die Betriebswirtschaftslehre, Wiesbaden 1958
- Grundlagen der Betriebswirtschaftslehre, 1. Bd., Die Produktion, 18. Aufl., Berlin-Heidelberg-New York 1971
- Grundlagen der Betriebswirtschaftslehre, 2. Bd., Der Absatz, 14. Aufl., Berlin-Heidelberg-New York 1973
HANSSMANN, F., SCHOBER, F., Simultane Investitions- und Produktionsplanung in der Teilefertigung, Ablauf- und Planungsforschung 1970, S. 84-93
HARRMANN, Alfred, Betriebswirtschaftliche Probleme der kalkulatorischen Abschreibung, KRP 1972, S. 73-78
HASENACK, Wilhelm, Kostenbewertung, in: Handwörterbuch des Rechnungswesens, Stuttgart 1970, Sp. 942-952
HAX, Herbert, Investitions- und Finanzplanung mit Hilfe der Linearen Programmierung, ZfhF 1964, S. 430-446
- Die Koordination von Entscheidungen, Köln - Berlin - Bonn - München 1965
- Kostenbewertung mit Hilfe der mathematischen Programmierung, ZfB 1965, S. 197-210
- Bewertungsprobleme bei der Formulierung von Zielfunktionen für Entscheidungsmodelle, ZfbF 1967, S. 749-761
- Investitionstheorie, Würzburg-Wien 1970
HAX, Herbert und LAUX, Helmut, Flexible Planung - Verfahrensregeln und Entscheidungsmodelle für die Planung bei Ungewißheit, ZfbF 1972, S. 318-340
HAX, Karl, Planung und Organisation als Instrumente der Unternehmungsführung, ZfhF 1959, S. 605-615
- Was ist die betriebswirtschaftlich notwendige Abschreibung? In: Beiträge zur Lehre von der Unternehmung, Festschrift für Karl Käfer, hrsg. v. O. ANGEHRN und H.P. KÜNZI, Stuttgart 1968, S. 147-168
HEINEN, Edmund, Zur Zielfunktion der Unternehmung, in: Zur Theorie der Unternehmung, Festschrift zum 65. Geburtstag von Erich Gutenberg, hrsg. v. Helmut KOCH, Wiesbaden 1962, S. 9-71
- Betriebswirtschaftliche Kostenlehre, 3. Aufl., Wiesbaden 1970
- Der entscheidungsorientierte Ansatz der Betriebswirtschaftslehre, ZfB 1971, S. 429-444
- Grundlagen betriebswirtschaftlicher Entscheidungen, Das Zielsystem der Unternehmung, 2. Aufl., Wiesbaden 1971

- Industriebetriebslehre als Entscheidungslehre, in: Industriebetriebslehre, hrsg. v. Edmund HEINEN, Wiesbaden 1972, S. 21-70
- Zur Problembezogenheit von Entscheidungsmodellen, Wirtschaftswissenschaftliches Studium 1972, S. 3-7

HENZEL, Friedrich, Die Kostenrechnung, 4. Aufl., Essen 1964

HONKO, Jaakko, Koneen Edullisin Pitoaika Ja Investointilaskelmat, The Economic Life of a Machine and Calculations Concerning the Economics of Capital Investments, Summary, Helsinki 1955

HORN, C. A., Changing Attitudes to Obsolescence and Depreciation, The Accountant 1968, S. 619-622

HORNGREN, Charles T., A Contribution Margin Approach to the Analysis of Capacity Utilization, The Accounting Review 1967, S. 254-264

HOTELLING, Harold, A General Mathematical Theory of Depreciation, The Journal of the American Statistical Association 1925, S. 340-353

JACOB, Herbert, Zur neueren Diskussion um das Ertragsgesetz, ZfhF 1957, S. 598-618
- Produktionsplanung und Kostentheorie, in: Zur Theorie der Unternehmung, Festschrift zum 65. Geburtstag von Erich Gutenberg, hrsg. v. Helmut KOCH, Köln und Opladen 1962, S. 205-268
- Neuere Entwicklungen in der Investitionsrechnung, Wiesbaden 1964
- Flexibilitätsüberlegungen in der Investitionsrechnung, ZfB 1967, S. 1-34
- Investitionsrechnung, in: Allgemeine Betriebswirtschaftslehre in programmierter Form, hrsg. v. H. JACOB, Wiesbaden 1969, S. 593-677

JONAS, Heinrich, Zur betriebswirtschaftlichen Problematik der kalkulatorischen Abschreibung, ZfhF 1962, S. 632-646

JORGENSON, D. W., Mc CALL, J. J., RADNER, R., Optimal Replacement Policy, Amsterdam 1967

KÄFER, Karl, Fragen der Abschreibung, Die Unternehmung 1947, S. 145-163
- Kostentheoretische Grundlagen der Standardkostenrechnung, Die Unternehmung 1963, S. 179-195

KALVERAM, Wilhelm, Industrielles Rechnungswesen, 5. Aufl., Wiesbaden 1961

KASCHIG, Rudolf, Betriebswirtschaftliche Probleme der kalkulatorischen Abschreibung, KRP 1972, S. 247-250

KERN, Werner, Gestaltungsmöglichkeit und Anwendungsbereich betriebswirtschaftlicher Planungsmodelle, ZfhF 1962, S. 167-179
- Kalkulation mit Opportunitätskosten, ZfB 1965, S. 133-147

KEYNES, John Maynard, The General Theory of Employment, Interest and Money, London 1936

KILGER, Wolfgang, Produktions- und Kostentheorie, Wiesbaden 1958
- Planungsrechnung und Entscheidungsmodelle des Operations Research, in: Unternehmensplanung als Instrument der Unternehmensführung, AGPLAN, Bd. 9, Wiesbaden 1965, S. 55-75

- Möglichkeiten und Grenzen moderner Verfahren der betrieblichen Planung, in: Unternehmensplanung im Konjunkturwandel, AGPLAN, Betriebswirtschaftlicher Informationsdienst, 7. Sonderheft, Teil II, Frankfurt a. M. 1967, S. 1-28
- Betriebliches Rechnungswesen, in: Allgemeine Betriebswirtschaftslehre in programmierter Form, hrsg. v. H. JACOB, Wiesbaden 1969, S. 833-948
- Entscheidungsorientierte Kostenbewertung, Bemerkungen zu dem gleichnamigen Buch von Dietrich Adam, ZfB 1971, S. 405-409
- Flexible Plankostenrechnung, 5. Aufl., Opladen 1972
- Optimale Produktions- und Absatzplanung, Opladen 1973
- Schmalenbachs Beitrag zur Kostenlehre, ZfbF 1973, S. 522-540

KIRSCH, Werner, Entscheidungsprozesse, Bd. I, Wiesbaden 1970

KLAASSEN, L. H., KOYCK, L. M., MEIJ, J. L., BOUMA, J. L., The Theory of Depreciation and Entrepreneurial Behaviour, in: Depreciation and Replacement Policy, hrsg. v. J. L. MEIJ, Amsterdam 1961, S. 186-231

KLOOCK, Josef, Betriebswirtschaftliche Input-Output-Modelle, Wiesbaden 1969

KNIGHT, F. H., Cost of Production and Price Over Long and Short Periods, Journal of Political Economy 1921, S. 304-335

KOCH, Helmut, Zur Diskussion über den Kostenbegriff, ZfhF 1958, S. 355-399
- Planung, in: Handwörterbuch der Betriebswirtschaft, Band 3, 3. Aufl., Stuttgart 1960, Sp. 4340-4352
- Betriebliche Planung, Wiesbaden 1961

KOENIG, J. W. Joachim, Dynamische Optimierungsmodelle der chemischen Industrie, Diss. Hamburg 1968

KOSIOL, Erich, Kalkulatorische Buchhaltung, 5. Aufl., Wiesbaden 1953
- Anlagenrechnung, Wiesbaden 1955
- Modellanalyse als Grundlage unternehmerischer Entscheidungen, ZfhF 1961, S. 318-334
- Kostenrechnung, Wiesbaden 1964
- Planung als Lenkungsinstrument der Unternehmungsleitung, ZfB 1965, S. 389-401
- Zur Problematik der Planung in der Unternehmung, ZfB 1967, S. 77-96

KRELLE, Wilhelm, KÜNZI, Hans Paul, Lineare Programmierung, Zürich 1958

KRUSCHWITZ, Lutz, Der Wiederbeschaffungswert als Basis der kalkulatorischen Abschreibung, KRP 1973, S. 51-60

KUBE, Volker, Die Grenzplankostenrechnung, Wiesbaden 1974

KÜHNEMUND, Klaus, Bikausale Deckungsbeitragsrechnung, Zürich 1971

KURZ, Ingolf, Das Wesen der verschiedenen Fixkostentheorien und ihre Verwertungsmöglichkeiten für die betriebliche Preispolitik, Berlin 1969

LASSMANN, Gert, Die Produktionsfunktion und ihre Bedeutung für die betriebswirtschaftliche Kostentheorie, Köln und Opladen 1958
- Die Kosten- und Erlösrechnung als Instrument der Planung und Kontrolle in Industriebetrieben, Düsseldorf 1968
LAUX, Helmut, Flexible Investitionsplanung, Opladen 1971
LAUX, Helmut, FRANKE, Günter, Der Erfolg im betriebswirtschaftlichen Entscheidungsmodell, ZfB 1970, S. 31-52
LEA, Richard B., A Note on the Definition of Cost Coefficients in a Linear Programming Model, The Accounting Review 1972, S. 346-350
LE BRETON, Preston P., HENNING, Dale A., Planning Theory, Englewood Cliffs, N.J. 1961
LEMKE, Kenneth W., Asset Valuation and Income Theory, The Accounting Review 1966, S. 32-41
LEWIS, W. Arthur, Depreciation and Obsolescence as Factors in Costing, in: Depreciation and Replacement Policy, hrsg. v. J. L. MEIJ, Amsterdam 1961, S. 15-45
LINTZHÖFT, Helge, Die Kosten für den Einsatz sachlicher Potentialfaktoren, Diss. Hamburg 1968
LOWE, Howard D., The Essentials of a General Theory of Depreciation, The Accounting Review 1963, S. 293-301
LÜCKE, Wolfgang, Produktions- und Kostentheorie, 2. Aufl., Würzburg-Wien 1970
LUKE, Werner R., Die Ermittlung kalkulatorischer Abschreibungen von Maschinen und maschinellen Anlagen, Berlin 1971
Mac DOUGALL, G. D. A., The Definition of Prime and Supplementary Costs, The Economic Journal 1936, S. 443-461
MÄNNEL, Wolfgang, Wirtschaftlichkeitsfragen der Anlagenerhaltung, Wiesbaden 1968
MAG, Wolfgang, Planungsstufen und Informationsteilprozesse, ZfbF 1971, S. 803-830
MAHLBERG, W., Bilanztechnik und Bewertung bei schwankender Währung, Leipzig 1922
MARSHALL, Alfred, Principles of Economics, 8. Aufl., London 1964
MARZIN, Gerta, Die Entwicklung der Abschreibungslehre in der betriebswirtschaftlichen Literatur, Diss. München 1961
MATTESSICH, Richard, Die wissenschaftlichen Grundlagen des Rechnungswesens, Düsseldorf 1970
MEFFERT, Heribert, Betriebswirtschaftliche Kosteninformationen, Wiesbaden 1968
MEIJ, J. L., Vorwort zu: Depreciation and Replacement Policy, hrsg. v. J. L. MEIJ, Amsterdam 1961, S. 1-14
MELLEROWICZ, Konrad, Die Abschreibung in Erfolgs- und Kostenrechnung, Heidelberg 1957
- Kosten und Kostenrechnung, Band II, Erster Teil, 4. Aufl., Berlin 1966
- Kosten und Kostenrechnung, Band II, Zweiter Teil, 4. Aufl., Berlin 1968
- Planung und Plankostenrechnung, Bd. 1, Betriebliche Planung, Freiburg i. Br. 1970

MERTENS, Peter, Der gegenwärtige Stand der betriebswirtschaftlichen Instandhaltungstheorie, ZfB 1968, S. 805-836

MEYHAK, Hermann, Simultane Gesamtplanung im mehrstufigen Mehrproduktunternehmen, Wiesbaden 1970

MODIGLIANI, Franco, The Measurement of Expectations, Econometrica 1952, S. 481-482

MÖLLER, Hans, Kalkulation, Absatzpolitik und Preisbildung, Tübingen 1962

MOEWS, Dieter, Zur Aussagefähigkeit neuerer Kostenrechnungsverfahren, Berlin 1969

MORTON, J.K., SCHWARTZ, N.L., Optimal maintenance and sale age for a machine subject to failure, Management Science 1971, S. B 495-B 504

MOSS, Morton F., HASEMAN, Wilber C., Some Comments on the Applicability of Direct Costing to Decision Making, The Accounting Review 1957, S. 184-193

MOXTER, Adolf, Offene Probleme der Investitions- und Finanzierungstheorie, ZfbF 1965, S. 1-10

- Zur Bestimmung der optimalen Nutzungsdauer von Anlagegegenständen, in: Produktionstheorie und Produktionsplanung, Festschrift für Karl Hax, hrsg. v. A. MOXTER, D. SCHNEIDER, W. WITTMANN, Köln und Opladen 1966, S. 75-105

MÜNSTERMANN, H., Bedeutung der Opportunitätskosten für unternehmerische Entscheidungen, ZfB 1966, 1. Ergänzungsheft, S. 18-36

NEAL, Alfred C., Marginal Cost and Dynamic Equilibrium of the Firm, Journal of Political Economy 1942, S. 45-64

NEUVIANS, G., ZIMMERMANN, H.J., Die Ermittlung optimaler Ersatz- und Instandhaltungspolitiken mit Hilfe des dynamischen Programmierens, Ablauf- und Planungsforschung 1970, S. 94-104

OBERLI, Fritz, Die kalkulatorische und die bilanzmäßige Abschreibung, Bern 1945

OPIE, Redvers, Marshall's Time Analysis, The Economic Journal 1931, S. 199-215

ORDELHEIDE, Dieter, Instandhaltungsplanung, Wiesbaden 1973

PAISH, F.W., Causes of Changes in Gold Supply, Economica 1938, S. 379-407

PETERS, Lutz, Simultane Produktions-Investitionsplanung mit Hilfe der Portfolio Selection, Berlin 1971

PLAUT, Hans-Georg, Die Grenz-Plankostenrechnung, ZfB 1953, S. 347-363 und S. 402-413

- Die Grenzplankostenrechnung, ZfB 1955, S. 25-39

POENSGEN, Otto H., Zentralisation und Dezentralisation im Lichte dreier moderner Entwicklungen, ZfB 1967, S. 373-394

PREINREICH, Gabriel A. D., Annual Survey of Economic Theory: The Theory of Depreciation, Econometrica 1938, S. 219-241

- Note on the Theory of Depreciation, Econometrica 1941, S. 80-88

PRESSMAR, Dieter B., Kosten- und Leistungsanalyse im Industriebetrieb, Wiesbaden 1971

REDEKER, Georg, Technische und betriebswirtschaftliche Grundlagen für die Methodenwahl bei der Erhaltung betrieblicher Anlagen, Diss. Hannover 1969

RIEBEL, Paul, Vorwort zu: MÄNNEL, Wolfgang, Wirtschaftlichkeitsfragen der Anlagenerhaltung, Wiesbaden 1968

- Die Fragwürdigkeit des Verursachungsprinzips im Rechnungswesen, in: Rechnungswesen und Betriebswirtschaftspolitik. Festschrift für G. Krüger, hrsg. v. M. LAYER, H. STREBEL, Berlin 1969, S. 49-64
- Einzelkosten- und Deckungsbeitragsrechnung, Opladen 1972

RIEBEL, Paul, PAUDTKE, Helmut, ZSCHERLICH, Wolfgang, Verrechnungspreise für Zwischenprodukte, Opladen 1973

RIEPER, Bernd, Entscheidungsmodelle zur integrierten Absatz- und Produktionsprogrammplanung für ein Mehrproduktunternehmen, Wiesbaden 1973

ROSS, Myron H., Depreciation and User Cost, The Accounting Review 1960, S. 422-428

RUCHTI, Hans, Abschreibung, Abschreibungsarten und -verfahren, in: Handwörterbuch der Betriebswirtschaft, 3. Aufl., Stuttgart 1956, Sp. 41-53

RUMMEL, Kurt, Einheitliche Kostenrechnung, 3. Aufl., Düsseldorf 1949

- Die kalkulatorische Bewertung von Anlagegütern, ZfB 1950, S. 564-574

SABEL, Hermann, Entscheidungsprobleme auf der Basis von Kosten- und Leistungsrechnungssystemen, Die Wirtschaftsprüfung 1973, S. 17-26

SALIERS, E. A., Depreciation - Principles and Application, 3. Aufl., New York 1939

SASIENI, Maurice, YASPAN, Arthur, FRIEDMAN, Lawrence, Methoden und Probleme der Unternehmensforschung, Würzburg 1962

SCOTT, A. D., Notes on User Cost, Economic Journal 1953, S. 368-384

SEELBACH, Horst, Planungsmodelle in der Investitionsrechnung, Würzburg-Wien 1967

SWOBODA, Peter, Die simultane Planung von Rationalisierungs- und Erweiterungsinvestitionen und von Produktionsprogrammen, ZfB 1965, S. 148-163

SCHEER, August-Wilhelm, Instandhaltungspolitik, Wiesbaden 1974

SCHMALENBACH, Eugen, Über Verrechnungspreise, ZfhF 1908/09, S. 165-185

- Pretiale Wirtschaftslenkung, Bd. 1, Die optimale Geltungszahl, Bremen-Horn 1947
- Kostenrechnung und Preispolitik, 8. Aufl., Köln-Opladen 1963

SCHMIDT, Ralf-Bodo, Kapitalerhaltung und Rechnungswesen, in: Handwörterbuch des Rechnungswesens, Stuttgart 1970, Sp. 772-780

SCHMIDT-SUDHOFF, Ulrich, Unternehmerziele und unternehmerisches Zielsystem, Wiesbaden 1967
SCHNEEWEISS, Hans, Entscheidungskriterien bei Risiko, Berlin - Heidelberg - New York 1967
SCHNEIDER, Dieter, Die wirtschaftliche Nutzungsdauer von Anlagegütern, Köln und Opladen 1961
- Kostentheorie und verursachungsgemäße Kostenrechnung, ZfhF 1961, S. 677-707
- Der Einfluß von Ertragsteuern auf die Vorteilhaftigkeit von Investitionen, ZfhF 1962, S. 539-570
- Produktionstheorie als Theorie der Produktionsplanung, Liiketaloudellinen Aikakauskirja (The Journal of Business Economics) 1964, S. 199-229
- Grundlagen einer finanzwirtschaftlichen Theorie der Produktion, in: Produktionstheorie und Produktionsplanung, Festschrift für Karl Hax, hrsg. v. A. MOXTER, D. SCHNEIDER, W. WITTMANN, Köln und Opladen 1966, S. 337-382
- Zielvorstellungen und innerbetriebliche Lenkungspreise in privaten und öffentlichen Unternehmen, ZfbF 1966, S. 260-275
- Theoretisches und praktisches Denken in der Unternehmensrechnung, in: Wissenschaft und Praxis, Festschrift zum zwanzigjährigen Bestehen des Westdeutschen Verlages 1967, Köln und Opladen 1967, S. 225-243
- Lohnänderungen und unternehmenspolitische Anpassungsprozesse, in: Lohnpolitik und Einkommensverteilung, hrsg. v. Helmut ARNDT, Berlin 1969, S. 232-254
- Buchbesprechung zu: DIEDERICH, Helmut, Allgemeine Betriebswirtschaftslehre, Düsseldorf 1970, ZfbF 1971, S. 856-857
- Investition und Finanzierung, 2. Aufl., Opladen 1971
SCHNEIDER, Erich, Die Problematik der Lehre von den festen Kosten, in: Weltwirtschaftliches Archiv 1944, S. 300-326
- Wirtschaftlichkeitsrechnung, 7. Aufl., Tübingen-Zürich 1968
SCHÖNFELD, Hanns-Martin, Kostenrechnung, 3. Aufl., Stuttgart 1966
SCHWANTAG, Karl, Zum Zusammenhang von Wirtschaftlichkeitsrechnung und Kostenrechnung, ZfB 1967, S. 617-628
SCHWEIM, Joachim, Integrierte Unternehmensplanung, Bielefeld 1969
SCHWERMER, Walter, Kosten- und Erlösrechnung oder Zahlungsstromanalyse als Grundlage unternehmerischer Entscheidungen, Diss. Saarbrücken 1971
von STACKELBERG, Heinrich, Grundlagen einer reinen Kostentheorie, Wien 1932
- Grundlagen der theoretischen Volkswirtschaftslehre, 2. Aufl., Tübingen-Zürich 1951
STEFFEN, Reiner, Eigenschaften industrieller Elementarfaktoren in produktionstheoretischer Sicht, Berlin 1973
STERLING, Robert R., The Going Concern: An Examination, The Accounting Review 1968, S. 481-502

STIGLER, G. J., The Theory of Price, New York 1952
TAYLOR, J.S., A Statistical Theory of Depreciation, Journal of the American Statistical Association 1923, S.1010-1023
TERBORGH, George, Dynamic Equipment Policy, New York 1949
- Leitfaden der betrieblichen Investitionspolitik. Deutsche Übersetzung und Bearbeitung von H. ALBACH, Wiesbaden 1969
THOMPSON, Gerald L., Optimal Maintenance Policy and Sale Date of a Machine, Management Science 1968, S. 543-550
TRAWCZYNSKI, Jeri, FESMIRE, Walker, Historic Cost Versus Current Cost for Fixed Asset Valuation, Cost and Management 1971, S. 32-37
VÄSTHAGEN, Nils, Maßnahmen der Unternehmungspolitik in Schweden zur Einschränkung des Fixkostenrisikos, ZfhF 1958, S.129-131
VIRKKUNEN, Henrik, Zur Frage der Investitionskalküle und der optimalen Lebensdauer von langlebigen Produktionsmitteln, Erörterungen über die Habilitationsschrift von J. Honko, in: Ifo-Studien 1957, S.109-130
WEBER, Helmut, Die Planung in der Unternehmung, Berlin 1963
WEBER, Helmut Kurt, Fixe und variable Kosten, Göttingen 1972
WELLS, M.C., A Note on the Amortization of Fixed Assets, The Accounting Review 1968, S. 373-376
WILLIAMS, Michael D., Asset Valuation and Recognition, Cost and Management 1969, S. 33-40
WITTMANN, Waldemar, Unternehmung und unvollkommene Information, Köln und Opladen 1959
WÖHE, Günter, Methodologische Grundprobleme der Betriebswirtschaftslehre, Meisenheim am Glan 1959
- Einführung in die Allgemeine Betriebswirtschaftslehre, 11. Aufl., München 1973
WOITSCHACH, Max, Vom Umgang mit Alternativen, IBM-Nachrichten 1964, S. 2170-2180
WRIGHT, F.K., Towards a General Theory of Depreciation, Journal of Accounting Research 1964, S. 80-90
YU, S.C., A Reexamination of the Going Concern Postulate, The International Journal of Accounting 1971, S. 37-58

ABKÜRZUNGSVERZEICHNIS

AGPLAN	Schriftenreihe der Arbeitsgemeinschaft Planungsrechnung e. V.
KRP	Kostenrechnungspraxis
ZfB	Zeitschrift für Betriebswirtschaft
ZfbF	Zeitschrift für betriebswirtschaftliche Forschung
ZfhF	Zeitschrift für handelswissenschaftliche Forschung

GPSR Compliance

The European Union's (EU) General Product Safety Regulation (GPSR) is a set of rules that requires consumer products to be safe and our obligations to ensure this.

If you have any concerns about our products, you can contact us on ProductSafety@springernature.com

In case Publisher is established outside the EU, the EU authorized representative is:

Springer Nature Customer Service Center GmbH
Europaplatz 3
69115 Heidelberg, Germany

Batch number: 10809472

Printed by Printforce, the Netherlands